天梯1978

姓名 泰山童子

编号 SD7778

文化藝術出版社
Culture and Art Publishing House

图书在版编目（CIP）数据

天梯——1978 / 泰山童子著. —北京：文化艺术出版社，2019.11
ISBN 978-7-5039-6802-0

Ⅰ. ①天… Ⅱ. ①泰… Ⅲ. ①长篇小说－中国－当代
Ⅳ. ①I247.5

中国版本图书馆CIP数据核字（2019）第234655号

天梯——1978

著　　者　泰山童子
策划编辑　史慧莉
特约编辑　李统文
责任编辑　张月峰　水含玉
书籍设计　朗月行
出版发行　文化艺术出版社
地　　址　北京市东城区东四八条52号（100700）
网　　址　www.caaph.com
电子邮箱　s@caaph.com
电　　话　（010）84057666（总编室）　84057667（办公室）
　　　　　（010）84057696—84057699（发行部）
传　　真　（010）84057660（总编室）　84057670（办公室）
　　　　　（010）84057690（发行部）
经　　销　新华书店
印　　刷　国英印务有限公司
版　　次　2020年5月第1版
印　　次　2020年5月第1次印刷
印　　张　16
字　　数　200千字
开　　本　710毫米×1000毫米　1/16
书　　号　978-7-5039-6802-0
定　　价　49.80元

目　录 contens

引　子

科举——高考——是中华民族的“第五大发明”。

纵览古今，相对于世卿世禄、察举制、征辟制和推荐制，无疑，高考是相对公平、科学的选人育人制度。

因为高考是有希望改变人命运的重大考试，选拔性强、竞争激烈，有人将它贴切地比喻为“天梯”。起源于中世纪的西方大学也没有超出“天梯”的规则，同样是有教无类，同样是优中选优。

千百年来那架“天梯”为中华儿女带来希望，汇聚了一代又一代的精英。无论你出身“士农”还是“工商”，只要你勤奋，只要你坚持，总有属于你的美好未来。

1976 年，那个一心让米双远上大学的爷爷走了；而另一个爷爷——邓小平，为他上大学带来了新的希望。

1977 年，复出后的邓小平主持招生会议，采纳了有关专家的建议，决定恢复高考制度，重架了那架“天梯”。这使米双远“上大学”的梦想有望变为现实，也为千千万万中华儿女重新开启了已被关闭十一年的梦幻之门。

是的，每一个中华子孙都有资格来竞争，去攀爬。

米双远是幸运的，在通往大学之门的路上有两个爷爷在助攻。

1978 年，注定是群星灿烂的一年，曾经被埋没的 77 级、78 级六十七万“文曲星”顺着“天梯”，跃归星空，使我中华上空重现光辉，驱散了阴霾。

那九天——好一片灿烂。

第一章

泰安城东乡四十里几乎每天都有集市，阴历一、六山口集，二、七省庄集，三、八燕家庄集，四、九是西张店集。在那缺少现代物流模式的年代，集市是泰安城东乡庄户人家物资交流、买卖生活用品的主要场所，甚至可以说是唯一的。大到买个骡子卖头驴，小到买个挖耳勺、指甲刀，都离不开这集市，特别是家里娘们儿把积攒的鸡蛋拿到集上卖了，换回些油、盐、酱、醋和洋火。同时，这集市也是信息集散地。什么孩尿下，狗拉下，谁家媳妇是个“破鞋”，哪家老公公“扒灰”上了儿媳妇的床，这些新闻、旧闻都是在这集市上传播的。你虽然永远找不到新闻发言人——可这儿传播的信息十有八九是真的。通过这个信息中枢，什么张家、李家、王家——家家户户的老底一清二楚，比如李老头八岁偷过司家的杏儿，屈二狗偷看过韩二婆子在小河涯里洗奶子。反正你信也好，不信也罢，这千百年形成的信息链就这样书写了泰安城东乡的历史。

在这个信息的天空里，人们传播并分享着十里八乡的形形色色的趣闻逸事。老王家儿媳妇生了个儿子九斤半，可这儿媳妇开不了奶，炖了八个猪蹄子也不见效，急得婆婆找神嬷嬷掐算到底得罪了“黄仙姑”还是“柴仙姑”；律家庄有个老流氓偷看赵家媳妇儿上茅房，让人家男人逮住砸了个半死——这些丰富多彩的花边新闻以声波的形态来回反射，冲击着人们的耳膜。当然谁家孩子当兵提了干，那可是大新闻，更不用说考上大学，那一定是“号外”发布。

1978 年 2 月 1 日，也是农历腊月二十四，这天是西张店集。

“双远，双远，你考上了！我刚才在西张店集上听说的。”

宝贵大爷挎着篮子兴冲冲推开了米双远家的大门。

1977 年恢复高考，1978 年 1 月正是发榜的日子。不用官方的教育局正式通知，老百姓抢先一步有了自己的高考“上榜名单”。因为，这城东乡就那么一所中学——泰安市第九十中学。在九十中，米双远可是个名人儿，十三岁入学，发育晚，童音尚未褪去，还时不时地尿床。但在学习上，他可是出了名的小神童，一百分钟的考试从来都是五十分钟交卷，就为了争个全校第一，跑到后操场对着泰山大大地吸一口大山灵气。学校副校长马鲁勤老先生，逢上课就夸——“看人家米双远，个头不够你们一半，学习却超你们一倍。”全校这一级六个班让马老校长宣传遍了。人们都说，“好孩子是夸出来的”，这话一点儿也不假。这让米双远暗自下了决心，一定要考上大学，当科学家，不辜负老师们的期望。

1971 年林彪折戟蒙古国的温都尔汗，在接下来的“批林批孔”运动中，十五岁的米双远回到了农村的“广阔天地”，开始了“修理地球”的漫漫长途。在那个动荡年代，家庭成分比较“高”的双远，就像一个圈在笼里的鹰，即便你有翱翔天空的健羽，有飞跃泰山极顶的潜能，那个时候，你也只有三尺空间，如果你拼命挣脱，势必折翅损肢。

1976 年，天地崩裂，万象更新。从此，中华大地有了安宁。

1977 年，复出后的邓小平主持召开了当年的教育招生会议，一批有良知的教育家、科学家呼吁恢复高考制度，邓小平拍板做了决定。10 月 12 日，国务院批准了《教育部关于一九七七年高等学校招生工作的意见》：文件规定废除推荐制，恢复文化考试，择优录取。这标志着中断了十一年的中国高考制度正式恢复。这一讯息如春雷一般回荡在这块刚刚复苏的大地——恢复高考了，成千上万年轻人的梦想之火被点燃了，从此那些乐于吃苦奋斗、向往美好生活的年轻人，终于看到了希望：通往知识殿堂的大学之路开启了。

那架公平选拔人才的“天梯”——重新架起了。

作为信息中枢的集市，自然传遍了有关高考的悲与喜。

秦四爷说："听说米家庄当年那个神童也去考试了？"孙二奶奶接茬说："那还不是十拿九稳，最差也得考个鲁东科技大学。""说不定能上北大呢。"人称"山皇上"的驼五爷插嘴道。这番对话恰好被路过的米三爷，也就是双远的远房大爷米宝贵听到了，也没来得及细问，就急匆匆赶回家报喜讯。

看到三大爷喜上眉梢的样子，米双远强忍住夺眶而出的泪水，微笑着接下大爷的菜篮子，把他让到八仙桌的上首座——最左边那把椅子，并给大爷点上一支烟。坐定了，双远不无歉意地说："让您老人家失望了，这次没考上。""不会吧？你学习那么好，从小就是第一。"大爷疑惑地问。"您不知道，三大爷，我白天当队长累得很，就靠晚上那点时间复习，再加上初高中上了三年，工厂学工、农场学农就花了一年半时间，没学到多少东西。再说了，这次考试有老三届毕业生，他们很多人初高中学满了六年，真比不过他们啊。"双远解释道。"噢，没事，就凭你那脑袋瓜子，咱明年再考，一定能中榜。"大爷鼓励道。"是啊，我也是这么想的，明年再试一次。"

三大爷走后，双远关起门来，趴在床上整整哭了一个下午。这是米双远自记事以来第一次号啕大哭。男儿有泪不轻弹，可这次不同，不是因为怕，不是因为委屈才哭，而是恨，恨自己不争气。他从听懂大人说话开始就知道要上大学，爷爷几乎每天对着蹒跚学步的双远讲："长大了要上大学，你上了大学我多自豪啊！你大（父亲，泰安方言）是大学生，你再上了大学，这老米家祖坟上一定会冒青烟。"1976年，为这个家操劳一生的爷爷走了。虽说双远尽了孝，因父亲远在关外，叔叔当兵，是自己一直照顾病重的爷爷，但爷爷要孙子上大学的心愿终究没有"了"。这不——恢复高考了，可以实现爷爷的遗愿了，自己却不争气，名落孙山。

应试制度历史悠久，它让天下各阶层学子通过读书考试，有了改变自己命运的机会。自古以来，特别是国家出现以后，每一个社会均由多重阶层组成，这就像原子物理学所描述的物质中的原子分布在不同等级上，无论自然界中的生物链或是社会中的层级分布与个人分工都遵从这一原则。因为所有原子不可能在一个层级上，否则，熵将不断增加，直至无限大，导致宇宙热寂——永远地消亡；同时系统所有层级的原子都可以跃迁到其他层级，不可固化，否则系统也将不稳定，抑或崩坍。

我们的先人，充满睿智，设计了打破社会层级的科举制，它像一架“天梯”，使处于社会各层级的学子，通过自己的奋斗，提升自己的层级。这是不同层级间最公平、最客观的一个通道。“书中自有黄金屋”，这是中华文化的精髓，作为中华民族的一分子，不论你承认也好，否认也罢，这条古训已经镌刻在每一个中华儿女的基因里。

通过“天梯”，各层空间之间建立了流通，可上可下，防止某一层级张力过大冲破天顶，导致系统的不稳定。千百年来，社会各层级都向往“国泰民安”，只有社会制度的相对公平才会使国家达到这种理想状态。但“文革”十年，这架“天梯”折断了。

恢复高考等于重架“天梯”，中华民族重新燃起了希望。米双远那童时的梦，爷爷的期望，老米家的未来就是一定要上大学。爷爷走了，但是邓小平爷爷主持的教育工作会议，恢复了高考，重架了“天梯”，使双远终于有机会去攀爬“天梯”，有机会实现上大学的愿望。

盼着孩子好，希望孙子上大学，为孙子铺就考大学的通道，双远心里明白，这是爷爷一辈子的终极心愿。

当双远从痛苦中醒来时，眼前闪现出一道金光，透过金光，他似乎看到了另一个世界，一个开满桃花的美好乐园，是梦幻，是希望，也是力量。“嘭!”随着一声嘶喊，他的右拳砸在泥巴墙上，现出一个浅坑。

落榜对米双远来说，也是情理之中的结果。初高中加起来三年，高中两年足有一年半的时间在学工学农，虽说是学霸，毕竟数学只学到一元二次方程，物理就学到牛顿二定律，有机化学部分根本就没碰，只学到离子方程式，也就是说数理化所学内容连高考内容的三分之一都不到。对于一个负责生产大队科学种田的科技队长来说，就靠晚上挑煤油灯夜战，也只有不到二十天的冲刺时间，高考落榜也属正常。

“世上唯有读书高”是书写在米家迎门墙上的家训。米家大门上贴着楹联：“忠孝传家远，诗书继世长。”横批是“厚德载物”。书是米家人的命，子孙后代上大学是米家的梦。在双远的记忆里，似乎从爷爷嘴里听到最多的嘱托就是“上大学”。

这三个字已经镌刻在双远的记忆深处。爷爷虽然早一年走了，但“家训”还在，当高考的“天梯”重新架起时，米家人走进知识殿堂的欲望亦被重新点燃。双远的父亲作为方圆十几里村子里历史上第一个大学生，第一时间写信鼓励双远立即行动；而因家庭困难错失上大学机会、后来当了兵的叔叔更是把自己未遂的心愿寄托在侄儿身上，发动全部关系搜集复习资料，两天一封励志信，三天一份复习资料。那个时节，“知识越多越反动”，泱泱五千年文明古国几乎变成了文化沙漠，要复习也找不到复习资料。恢复高考时，邮递员递送的有一半以上是高考复习资料，可见人们对知识的追求和对大学的向往。米家人自然是冲在这渴求知识队伍的前面。

无奈，时间太少，底子忒薄，米双远第一次冲关失败。

然而，落榜的阴影并未罩住米家人追求知识的锐气。爬起身来继续拼，哪儿跌倒哪儿站起来，是米家人达成的共识。

已经是中国人民解放军现役军官的叔叔米北斗，仅比双远大十岁，而且与双远同月、同日生。儿童时代的双远是在叔叔的保护下长大的，两人的关系与其说是叔侄，不如说是兄弟。在双远的心目中，叔叔就是自己的保护神，他不仅是双远儿时的玩伴，后来，还一直充当着双远人生道路的指路明灯。

侄子必须上大学，这是叔叔的既定目标；而孙子一定能上大学，这是爷爷的梦。爷爷在 1976 年带着遗憾永远离开了，没能看到自己的梦变为现实，但梦还在叔叔、父亲和双远的身上延续。一旦气候时辰适宜，梦就会发酵，就会趋于现实。孙子上大学是爷爷的心愿，是米家的大业。米家的男人没有放弃，一次落榜并没有打垮米家人！叔叔的信来了，父亲的信也到了。叔叔明确鼓励双远：“双远，你打小学到高中都是学校的尖子，你考不上谁能考上？这次失手，完全是因为你没有足够的复习时间。我了解我所在城市的情况，学习尖子都不如你，你今年不就是报了齐鲁矿院吗？明年咱考北大。”

米家庄坐落在泰山脚下，村后是一条深陷下去的“大路沟”。之所以路是一条沟，并非路低，而是村子坐落在一块高地上。米家人五百年前迁来时，选择了这块风水宝地。一是看中了此处地势高，村东的明堂河夏日里无论河水怎么泛滥，也淹不了村子；二是村后这条大路沟原来是泰安到莱芜、济南的大马路，是行走马车的大道；三是村子风水好，回眸西北，几无遮拦，晴日里直视泰山南天门，可以受到老百姓心目中的山神“泰山老奶奶”的庇佑。这米家五百年来，虽没出过什么先科状元，可也算是顺顺妥妥，平平稳稳。双远家坐落在村子的东北角，大门朝东，出门就是一个杏园。说是杏园，也就三棵大杏树，还有两棵小桃树、三棵李子树和一棵核桃树。杏园东边高出一米，是一块一百米见方的“台子地”。

米双远家距离村子最北边还隔着一个几近废弃的院子，那是五服内堂爷爷家闯关东后留下的。自1942年后，院子就鲜有人居住，长满了榆树、槐树、杨树和杂草。常年不住人的屋碴子里，成了黄鼠狼、野猫和刺猬的乐园。堂爷爷家后院墙尽管破败不堪，却依然矗立在那儿。墙上镶嵌着一块“泰山石敢当”，用以辟邪。

双远幼时的记忆里，秋日的晚上一出大门，特别是月黑头、风雨夜，台子地上那一排排的玉米叶在风吹动下相互拍打着，会发出“噼里啪啦”的声音，仿佛杀机四伏，似乎总有一匹狼随时要钻出来，甚是恐怖。

泰山狼，自打大汶口文化时代就与人相邻而居，只不过人类的繁衍开发慢慢地把狼的栖息地挤压到了山上。

按理说这绵延二百多公里的泰山足以容纳下狼族的生存空间，可不断有人家移居到了山里，以致狼和其他山禽走兽与人的生态平衡被打破，狼的食物链被截断，不得不下山觅食。它们往往趁着麦子长高、玉米泛绿后顺着一片片的青纱帐到山下来，觅些活食，改善一下生活。要是谁家的猪圈不牢，羊没有圈好，那这猪羊可就倒了霉，成了狼的美食。

但世世代代那么多年以来，狼极少伤人，除非把狼惹急了。因为狼是高智商动物，他们清楚人是不好惹的；另一个重要原因，在泰山脚下、汶河两岸这块富庶平和的土地上，传说有一位千百年来保佑呵护一方平安的山神“泰山老奶奶”。在这块土地上的生灵谁也不敢不听泰山老奶奶的教诲。据说，泰山老奶奶明确要求泰山狼：不准走入自红门到十八盘的泰山主道，那是人类与泰山老奶奶互动的主要通道。千百年来，果然就没人听说过有一只狼越雷池半步踏上这条通道。泰山老奶奶还严令泰山狼，绝不可伤及人类，因为狼有自己的食物，如兔子、野果等。所以，与草原狼相比，泰山狼有见识，有文化，懂规矩。它们在杏坛后边的树林里听过孔夫子布道，在经石峪大石头后欣赏过俞伯牙弹琴，在草丛中遥观了汉武帝封禅的宏大仪式。

厉害了，泰山狼！

泰山狼族是守规矩的，所以与人类能够平稳相处五千年。但狼也有败类，也有不肖子孙，也会攻击人类。尽管这样的事情极少极少，但由于以前的人留恋故土，世代生于斯长于斯，一旦有狼伤人的事，就会传播开来，就会流传下去，久而久之，几百年的故事绘在一张平面画卷上，好像狼总是伤人。所以，大人们总是叮嘱孩子，晚上少出门，特别是不能靠近一片漆黑的庄稼地。

双远是家里长孙，是米家未来的掌门人，大人们千叮咛万嘱咐，更是时时刻刻耳提面命地进行这类安全教育。幼小的时候，有大十岁的叔叔保护，他几乎没有感到恐惧，粘知了、捉泥鳅、下河摸鱼，总是由叔叔领着，只感到快乐，似乎没有多少烦恼，更不用说恐惧。因为在双远的心里，叔叔就是钢铁侠，谁也侵犯不了他，在叔叔身旁是安全的。

听说，叔叔在十岁的时候就打跑过一只狼。

泰安神州，十年九收。连续的风调雨顺，路边的庄稼郁郁葱葱。春天里，小麦抽穗已长到一米多高，有时候狼饿急了就会借着麦田的掩护，下山来觅食。秋天里，泰安人种玉米，玉米秆长成后足有两米多高，泰山狼最喜欢在这个季节里下山。泰山狼不同于草原狼，它不是群猎，一般是单一行动，称作“独狼”。它们很少两个以上下山觅食，这也有利于隐蔽行动，对于常走夜路的人来说，十之八九都碰到过狼，当然一般下山的都是公狼。

有时狼一宿没猎到食物，也会待在青纱帐里，待黎明时继续行动。这种情况偶尔会发生。叔叔就是在早起上学的路上，碰到了“狼二哥”(之所以叫狼二哥，是因为当年泰山里也有老虎，与虎相比，狼只能屈居老二，所以叫作狼二哥)。

双远家住米家庄，隔几百米是下米家庄，而下米家庄是个大约有两千人口的大村子，村子里原来的大庙改作了学堂，也就是村小学。从双远家到学校，要穿过村边的青纱帐间的小路。

这天是农历七月二十，暑假后第一天上学。一大早叔叔叫上本家侄女玉凤一块到学校。叔叔刚满十岁，玉凤十四岁。平日里走习惯了，全程不到六百米，也就十多分钟就到学校了。这天天气有点闷，蜻蜓沿路低飞，预示着要下雨。叔叔这个年龄喜欢玩耍，一路捉蜻蜓，也就走在了后边。眼看拐个弯就到学校了，忽听玉凤一声惊叫："我的娘啊！"叔叔扭头一看，玉凤脸色发黄呆站在那儿，再定睛一看，路边蹲着一只长尾巴"大狗"。

叔叔觉得自己作为"男人"，一定要有担当，一定要保护女人。尽管玉凤大了四岁，可毕竟她是女的，还是侄女，是弱者。玉凤在向后退缩，叔叔自然站在了前边，用弱小的身体护住了玉凤。此时此刻，叔叔没有怕，而是保护女人、保护弱者的念头充满了脑壳。泰安城东的大人小孩，都知道一个常识——"狗怕虾腰"。叔叔迅速弯腰捡起一块小石头对着"大狗"扔了过去。也许是有些紧张，也许是力气太小，这么近的距离，那块小石头竟然打偏了。再看那"大狗"，眼睛眨都没眨，仍然直直地盯着他，似乎在说，"以卵击石，别说没打上，打上也不管什么鸟用"。但，作为一个男人，作为米家人，叔叔决定拼了。

叔叔大喊一声"滚开"，双手抓起书包，向着"大狗"奔去。"大狗"蹲在那儿，并未理会。叔叔将书包砸了过去。本来一个十岁的学童能有多大力气？但"大狗"的反应突然很强烈，只见这家伙猛地一跃，拔地而起，足有两个人高。叔叔连忙又随手从路边捡起一块小石头，瞄准了正要掷出去，这时突然一股冷气袭来，令人汗毛竖起、头皮发紧。叔叔定睛一看："大狗"眼露凶光，耳朵支棱着，长尾巴下垂。原来，这并不是狗，是狼！一只凶狠的狼！其实，在泰安城东乡，各家大人都会告诉孩子狼和狗的区别：一是狼耳朵是支棱着朝上的，而狗耳朵耷拉着；二是狼尾巴始终下垂，而狗尾巴一般是卷着的，特别是见了家人和熟人，狗尾巴还会摇起来；三是狼的体型要大一些。其实更重要的一点是，当人与狼对视时，会感到那种令人毛骨悚然的凶光。眼下，叔叔已辨出了那杀人的凶光。但作为男子汉，作为玉凤的堂叔，一个"长辈"，遇到危险就要挺身而出，就要有担当。这是家训，泰山传说中的"好汉"就是这样养成的。

叔叔只有拼了，又晃了一下手臂，玩命地把石头砸向恶狼。

小石头刚刚出手，这狼犹豫了下，突然扭头消失在青纱帐中。

叔叔惊出一身冷汗，正在纳闷时，突然一阵风吹来，这风极猛，路边的树叶似乎也在摇晃。

叔叔扭头一看，自家的公狗“大黄”吼叫着像风一样冲了过来。也许是听到了叔叔惊恐愤怒的喊叫声，也许是狗的灵性，总之，平常老跟着叔叔的大黄关键时候没有掉链子，他来了，勇敢地冲过来了。

这是狗对人的绝对的尽忠，是保主为家，是为主舍身！

大黄和叔叔感情特别深，平日里无论是割草还是下河摸鱼，大黄都在他身边。本来早起上学大黄都会送上叔叔一程，可今早恰恰是大黄的发情期，夜里找邻家的母狗谈恋爱，早上才刚到家，发现叔叔已经走了，它就随着叔叔的脚步一路小跑而来。当它看到叔叔面临险境时，小跑变为狂奔，鬃毛竖起，一副拼命的架势。泰山狼的嗅觉听觉都非常好，能听到秋风落叶的声音。当大黄还在一百米开外时，它已清楚是一只狗奔来了，所以只好放弃绝杀的机会，悻悻地消失在玉米秆子丛中。

叔叔驱狼，是双远童年时爷爷给他时常讲述的故事之一。

双远还记得，爷爷是这样总结性地对他说的：“狗是忠臣，猫是奸臣。这猫谁家喂它好吃的，它就到谁家去；如果猫食水平下降了，它就改换门庭，另投新主。这狗就不一样，无论主人家多么穷，它都会忠诚地守护着。”

“狗不嫌家贫，孩不嫌娘丑。”爷爷常常讲起的家族故事，却是一个凄惨的故事。

爷爷的堂兄，新中国成立前一家人逃荒闯关东了，狗还守着门。这是1937年，日本挑起了卢沟桥事变，一代英魂二十九军佟麟阁、赵登禹等英雄的血肉之躯终究没能挡住日本鬼子的铁蹄。鬼子一路杀来，很快就蹂躏了整个山东大地。本来北洋军阀的争斗、连年的战乱已使老百姓备受煎熬，日本侵入更是雪上加霜，老百姓的日子更没法过了。泰安那儿是敌占区，日本围剿抗日根据地，不断出城抢粮，老百姓的日子好似在鏊子上煎熬。1942年，又逢山东大旱，连树叶都被吃光了。小树的树皮也十之八九被人们用来做了“小豆腐”，所谓小豆腐是双远老家在短粮的日子发明的一种食物，其实就是将野菜、树叶和在一起，然后撒上少许的豆面或玉米面，再加一点盐，放在锅里蒸熟了，用以充饥。平常年份，做小豆腐的野菜都是人们熟知的如荠菜、黄蒿、苦菜等，树叶一般是榆树叶、地瓜叶、花生叶等基本没有毒性的野菜和树叶。但那一年，人们已经把可以食用的野菜和树叶吃光了，然后就试着吃槐树叶、杨树叶，甚至开始啃树皮，吃得人满身浮肿，无法排泄。爷爷堂兄一家人口多，孩子们又都正是长身体的时候，一张嘴能顶三张，家里盛粮的瓮早已见底。不久之后，树皮也啃光了。

一家人不能喝西北风，不能等死，出路只有一条——闯关东。

这闯关东有两条路：一路是过济南、淄博到烟台，乘船到营口或大连，这条路要近些，但一是渡船要花银子，二是海上风浪大，翻船的事也时有发生，非常危险；另一路是过济南、德州到河北沧州，过天津、唐山出山海关，这一路比较遥远，但无须坐船，节省了盘缠，而且相对安全些。一家人商议之后，最后决定走德州线。

闯关东，这一走不知道猴年马月才能再见着，分别的场面甚是感人，男儿有泪不轻弹的堂兄弟们哭成一团。双远家做茶叶生意，总是宽裕些，双远爷爷把家里仅剩的多半瓮粮食拿出一半约一百斤，早就让女眷们用石碾压成糁子，用水泡过后，再用石磨磨成糊子，发酵后用鏊子摊成煎饼，送给堂哥一家路上充饥。这煎饼是泰安及鲁中南地区的特产，通风情况下放一个月也不会变质。

一家十几口人闯关东，路途要一个多月，其实这就是逃荒。煎饼很快就吃完了，随后的一路上就只能边讨饭边向北走。可是，在那个年月，讨饭向谁讨呢？那时候谁家能有余粮施舍给路人呢？爷爷堂兄一家最后竟然能坚持走到了东北，简直就是奇迹！

大爷爷一家走后，就剩那只名叫“花豹”的大狗看家，夜里觅食，白日守门。因为猪圈养着双远家的一头猪，为此花豹没少和图谋不轨的野狼战斗。不久，花豹和一只发情期的母狼生下三只狗狼杂种。后来花豹跟着母狼到山里看望三个孩子，遭遇山里的公狼，搏斗中被公狼撕裂成重伤。但即便垂死之际，花豹还是坚持爬回了家。

花豹死后，双远的爷爷很隆重地把它葬在了自家的台子地里。

据爷爷说，下葬时，这花豹显了灵性，狗头自动转向了东北方向，那正是堂爷爷在东北家的方向。

今天勇救叔叔的大黄，正是花豹和狼的孙子。大黄有狼的基因，所以它不仅有狗的忠诚，也有狼的野性。

第二章

米家庄住着几百口子人，有一半姓米。米家是老户，说是祖上随汉高祖在甘肃杀敌有功被封为“万羊公”。相传，打败匈奴后，老祖宗娶了匈奴的公主，米家后人带有匈奴基因，所以米家的男人们个个高大健壮。就说宝正大爷这一支吧，他父亲兄弟六个，最小的老六，双远叫他“六爷爷”，六爷爷比双远亲爷爷大了三十岁。听爷爷讲，六爷爷身高差不多一丈，三十八岁那年，得了暴病，请遍泰安城名医，也没救过来，七天后上了天堂。由于年纪轻，家里根本没有预备棺材，找遍全城的棺材铺，买了个最大的，入殓时还是装不下六爷爷的遗体。再说六爷爷的大哥，双远称呼“大爷爷”的，他身后两个儿子，兄弟俩生得也是虎背熊腰，身形高大，到邻居家串门遇到房门矮的，总是要弯下身子进屋，冬天还要小心别碰掉帽子。一到夏天麦收完成，种上玉米后，农民们晚上耐不住家中的酷热，喜欢到打麦场——泰安那儿叫作“场院”的地方去乘凉。大人孩子都喜欢出来凑热闹，围在一起看男人们比力气大。大爷爷这俩儿子最爱做的游戏是抱碌碡。这碌碡是山东农民打场用的。

双远自幼喜欢武术，到处学艺拜师。有个师傅告诉他，“生产队的小牛生下来，你就去抱，天天抱，到小牛长成大牛了，倘若你还抱得动，你就是大力士了。”听了这话，小双远还真的跑到生产队的饲养院找到三哥，说是喊他哥，其实他只比爷爷小五岁，常到双远家和爷爷拉呱吹牛，很喜欢小双远，所以就答应了这个离奇的要求。你别说，从十五岁高中毕业，双远一抱就抱了三年的小黄牛，成为出了名的壮汉。听了爷爷讲述大爷爷俩儿子的故事后，双远也要试一试这些个石磙子碌碡到底有多沉。双远把它们搬到生产队分粮食的磅秤上，小的二百八十斤，大一点的三百二十斤，最大的三百六十斤。双远可是使出吃奶的力气，才把那三百六十斤的石磙子搬离地面二十厘米，放到磅秤平板上。

据说大爷爷俩儿子就拿着大的碌碡把玩。先是发一声喊，弯腰两手扣住底面搬起来，腰一直，双手离地面有八十厘米；然后再喝一声，绕场子走一圈回到原地，立直了把碌碡放到地面。这农村的场院直径一百五十米以上，这一圈正好五百米。然后搬起第二个，如法炮制，走一圈叠加在第一个上。这时场院里乘凉人开始热闹起来。场上的小青年们开始喊号子：“米老大，真厉害，四五百斤拿起来，两个碌碡非好汉，真英雄要把三个叠起来！……再来一个！再来一个！”关键时候到了，第二个碌碡摞上之后，已达一米六高。虽说大爷身高一米九，这也需要把近四百斤的石磙子挺到肩膀高，这可就有难度了，这时候男爷们的号子声不管用了，只有靠场院里的大姑娘小媳妇提供正能量了。这时村里的小伙子喊一声：“米老大，行不行？”只要小媳妇们喊一声“行”，大爷再发一声喊，第三个就摞上了。如果小媳妇们说“不行”，十有八九，就失败了。二大爷也不含糊，有时候大爷不在，他就接着表演，一样把三个碌碡叠在一起。不过，听说后来二大爷娶了个漂亮媳妇，就只能摞起两个了。

米双远家族在米家庄是老户，不仅在米家庄吃得开，即便在下米家庄也吃得开。这下米家庄基本没有米姓，那为什么叫下米家庄呢？双远听爷爷说，米家祖上迁来就定居在下米家庄，后来村前修了通往莱芜的大道，先人们听信了风水先生的话，认为只有搬到路南才能保住米家风水。随后米姓的人陆续搬到了路南新建了米家庄，这下米家庄就只留下了旁姓居住。但不知是风水先生胡说八道还是米姓注定会衰败，到了民国前后，米家庄米姓只剩下了不到二百口子人，而下米家庄却增添到了上千口子人。其中盖、干、常、柒为四大姓，还有甘、牛、锅、訾等几个小姓。

因为米家是米家庄的奠基者，仍然留有余威。话说米家庄村东有一条河，是条小河，平时河面也就四五十米宽，河水深不过五十厘米。但一到雨季，在泰安那儿叫六月连阴天，基本就是每年的芒种节气之后的一个多月里，类似江南地区的梅雨季节，隔三岔五就会下雨，因这条河发在泰山东麓，平常是泉水顺着山涧慢慢流来，那水既清且甜。但到了这六月连阴天，山洪暴发，咆哮着倾泻而来，河面顿时漫延出上百米，双远记得小时候有次发洪水，河面足有三百米宽，水深估计也有五六米。河水漫过了长满玉米苗的土地，河面上有大树漂来，有床，有家具，还看到一头小牛犊挣扎着漂来。所以，人们都怕这洪水，祈祷着躲避这洪水。村东这条河到村子时拐了个弯，弯道处有点像四川都江堰，河中间有一个小岛，实际上只能算土石堆，不过上面长满了柳树。每年洪水冲刷过后，河两岸的村子都会加土填补小岛。小岛向西移，西边的河汊变小，洪水来时西岸受到的冲击就小，就能保护西岸的土地；反之小岛东移，就保护东岸。米家庄、下米家庄在河西，而河东土地属于文家屯，这文家屯是大村，足有三四千人，而文家是大姓，人多势众。每年双方都会为了修岛发生争执。有一年双方聚集了一二百个小伙子手持木棍、铁锹对峙，最后商定各出一个人出来单挑。米家庄这边由叠碌碡的双远二大爷出面，连续三次把文家屯的壮汉扔回河对岸，对方才算罢手。后来，米家文家两边商定，一年一边轮流维护，这才停止了纠纷。

照常理二大爷出了这么大的力，村里老少爷们该请他喝个酒吧。这事在米家庄这边不成问题，庆功酒很快就喝了；可能是下米家庄人心不太齐，这事隔了一个月还没动静。二大爷可就生气了，“米家庄自己爷们都为我庆贺吃了酒，而你们下米家庄盖、干、常、柒四大姓都是哑巴啊？连句感谢的话都没有！”正好这年秋季大旱，下米家庄里的大部分井都干涸了，只有村西头米家井的水还算旺，全村的人吃水就靠这口井了。因为井是米家的先人打的，虽然米姓人搬走了，但仍然叫米家井。二大爷一生气，滚了三个四百斤的碌碡来，用两腿夹住一个，左右两手一手揽一个，把三个巨石柱就“品字”形地叠在井口上，牢牢地把个吃水井给封住了。

下米家庄的人可傻了眼。几十个大小伙子围着井沿团团转，谁也没办法，三个石磙支起来，动一个，其他两个不稳，万一落到井底，这井就废了。最后没办法，下米家庄几个大姓的族长出面，大家凑份子钱，请了八桌酒席，二大爷才答应把几个石磙子拿开。

解铃尚需系铃人。搬移碌碡这一天又成了小节日，全村老老少少都来看米老二表演。只见二大爷蚕丝绳往腰上缠了六圈，避免发力时腰带崩断，马步一蹲，猿臂舒展，腱子肉崩起在健壮的胳臂上，比一般人的大腿还粗。他两腿把前边的碌碡一夹，左右手分别搭在两个碌碡的上面石窝处，发一声喊，三个搭在一起的巨石不情愿地分开了。他再发一声喊，三个大家伙已是“各奔前程”从井台上滚下。众人惊叫着纷纷躲避，颗颗悬着的心都落了下来。又是一片欢呼，米老二腰板一挺，打个旋子，风一般消失在众人的视野中。

大爷和二大爷是出了名的壮汉，虽说力大无比，却心地善良，为人很是仗义，最容不得恃强凌弱。有一次下米家庄盖家四虎在村里逞威，欺负新从山西移民来的董家。董家哥仨本来长得就弱一些，又是新户，被打得满街乱窜。可恶的是，盖家四虎把人打倒了，人家也认输了，还不依不饶。凑巧大爷哥俩外出归来遇到这个场面，自然心里就不平，喝令盖家兄弟住手，有梁子慢慢解。可盖家四虎正打得兴起，哪里听得进去。仗着人多，破口大骂米家大爷二爷多管闲事。谁知这米家哥俩最见不得恃强凌弱的行径，忍无可忍之下就动了手，其实大爷就是力气大，二大爷虽学过点拳脚，也只是蹲蹲架子，不过身形是极端的灵活。对于力挺千斤的壮汉来说，二对四也不需要什么“功夫”。只是两手一伸，一人对俩，甚是平常。清朝那年月，男人都留辫子，米家哥俩左手抓一个小辫，右手抓一个小辫，就把这四个毫无还手之力的地痞流氓狠狠教训了一顿。

后来，大爷和二大爷相继去营口码头“扛大个”，不久二大爷又跟一帮朋友去了吉林挖人参，从此杳无音信。留在码头继续扛大个的大爷，因为力气大、讲义气，只要山东老乡相求，没有不帮忙的，不久就成了码头有名的山东大哥——米老大。这扛大个，其实就是码头装卸工，装船卸船全靠两只肩膀。一麻袋玉米或小麦，都差不多二百斤，是较轻的，如果遇上盐包，则重达四百斤，最难扛的是鲜牛皮，虽说也就三百来斤，但体积大，如果遇上海风大，扛起来摇摇晃晃，一失足、腿一软，就来个狗吃屎，灵活一点的扔了牛皮，摔不到人。但人要是迟钝一些，再有点感冒发烧的小病在身就麻烦了。双远有个本家大哥就是摔倒后被牛皮包砸在身上，断了三根肋条，落了个终生锅腰。在包场上为人要好，因为扛包时，是两个人站在包堆上，一人抓两只包角，放在扛包人肩上——你如果有人缘，他们会轻轻地放，把冲力降到最小；如果为人不好，发包人故意下砸，腰板结实力气大还好，能撑住，要是一般力气的人，不趴下也要晃几晃。所以，这扛包人都讲一个“义”字。米老大这一个团队都很团结，大爷人仗义、肯帮忙、力量又大，自然成了山东一百多人的头领。

这一帮扛包的光棍汉吃住都在码头，离市区少说也有十里地，那时不像现在公共交通便利，如果到城里去，大都用大脚板子量着地面走。他们白天装卸，晚上时间也要打发啊，特别遇到海上有风时几天没活干，总得找点乐子吧。扛大个的人有的是力气，所以仍然是比力气。到了晚上，七八十口子人，在装卸场围成一圈、摔跤、拔河，扛铁轨。说起这铁轨，既不是那时候沈大线上的铁轨，也不是阎锡山在山西的小钢轨，而是码头独有的小火车专用的路轨。由于船坞在海边，距火车站还有五公里，这一段路程要修一般的铁路，成本忒大，设计人员就专门设计了简易铁路，只是从船坞延伸到平坦地上，主要用来把船上货物拉到平地上的仓库。这小钢轨不是太长，一节也就十来米，放在磅上一称，足足八百斤。这些出卖力气的汉子们，就以此为道具，玩起了游戏。先是两人一组，看能否抬起来，满场子的人有一半能做到，然后看谁能一个人扛起来。第一个上场的是泰安山口镇的吴四。他膀阔腰圆，腿壮如松，身形下沉，两腿叉开微微一蹲，八个壮汉分两头把开，发一声喊，将铁轨抬起，轻轻放到吴四肩上，只见吴四咬牙挺直身子，脸涨得通红，踉踉跄跄，走了三步，眼看不稳。幸亏八条壮汉一直站在旁边相护，顺手接了回来。全场一片嚎叫，毕竟是八百斤，走一步也是英雄。一阵喧闹过后，众人开始撺弄米老大，米老大没有推让，微微一笑，小马步一蹲，八条好汉如法炮制，将钢轨架在他肩上，只见这米老大，面不改色心不跳，说一声再来两个“豆包子”，所谓豆包子，即是装黄豆的麻袋包，一般二百斤一个。又来四个壮汉，两人抓一个豆包子，轻轻放在钢轨之上。然后这十二人配合米老大找找平衡，在众人的护卫下，米老大把右手放在铁轨上，测试平衡，迈开千钧之步，五步之后众人看没啥问题，都松了手立在旁边，不知谁喊起号子，“一二一，一二一……”五分钟后米老大绕场三百米回到原处，大吼一声，一斜肩，豆包滚落地面，钢轨把地面砸出一条直沟。再看大爷走过的路线，整整五百个脚印砸进地面三厘米多。这就是一千二百斤重的威力。全场响起风暴般的掌声、嚎叫声。这就是山东大汉，这就是米老大，这就是双远的大爷！

大爷雄健、忠厚、乐于助人，自然就成了包工队中山东人一百多口子扛大个的主心骨，成为当然的组织者。由于货场的活不靠准，有时因为风大浪急，船靠不了岸，也有时因为兵荒马乱，货不及时，造成几天没活干。所以一旦来了船，大家争先恐后。码头的包工队，除了大爷领导的山东队外，也有河北、江苏和本地的包工队，要算人数则本地包工队人最多，有三百多人。当活接不上时，为了抢活计，各承包队之间免不了摩擦，解决问题最好的办法，就是拳头说话。一次，当地包工队与山东人起了冲突。按理说，当地人人多应占上风，可是这山东人一是长得高大，二是客居外乡，分外齐心，再就是有一个勇武的头领，结果一百多山东人，把三百多不齐心的本地人打跑了。打扫战场，找不到打头的米老大，大家都急眼了，赶紧分头去找，最后在一堆松木旁找到了，这一看把大家逗乐了。只见米老大千斤之躯骑马式压在地上直晃悠。仔细一看，四个人缠在一起，米老大屁股底下骑一个，一手还按住一个，底下的人拼命挣扎翻不了身，上边的人被他用腿紧紧夹住、两手使劲锁住。他也不敢放松，前边说过，米老大不会武功，有的就是力气。

这一场较量，米老大声名远扬，但也留下祸根——得罪了货场的霸头。这种霸头自己不干活，纠集一批地痞接货后，转包抽水。自米老大来了后，根本不吃他那一套。平日里由于大伙住在一起，很少单人行动，他们也慑于米老大的勇武，特别是威望，不敢轻易动手。这次打斗后，霸头操纵转包越来越困难，因此怀恨在心。终于在一个狂风暴雨的深夜，米老大出门小解时失踪，再无音信。可怜一辈子勤勤恳恳、好打抱不平的这么一条汉子客死他乡。

这就是真实的闯关东的写照。

大爷这一支，人丁不旺，大爷的父辈兄弟六人，到大爷这一辈是宝字辈，只有四个兄弟，除大爷、二大爷是二爷爷生的外，大爷爷有一个儿子，四爷爷也有一个儿子，兄弟六个倒是生了十八个女儿，可在那个时代，女儿早晚要嫁出去，是人家的人，对米氏宗族毫无贡献。再往下传到玉字辈，就只有两个“带把的”了。唉，天不兴“米”，难遂人愿。宝字辈的故事对双远来说，几乎都是传说。但是四爷爷生的儿子米宝正，双远可记忆犹新。每天去上学，要从他门口来往走四遍。大门朝东，说是大门，其实年久失修，已经破败，换了一个简单的栅门，象征性地挡挡人眼。宝正大爷有五个女儿且都已出嫁，大娘已过世，整个院子只有大爷一人，还养了一头猪。大爷是勤劳的，也是孤独的，七十多岁了，一个人过日子。后来，大爷慢慢不太能动了，一到夏天，满院子除了黄鼠狼，也有老鼠、跳蚤满地跑。大爷虽然尚能够自己做饭，可夏天院子里杂草丛生，下雨后生出的蚊子和满地的跳蚤毫无顾忌地侵犯这位老人，双远的亲爷爷虽说比大爷年龄小，可辈分大，一直关心着这个比自己大十岁的老侄子。每到夏天，爷爷就让双远拿上喷雾器，装好“滴滴涕”，兑满水，隔三岔五到宝正大爷家灭害虫。这份爱护老人的工作，让双远觉得很有成就感。每次去给大爷打药灭害虫，双远都是穿短裤去，记得一迈进大爷的房门，黑跳蚤迎腿而来，瞬间他小腿上就像女士们穿上了黑丝袜，跳蚤直接覆盖满表层。回想起来，真的不知道大爷怎么能受这个罪，也许人老了，神经不那么敏感了。看到漫天的蚊子一片片落下，看到和黑芝麻一样的跳蚤，满地乱蹦，最后趴在地上一动不动，双远心里感到，自己就是条好汉了。

有时双远家包了饺子，爷爷也让双远去给宝正大爷送一碗。做完这些事后，双远总觉着成长了，成了有用的人，成了一条汉子。一个男人的成长就是要有担当，老者、弱者、幼者、女性，都是他要担当的对象。双远在担当中成长、健勇。

宝正大爷渐渐身体难以自理，先是被济南的堂侄子接到省城看病，养护了大半年时间；后来大姐作为五姐妹的老大，承担了为他养老送终的责任。自济南回来不久，大姐带着几个儿子用地排子车把大爷拉走了，双远记得，送大爷离开的时候，他流泪了，因为他明白，这可能就是最后一次见宝正大爷了，心里充满了不舍。

其实，米双远一直觉得，自己听来的那些米家老一辈的故事里，最最神奇的，当属自己亲爷爷米岳堂刀头舐血、从日本鬼子机关枪下勇救抗日壮士的故事——

那是中国人民投入抗日战争后最艰苦的 1941 年，中国对日本已经苦战了四年，蒋介石在陪都重庆的防空洞里差点被炸死，共产党在敌占区艰难地开展游击战。1941年阴历八月二十四，是黄前大集。黄前镇扼守泰安到济南大路口，境内有古齐国与鲁国的分界线，还矗立着齐长城。向北穿过齐长城就是绵延几十公里的泰山山脉，所以东山游击队的营地就建在这齐长城以北的深山里，平日里出山口向南边泰安城东乡几十里平原活动。城东著名的黄前大集和山口大集是东山游击队的主要活动区域。所以，虽然日本人在这儿成立了伪乡政府，但是始终没能征服这儿的老百姓。比如说，每年夏秋两季的鬼子的征粮总是颗粒难收。日本侵华打了四年，拉长了战线，后勤保障跟不上，所以要靠中国产的粮食饲养他们，而城东乡的黄前镇，始终是泰安城里日本指挥官的一个痛点。今年，日寇下了狠心，派一个小队鬼子到黄前来征粮。为什么选在黄前大集呢？一来集上物资最丰富，老百姓往往把家中的宝贝拿到这集上换取粮食，日本意图借机搜刮更多的“珍品”，二来显示自己的威风。

这一大晌，一小队鬼子突然出现在大集上时，赶集的人群一片慌乱，忙着收拾东西逃离。可是已经来不及了，因为龟田小队长已经安排几个鬼子和一群伪军把集市两头堵了起来，检查每个人的“良民证”和所带来交换的货物。此时，以肖基业为首的东山游击队六个队员正在集上和周边活动，他们今天的任务是搜集鬼子的动向并购买枪伤药，根本没想到会在大集上碰上小鬼子。六个人两人一组，其中一组并不在集上，而是到邻村堡垒户家去拿药。剩下的两组，一组在村口没有赶集，为赶集的肖基业一组作接应。话说肖基业和另一位游击队员各挎一个大提篮，里边装些烟叶，下边各放了一支半筒子猎枪。半筒子猎枪一般是近距离打鸟用的，因为化装搞情报长枪不好带，游击队缺乏短武器，只能配猎人用的短猎枪。突然的变故使肖基业高度紧张，毕竟他还是个十七八岁的学生，平日里扒路、烧碉堡只是远距离和鬼子对阵，今儿个眼看就要跟鬼子面对面了。幸好，小鬼子也是两个人。鬼子小队长端着歪把子机枪守在集市出口，然后两个鬼子一伙，沿途拷打过来。躲是躲不过了，肖基业先窥探了一下退路，然后和队员使了个眼色，准备干一票。集上人多容易撤退。说时迟那时快，两个人转身从烟叶底下摸出猎枪，装上炮子。这猎枪不像标准的步枪那样，枪针击打子弹底部，子弹内炸药爆炸产生的气浪将子弹头顺枪膛推出奔向目标。土枪是枪筒子里装上火药，然后放上一把钢珠，火药点燃爆炸时将钢珠顶出；而火药是靠炮子被撞击后点火引起火药爆炸，炮子扣在枪筒外的枪机上。二人刚刚装好炮子，两个小鬼子已经来到近前，肖基业一转身抬手朝着靠近的鬼子脑袋扣动了扳机，一片火光过后，小鬼子轰然倒在地上，满脸开了花。因为枪筒里至少装了二十粒钢珠，加上枪口几乎触及脑袋，所以一个也没漏全部钻进了小鬼子的鬼脸上。再看另一名队员，一紧张，炮子掉在了地上，放了个哑火。幸亏第二个鬼子被这突如其来的枪火吓呆了，竟然站在那儿愣神，肖基业眼疾手快，向前一步举起枪托狠狠地从他脑袋劈下来，这东洋小鬼子瞬间变成了地下野鬼。整个集市瞬间大乱，人们纷纷抱头鼠窜，龟田小队长马上发现了小鬼子被打死的方位，平端着歪把子机枪对着肖队长这边扫过来了。眼看有更多的人倒下，突然枪声似乎渐小，再看子弹像流星一样冲天而去。就在这多少生灵将被涂炭的要命时刻，突然跑出一个人来一把从后边抱住了龟田小队长的枪筒子，扳向天空。这英雄不是别人，正是泰安城著名的茶商米岳堂——双远的亲爷爷！趁着一片混乱，肖基业带领游击队员安全脱身，顺利地撤离了黄前大集。

米大老爷之所以能够靠近龟田小队长，这与他的知名度不无关系。米家世代在岱庙摆摊做买卖，米大老爷是在东御房市场吃着烧饼卷驴肉长大的买卖人。因为他从不短斤缺两，为人又仗义，渐渐买卖越做越大入了茶行，后来又生出一件让当地人传诵几十年的“仗义解救贺四平”的逸事，名气就更大了，茶行里的同道推举米大老爷为泰安茶商会副会长。其实这是个虚衔，没什么权力，不过确实发挥了米大老爷“广交天下”的天性，加上他乐善好施，买卖诚信，这米家茶庄成了泰安城响当当的名号。日本占领了泰安城，小鬼子本就对中华文化有一种神秘感，对于中国传统的茶文化，他们就演绎出具有日本特色的“茶道文化”。龟田队长就是个茶痴，喜欢中国茶，特别是米大老爷专卖的六安瓜片。这小子，只要不扫荡，每周肯定要到米大老爷店里品茶。对于日本鬼子，米大老爷从心底里也是恨透了，他在安徽六安贩茶的路上，差点让小鬼子飞机上的机枪打中，要不是那棵大槐树茂密的枝叶遮挡，米大老爷肯定做了异乡游荡的魂灵。但人在屋檐下，怎能不低头？自己一家老老少少十多张嘴还需要填补。对于龟田的不时骚扰，他也只能虚应故事，待之为客。好歹这小子每次还是留下点伪币。当然，米大老爷也暗地里搜集了不少泰安城鬼子的动向，把情报传送出去提供给抗日游击队。今日黄前大集，龟田就先进了集头上的米家茶庄，品了一杯茶才开始在集上搜索。米大老爷正好就在这家伙身边，看到歪把子机枪喷出的火舌对着人群，米大老爷本能地扳住了枪管。龟田怒了，随手从腰里拔出手枪，直接把枪口顶在了米大老爷的天灵盖上！然而，令人意外的场面出现了，先是米大老爷不为所动，坦然面对枪口；接下来，龟田竟然没有扣动扳机。也许龟田意识到打死面前这个人也无济于事，或者还担心以后不能到米家茶庄品茶了。也就在杀机起伏的一瞬间，肖基业的游击小组早已撤退。直到新中国成立后的“三反五反”，米大老爷和当时的游击队长、现时的县委书记肖基业再次相逢。不过，这次是戏剧性的转换，是肖书记一声“枪下留人”解救了米大老爷。此乃后话。

“仗义解救贺四平”又是怎么一回事呢？

之所以人皆称双远的亲爷爷为“米大老爷”而忘了其大宝号——米岳堂，就因其乐善好施，仗义疏财，扶危济困，广交天下。最令人称道的是，他作为泰安城有名气的茶商，三百两银子入股了皇后庄贺四平的大油坊，占了三成股份成为与贺家并列的第一大股东。这油坊油清量足，成了泰安城响当当的品牌，养了十匹骡子八匹马，日夜拉磨出油，还供不应求。那时没有电灯，大油坊为了赶工，夜里点上灯笼三班倒磨油。周到的服务、优异的品质，使得大油坊成为半个泰安城和城东三十里乡亲们的最爱。可天有不测风云，那年冬天，两个月没见雨雪，突如其来的西北风夹杂着雪花，呼号着席卷了泰安九十里平原。时至三更，不知怎的一把火从马棚草料堆烧起，这火势并不亚于豹子头林冲在军料场点燃的那把火。救火的哭喊声并没有叫醒多少邻居，风助火势、火助风威，待到黎明乡亲们赶来救火时，整个油坊已化作灰烬，掌柜的贺四平已瘫坐在油坊取水的水井边，哀嚎着：“完了，完了，全完了！贺家四世同堂，上有八十岁的老奶奶，下有嗷嗷待哺的小孙子，往后一家老少二十几口子的日子怎么过?!”好事不出门，恶事传千里。自第二天临近中午开始，讨账的人闻讯蜂拥而至。这开油坊做买卖哪有不赊账的，秋天黄豆、花生收了，人们送到油坊来，一部分换些油回去，另外到来年春天加些利息，取回钱来度过春荒。也有那富裕户，不用的银子算作投资入了股；那些日子确实困难的，连摊煎饼的油都买不起，那就先赊着，来年下来麦子换了钱再还或直接用麦子顶了，实在还不起的就往后拖着。一听说油坊失火了，那些欠钱的，也许爱莫能助，也许故意躲起来了，反正是很少见到他们的踪影；倒是油坊欠了他们账的，几乎都来了。面对要账的，贺四平就坐在井边，“各位老少爷们，对不起了，今天账是还不了了，你们就送我最后一程吧，早一点见阎王爷，我也轻快了。”说完转身就要跳下去，说时迟那时快，有人伸手一把拉住了他——正是茶商米岳堂。傍晚，米大老爷提了一瓶子泰山老白干，把贺四平约到自家后院，先打个揖说道：“老贺哥，日子还得过，上有老下有小，你走了轻松，他们怎么办？俗话说，留得青山在，不怕没柴烧。这债一时半会儿是还不清了，你先出门躲一阵，我在南京有个做茶叶生意的朋友，你先到他那儿落落脚。”于是，贺四平连夜带着媳妇直奔南京而去，再也没有回来。贺四平走后，米大老爷拿出几百两银子，说是入股大油坊，其实是帮贺四平还债，料理清了大油坊遭火灾后的所有账目。这笔钱可是米大老爷前半生买卖的一大半积蓄，本来是要用来置办几十亩田地的。然而谁也没料到，冥冥之中，米大老爷因为助人为乐而因祸得福，几十年后因此逃脱了被定为“地主”成分的噩梦。古人云，祸兮福所倚，福兮祸所伏。多少年后，每当米大老爷想到油坊熊熊大火这一幕，真的是暗自庆幸啊！没有那把火，说不定购地成功，被划为地主可就倒了八辈子霉了。其实，当时油坊大火，虽说烧掉了米大老爷大半家产，但是，米大老爷在江湖上赢得了口碑，大家愿意和他做买卖，愿意买米家的茶叶。不几年，米大老爷重振雄风，茶叶生意越做越大。五年后，米大老爷动员了五家生意伙伴，亲自赴身安徽六安，运回一火车皮茶叶。米大老爷心里盘算着，这一笔生意做下来，这些年的心愿就能实现。走前，米大老爷已经象征性地交了订金，准备把泰安最有名的老字号岱庙遥参亭前面的“美尔廉饭店”收入囊中，并计划购三十亩地，保证子孙后代都过上好日子。米大老爷能够在生意上成功，主要靠了三条：一是为人仗义，这在泰安城也是出了名的。二是账算得好，行情看得准，特别是茶叶生意，那时泰安当地“女儿茶”产量很少，主要依赖南方来货，比如西湖龙井、福建红茶、黄山毛峰和六安瓜片等。针对不同的客户和当地生活习惯，选择合适的货源。米大老爷凭借多年经营的经验总结出来，进六安瓜片比较合适，一来泰安人习惯了这种茶香，二来相对于杭州等地要近一些，再说那儿也交了些生意上的朋友。三是米大老爷出了名的胆子大，敢冒风险，那一年去六安运茶雇了几辆马车，回来的路上正好赶上日本鬼子扫荡，地面的部队还没到，天上的飞机就来了，鬼子怀疑马车里有运往苏鲁皖抗日根据地的武器弹药，所以对着马车开了几枪，米大老爷先是围着马车转，后来跑到一棵百年大槐树下，那些枝枝杈杈救了米大老爷一命。其实日本鬼子也没看走眼，当时米岳堂运茶叶的大车里确实藏着抗日根据地急需的药品。

然而，似乎真是命中注定米大老爷发不了大财，这一次买回一火车皮的茶叶虽不同于抗战时期，可也正逢解放战争“淮海战役”前夕，济南这边两军打得正欢呢，那边米大老爷看着茶叶进了火车皮，这才找趟客车往回赶，当回到家等货时，解放军在济南战役中大获全胜，随后，泰安没几天也解放了，而米大老爷的这一火车皮茶叶，也就不知所终了……

第三章

泰安城东关有个“皇家胡同”，胡同因住着世代行医的皇氏一家而得名。皇氏一家在泰安城里是出了名的善良人家，虽说没什么大富大贵，可也世代人丁兴旺。到“宁”字辈这一代三男五女，排行老二的女儿，小名苦菊，大名皇泰宁。这名字可男可女，之所以起这名字，乃因自军阀混战以来，泰安城遭受了无数次的烽火蹂躏，你追我打，光是军阀混战不知拉锯多少次，这皇家扼守泰安东城墙外，上下两座的四合院恰恰成了兵家必争之地。因为攻打泰安城，皇家的屋顶脊沿处是城墙外制高点，趴在那儿打枪最容易瞄准城墙上守军。在皇泰宁幼时的记忆里，不知有多少次攻城的士兵从屋脊上滚下来，皇家也因此成了战时医院。本来皇家行医，也算分内的事，可一旦攻城一方失败了，这救助伤员的善举反而成了罪过，脱不了干系。所以皇家父亲下了决心，要把五个女儿都嫁到乡下去，躲避频仍的战乱。

由于每次攻打泰安城都救助伤员，如果攻城方打败了，自然受到守城军队的报复、侵扰，经过连续几次折腾，家道中落，两位老人经受不住多次打击，身染重病花光了家底，幸得几辈世交——城东乡米家庄米大老爷资助，方能维系下去，但二老身体状况与日俱下，亦是苟延残喘。想到这债今生今世是还不了了，皇家老人与米大老爷商量，结为儿女亲家，把当时十二岁的二女儿苦菊许给米家八岁的大儿子米文水，定下了这门娃娃亲。在那个年代，家长们是不会去考虑孩子们的意愿的，不用说娃娃亲，就是指腹为婚也很流行。所以这门差了四岁的姻缘一开始就暗藏着危机。转眼五年过去，米家突遇变故，米大老爷的内人突然撒手人寰，身后留下四个儿女，最小的刚出满月，中间两个三岁和五岁，最大的十多岁。米家人顿时感到天突然塌了，奶奶哭瞎了眼睛，还是个婴儿的幼子嗷嗷待哺。米大老爷几乎撑不住了，四十多岁正当壮年的他也有一闪念考虑过续弦，其实这也是人之常情。但是他很快就打消了这个念头，他认定后娘没有不偏心的，他绝不能让这几个孩子受委屈。

就这样，上有老下有小的米大老爷领着一家三代苦撑了两年，事实证明，没有一个持家的女人，日子完全没法过。经过多时的思前想后，米老大爷决定把为大儿子定的媳妇提前迎娶进家。

十七岁的新媳妇苦菊皇泰宁就这样匆匆嫁进了米家。上有瞎奶奶，下有襁褓中的小叔子，面对这样困局，泰宁没有哭，没有怨，忠厚老实的她认为这就是命。而只有十三岁的“新郎”米文水更没有别的选择。本就出生在一个世代书香人家，祖上是闻名乡里的米秀才，自文水的老爷爷始，先读书，后经商，一辈子图一个“仁义”加一个“诚信”。在泰安城岱庙经商已经历四代，从不坑人、骗人，遇到实在穷的主，过年了小男孩穿不上棉鞋，小姑娘没个红头绳，大人哆哆嗦嗦来买，差个毛儿八角，也就算了，权当扶危济困。因此，这米家的名声也是传遍泰安城乡。一说到米家庄岱庙摊号“米香斋”的米家，人人点头称赞。家里每年春节的门联，上联——忠孝持家远；下联——诗书继世长；横批——厚德载物。降生在这样的家庭，没有别的选择，孝顺听话、努力读书是唯一可行的路。至于什么“娃娃亲”，什么“童养媳”，自是长辈说了算。至于容貌丑俊、年龄大小，那都不是自己所能选择的。

文水和泰宁两人注定走的是相背而行的两条路。一个为了躲避战乱，从泰安城走进了农村；另一个为了念书求学，从米家庄要走向泰安城甚至更大的城市。最终，是喜剧抑或悲剧，走一步看一步吧。

对于皇泰宁来说，来到米家要上的第一课，甚至可以说要过的第一道难关，就是摊煎饼。

煎饼是泰安一带百姓的传统家常食物，也是著名的土特产。它源于泰山，历代为宫廷供品，创制年代无考，明代已成家常便饭。1935 年冯玉祥将军到泰山时，曾把泰安煎饼当作馈赠朋友的礼品。现泰安城东羊楼村范家老户在 1967 年拆除古坯墙时曾发现一份明万历年间的“分家单”，里面就有“鏊子一盘，煎饼二十三斤”的记载。现代泰安煎饼，不但有甜煎饼、酸煎饼和半发酵的半口煎饼之区分，又添加了当地特产的系列品牌。正如《泰山烹饪》所调查记录的泰安煎饼：按用料分有鲜薯煎饼、甘薯粉加玉米粉煎饼、单一玉米煎饼、单一小米煎饼、小米粉加大豆粉调糊煎饼、纯高粱煎饼；按添加辅料分有糖酥煎饼、菜煎饼、蜂蜜煎饼、花椒盐煎饼、芝麻盐煎饼、花生煎饼、柿子煎饼、核桃煎饼、香油果子煎饼等；按加工方式区分，泰安煎饼有五种：用未发酵糊子制作的为甜煎饼，用发酵糊子制作的为酸煎饼，冷却的煎饼再烙酥为酥煎饼，煎饼加葱油或豆腐、白菜等馅烙制的为油煎饼，小米面加白糖烙制的为糖酥煎饼。总之，以玉米、高粱、谷子、地瓜干等粗粮为原料，经过粉碎泡糁、磨细成糊、摊于鏊子上边刮边烙，烙熟即成。质地细薄，水分少，耐久储，香酥可口。泰安手工煎饼多为酸煎饼，质地薄如纸，吃起来干脆脆的，撕起来声音似撕纸。为了保存煎饼，要洒上点水，保持水分，以防煎饼一碰就碎。泰安煎饼从手工家庭作坊到半机械化作坊，都形成了一定批量生产的能力，并从大众化食品向席桌间点心多元化发展，成为山东泰安著名的地方小吃，来泰安的旅客都以品尝泰安煎饼为幸事，或路边小摊，或酒店餐桌都有泰安煎饼的身影。

泰安煎饼有着一个美丽的传说。

传说很久很久以前，泰山东麓一带杂草丛生，人迹罕至，在下蒋村，住着巧珍和田壮一家，男耕女织，生活过得比较舒心。劳作之余，田壮勤学苦读，成了远近闻名的土秀才，十里八乡谁家有个红白喜事，都请田壮帮忙；谁家受了欺侮，田壮主动帮助写诉状、打官司。他因此得罪了当地恶霸王洪三，被关进了王家私设的大牢，狱卒们恶狠狠地告诉巧珍：“你们家田壮整天咬文嚼字，专和我们家老爷过不去，老爷吩咐，这次只准送笔墨纸张，不准送饭，关他七七四十九天，看他还写不写。”想到自己的丈夫饥饿在牢房，巧珍三天三夜吃不下睡不着，精神恍惚中，她梦见山神泰山老奶奶向自己走来，慈祥地对她说：“巧珍，别犯难，我传授你个法子：你把玉米磨成糊子，在烧热的石板上摊成饼，不就像纸？再把大葱作笔，豆酱当墨，还愁你的夫君没饭吃？”梦中惊醒过来，巧珍立即照此去做，果然灵验。一番如法炮制之后，她连忙带着自己摊制的煎饼，卷上大葱和豆酱给田壮送去。狱卒见她送过来的只不过是“笔墨纸张”，便没多过问。饥肠辘辘的田壮手口不停，不一会儿工夫就把这些“笔墨纸张”吃了个精光。后来，摆脱了牢狱之灾的田壮发愤苦读，背着巧珍摊制的煎饼进京赶考，考上了状元。善良的巧珍，为报答“泰山老奶奶”的恩德，热心地给四邻八舍传授煎饼技艺，一传十，十传百，摊煎饼在几百里泰山前麓汶河平原传开了。

后来，人们为了使用方便，把薄石头打磨是像圆形海龟一样，再磨制光滑，叫作“鳌子”，再后来，改为生铁铸具，也就演化为今天的带“金”字旁的“鏊子”。巧珍因发明煎饼，被泰山人供奉为“煎饼老奶奶”，煎饼也因田壮又称“状元饼”。

泰安煎饼确实可口，但是，摊煎饼苦啊！

泰安的女人估计应该是天下最勤劳的女人了。结了婚，生了孩，当了娘，这女人至少有五种角色：一是孩子他娘；二是公婆的儿媳妇；三是男人的屋里人；四是干农活的壮劳力；最后一条，除了肩负以上四种责任外，她必须是家务的操盘手——奶孩子、伺候长辈、洗衣、做饭，而做饭最重要的内容就是摊煎饼。谁家新娶的媳妇表现怎么样，那就要看她摊的煎饼的成色。谁家媳妇摊出的煎饼又薄又匀，就会得到乡邻的赞赏，那可是家人的门面。

这摊煎饼，是女人早晚的副业；而白天的活，一点也不能耽误。摊煎饼全靠早晚加班完成。一般人家姑娘长到十一二岁，当娘的就要教会她摊煎饼，如果学不会，长大了找婆家都难。媒人一打听，这闺女煎饼都不会摊，看来是没料理好，教养不够，针头线脑也强不到哪儿去，这就很难嫁个好人家了。

把一堆金灿灿的玉米粒变成喷香喷香的金黄煎饼，要经过至少三天时间，五道工序。

第一道工序，把玉米粒用簸箕簸出杂质，阳光下晒干，然后拿到碾上碾碎了。碾子，是北方农民加工食材几乎最古老的工具。那圆柱形的石头碾子，在巨石切割而成的大碾盘上滚动，既有自转也有公转，就像地球绕着太阳转。不过这圈转得小，需要人力推动。碾子是公共器械，一个村子不过两三个，除非家有千亩的大户，自家有私用的，绝大多数村子都设置了公碾。条件好一些的村子，盖了碾棚，好处自然是遮风避雨，提高碾的使用效率。

第二道工序，泡糁子。这玉米经过石碾滚子成百上千遭的碾压，挤碎了，变成了玉米“糁子”。这糁子加上水至少要泡一夜，让水都渗进去，泡透了，均匀了，等待下道工序。

第三道工序，磨糊子。碾糁子是干碾，用的是巨石做的碾，而磨糊子用的是石磨，是湿磨。湿磨是由两个石头圆柱咬合着转动，圆柱中间是一个铁柱形状的轴，就像杂技团空中飞人上下两个演员口中咬住的转轴。这石磨因是上下两个圆柱咬着一个铁轴，下圆柱固定，上圆柱转动，人推磨转圈，相对于既有自转也有公转的石碾来说，圆圈小得多，所以，村民们每家都有一个石磨。由于石磨转动类似于静摩擦，不像石碾的滚动摩擦，摩擦力要大得多，一个十来岁的孩子推着碾子可以跑着转圈，但两个孩子也难以撼动石磨。糁子泡上水在石磨的碾压下变成了玉米糊子。推磨子往往是女人和孩子的活，因为男人们全忙地里的活儿，伺候庄稼，回到家体力已是严重透支，饭一吃完，倒头便睡。磨子圈小，却更沉重，妇女和孩子围着转啊转，直转到孩子打盹。糁子加了水，又泡匀实了，磨出的糊子又白又嫩。

第四道工序，发糊子。如果你想吃甜煎饼，可省却这道工序，磨出的糊子即可摊煎饼，不经发酵的糊子做出的煎饼有甜丝丝的味道，叫作甜煎饼。倘若你想吃酸煎饼，这糊子起码要发酵一夜，而且要有一定的温度，妇女们往往是把它放在热灰窝里加温。

第五道工序，摊煎饼。这是最苦、最累、最呛、最憋屈的活。农村的厨房在当地叫作“饭屋”，一般放在东厢房，大都留有两个窗户，朝院子里的是个矮窗户，一米多高，三尺见方；朝院子外的要高、要小，一般两米以上，之所以高且小，是防止外人偷窥或钻进，因为在厨房里劳作的一般是大闺女小媳妇。一进饭屋门，平地上放一个摊煎饼用的“鏊子”，生铁铸成，直径一米二到一米五。鏊子有四个腿，除了没有脑袋和尾巴，这鏊子像极了河里的乌龟。和乌龟一样其背是慢慢隆起的，只不过更缓一些，主要是把糊子舀起来倒在隆起的中间以便均匀地向四周流淌。盛糊子的盆一般放在鏊子左边，里边放一个木头勺子，是用来把糊子舀到鏊子上。摊煎饼时，首先点燃麦秸或玉米秸，把鏊子加热，然后从右边的油罐里舀出一小勺豆油浇到鏊子上，用煎饼扒子摊匀了，马上从左边盆里舀出一大勺糊子倒在鏊子上，用扒子反复摊匀了，随着不断受热，糊子里的水分很快蒸发，此时，用铁制的炝糊刀子沿着鏊子沿撬开已经成型的附在鏊子上的薄薄的煎饼，右手顺势揭起来，一张冒着热气的香喷喷的煎饼就诞生了。在泰安人眼里，评价谁家的媳妇儿，除了孝顺公婆守妇道，最重要的考量要素，就是谁家媳妇摊的煎饼薄、发的糊子好。这粗针大麻线的婆娘摊出来的煎饼六个一斤，而那巧手能干的媳妇摊出的煎饼一斤八个。因为遇到些红白喜事，盖房修屋请人帮忙的时候，客人们都是论个吃，如果做的煎饼太厚，同样是吃四五个，无疑会消耗更多的粮食，人家就会说，这家人家“不会过日子”。如果谁家媳妇连煎饼都不会做，只会贴玉米面饼子吃，那会让全村笑掉了大牙。这玉米面饼子可不顶吃，本来吃五顿的粮食，三顿就吃完了。

摊煎饼有五道工序，更有五茬苦，那就是腰酸、臂疼、腿麻、炙烤加呛烟。嫁入米家的皇泰宁，可以说一生饱受这五茬苦的煎熬。

先说这米家一家人的饭量，皇泰宁的小丈夫文水十三四岁，正是长身体的时候，一顿吃四五个煎饼，一天就要十五个；其他老少每人省着吃，加起来每天也要三四十个。也就是说，皇泰宁每天必须给全家人提供四五十个煎饼。一盆糊子摊八十个煎饼，两盆糊子的煎饼最多吃四天。每隔四天就要摊一次煎饼，当然还要包括碾一遍糁子，磨一遭糊子。摊两盆糊子的煎饼至少需要两个小时。摊煎饼这天一定要早起。一般鸡叫头遍就起床了，因为不能耽误早上出工到地里干活。昨儿晚刚磨了糊子，睡觉时已是夜深人静，估计十一点了；今儿早鸡叫头遍人还没睡醒，强打着精神爬起来，迷迷瞪瞪进了饭屋。点上火，浇上糊子，一扒子一扒子地循环着。当摊到三十个煎饼后，腰酸背疼腿发麻。最难受的是夏日里，随着东方出现鱼肚白，屋里温度上来了，满身的汗水早已浸透了那已经分不清颜色的汗衫。其实，相对于酸疼、炙烤来说，最难忍受的是满屋的烟雾缭绕，无处躲无处藏，眼睛呛得流泪，鼻腔里充满火烟，嗓子一痒痒就要拼命咳嗽……

摊煎饼的女人都是伟大的女人。

皇泰宁是城里人，虽说小时候随母亲、姐姐也学会了针头线脑，可轮不上摊煎饼的活。再说，这皇家世代行医，最重视的是读书识字，不论男孩女孩，都要上学读书。虽说历经战乱，泰安城多次遭受战争蹂躏，可皇泰宁好歹也断断续续读到了小学五年级。对于煎饼，只知道卷上大葱味道喷香，可怎么摊煎饼，她却一窍不通。

嫁鸡随鸡，嫁狗随狗，来到米家，躲过了不断攻城的枪林弹雨，可新的沟沟坎坎又在脚下，新的生存环境又带来新的困苦。上有耄耋之年的瞎奶奶，下有襁褓中的小叔子。一家上下十口人每天都要吃饭。新媳妇一过门就必须马上学会摊煎饼。这对泰宁来说，实在是赶鸭子上架。泰宁是城里人，上有母亲、姐姐、哥哥，家里的家务活有他们顶着，自己不用干多少，针头线脑的活也没学多少，更不用说“摊煎饼”这种“大戏”了。怎么办？作为米家的新媳妇，摊煎饼——不会也得会。家公米大老爷专门为她请来了摊煎饼“老师”——本家二嫂子。说起这二嫂子，其实，比泰宁的母亲还要大几岁，已是两个孙子的奶奶。二嫂子自打年轻就是出了名的贤惠媳妇，上敬公婆，下护儿女，对乡里乡亲乐善好施，家务活更是样样出色，特别是摊得一手既薄又香的好煎饼。十里八乡都知道米家的煎饼名叫“十里香”。有这样的老嫂子当老师，再加上自己聪明好学，不出半个月，皇泰宁就把这压糁子、磨糊子、支鏊子摊煎饼几道工序全掌握了。从此，皇泰宁以自己那并不强壮还略显弱小的身躯，为米家上下老少劳作服务了一辈子。

那是一个动荡的年代，解放战争正打得如火如荼。从 1946 年 6 月到 1948 年 7 月，国共双方围绕泰安城展开拉锯战，最后，解放军第五次解放泰安城，时局才算慢慢稳定下来。十七岁的皇泰宁，正是在此期间，为了躲避战火，由父母做主，算是出阁，其实也是为了避难，下嫁到这米家庄来的。虽然受苦受累，但她心里暗自认为，能够避开战火，能有一份安定的生活，也就知足了。

除了摊煎饼、洗衣服、照顾小姑小叔，地里的杂活，诸如锄沟子、种小麦，都要学习，样样都要会干。生活的路充满荆棘，无数的沟沟坎坎在前面，换了一个空间，日子继续过，生命要延续。米家老老少少九口人，再加上自己，整整十口之家。而自己所谓的“男人”，周岁才刚刚十三，单薄的身体还没有发育，一头黄发，对于夫妻关系，还完全处于懵然无知的年纪。他却是父亲米大老爷眼中的希望，是米家的“文曲星”，米家祖坟上冒青烟就靠这孱弱的书生来续火。米大老爷很清楚，内人早殁，自己正当壮年，完全可以续弦。然而，一来是对于丧妻极度悲伤，根本无心考虑；二来，如果迎进新人，后娘没有几个对孩子好的，能对这四个孩子视同己出吗？特别是大儿子文水天生是读书的料，无论如何不能瞎了这块料。米家祖辈上就是诗书人家，祖辈上出过秀才，在这泰安城东也算闻名乡里。米大老爷生在清朝，长在民国，进学堂时已废除了科举，虽说四书五经倒背如流，也不可能循科举之路求个功名。但祖训传下来的“世上唯有读书高”的理念之火苗没有熄灭，始终温暖着米家的雄心，一旦外部条件适宜，这颗火苗就会燃起，米家人即使砸锅卖铁，举合家之力，也要培养一个书生，光耀门庭。所以思前想后，米大老爷才使出了找个童养媳进门操持家务的一招。眼下，每当看到“大儿媳”泰宁手脚不停忙进忙出，他就暗自觉得自己的决定是英明的。

米岳堂米大老爷还有一点没看错，他的长子米文水确实是块读书的料。自打进了学堂，天资聪颖、刻苦好学的文水就成为先生老师们的掌上明珠。无奈，处在战乱年代，学校时停时开，东躲西藏，以至于文水虽只到了十三岁，学校却换了七八所，小学还没能读完。读书路很艰辛，可作为诗书商贾之家，还能有什么选择呢？再乱再穷，都不能耽误文水念书。这是米大老爷制定的家规。米家的子孙，只要是念书的料，砸锅卖铁都要供。读书识礼，读书知义，读书光宗，读书报国，世上唯有读书高。

表面上看，皇泰宁与米文水的“婚姻”，只不过是旧社会常见的一桩普通婚姻，那个年代，无论城市乡村，“童养媳”都是一个司空见惯的存在。但在米岳堂看来，这桩“婚姻”却是他缔造人才工程的第一步，是家族兴隆的序幕。大儿媳皇泰宁自然就是这个人才工程的一块基石，一种铺垫。就连皇泰宁自己也并不觉得这门亲事有什么不合理之处，更不会认为自己成了牺牲品和垫脚石。因为，对于泰宁来说，下嫁米家，一是躲避了长年累月在自家屋顶上乱飞的枪弹和炮火；二是米家几辈经商还算殷实的家底，在那个年代果腹饱饭不成问题，而自家连年重病的父亲，为治病几近倾家，已面临吃了上顿找下顿的窘况。

新媳妇进门，米大老爷主持开了个家庭会，其实这会说不上民主，主要是宣布家训、族规和一家人过日子的目标。

家训：上慈下孝，忠厚仁义，吃苦耐劳，卧薪勤读。

第四章

转眼几年过去，世上已经改朝换代，新中国成立了。此时的米文水，也从一个磨盘高的鼻涕少年，出落成一个说不上英俊的文弱书生；而曾经单纯天真的城里姑娘泰宁，则在农村生活的重压下，腰身已见弯曲的趋势。这就是生活的痛。而且，两人的早已潜伏着的婚姻危机，正在随着时间酝酿发酵。“夫君”，已经由农村孱弱少年长成了书生，很有希望成为那个时代非常稀缺的大学生；而“媳妇”，则从城里闺女操劳成了乡间大嫂，她的腰还会一直弯下去……

米文水与皇泰宁的婚姻，来到了第一个十字路口。

两个人的婚姻是两个家庭的事，也是家族的事。对米大老爷来说，“万般皆下品，唯有读书高。”读书就要读出个样来，大儿子读书是块料，是米家的希望，自己身处战乱动荡年代，虽读过四书五经，但生活担子过早地压在肩上，终究没有机会求个功名。如今到了儿子这一代，米大老爷是打定了主意，再苦、再穷、再累，只要儿子是读书那块料，就一定要供养成才。米文水一定要读书深造，上大学。读书，在米家变成了信仰，信仰的力量是无穷的；而对于泰宁，自打进入米家，上有老奶奶，下有乳牙未褪的小叔子，繁重的生活重担压在肩上，几乎没有直腰喘气的时间。夜深人静的时候想一想：这一年，平常一顿吃三个煎饼的丈夫突然增加到一顿六个煎饼；自己进门时见到的那位黄毛小“丈夫”，现在个子长了一拃高，出落成了大男人，而且还是城里中学的高才生。明摆着，这“丈夫”一路读下去，就将是个人人羡慕的大学生。而自己呢？往后将会变成什么样子？她不愿再细想下去了，独自默默增添了无限的惆怅。

文水在城里念书住校，一周回来一次，背走的煎饼越来越多。周日晚上吃了晚饭去上学，周六下午回家来，在学校吃十七顿饭，从小学、初中到高中，每顿从三个煎饼增加到七个，现在一周要带一百一十九个煎饼。而善良的泰宁作为“妻子”，老担心自己的“男人”饿了肚子，每次都往煎饼包袱里再加一个，凑够一百二十个。单算这一百二十个煎饼，从压碾、推磨到发酵糊子做成煎饼，泰宁流出的汗水也有一盆子了。一个姑娘，一个略显矮小的女人挑起了生活重担，从拧辘轳，浇灌玉米到推磨子摊煎饼，一年三百六十五天不知疲倦地硬撑着，自己到底是为了啥？而自己的“男人”呢，成了家里的过客，每周回家一次仿佛就只是为了背煎饼，从来跟她对话不上十句，两个人的关系比水还要淡，更不要提什么夫妻感情了。现在已是新社会，讲究婚姻自由，身为“童养媳”的自己，从过门到现在已经长达七年时间，可至今也没领什么结婚证。泰宁不止一次想到一个非常严峻的问题：万一文水考上大学，变成了戏里演的那个“陈世美”怎么办？自己是不是就只能不可避免地变成苦命的秦香莲？今后的日子怎么过？七年来自己的“丈夫”从来没有对自己发过火，也不吵架，也没有什么知心话，就是读书。先是辗转进入城里最好的灵芝街小学，接着考入省立岱宗中学，现在即将二十岁了，中学马上就要毕业。公公米大老爷掌管着这个家，对泰宁始终表现出“客情”，虽说脾气大，但也从未对儿媳妇发过火。小姑子、小叔子也慢慢长大，对这个嫂子也和亲姐一样，姊妹兄弟的感情也越来越深。这让泰宁虽说很累很苦，可是仍然可以感觉得到家的温情。但自己的“男人”——应该说还是一个学生，不冷不热没有温度表现，使自己心中越来越没底。

好不容易抽出半天时间回城里娘家，父母不在了，和大哥大嫂还有同样嫁到乡下的大姐商量一下，她心里的话说出来，感到轻松了许多。俗话说长兄为父，自打爹娘重病以来，事实上大哥已经挑起了家庭的重担，对于兄弟三人、姐妹五人的大家庭，断不了谁家婚丧嫁娶，孩满月、娘生日的家务事需要参谋，需要决断，一个大家庭，总得有个人拿主意才行吧。作为世代行医的皇家，凡事都是往好里想，兄弟姐妹们都认为，自打泰宁进了米家的门，虽说没享过什么福，却也没受什么气。再说了，米家老老少少一大家总得有个女人伺候吧，如果半道上走了，也不仁义。所以，每次回城里跟娘家人商量，哥嫂都是劝泰宁把日子过下去。想来思去，泰宁也决定和自己的男人问个实底，明知道这样的答案根本不可靠，没什么准头，但还是要试一试。

三月里的一个周末，泰宁第一次主动提出要送丈夫回城里学校，两人一路走着，照例没什么话可说。泰宁憋了半天，终于开了口：“俺是个农民，要是你考上大学，不配你怎么办？”文水话并不多，也没有正面回答，只是嘟囔着说：“人都是有良心的，那树上的喜鹊还知道报恩呢，何况是人呢？”其实，这句话并非十分牢靠的承诺，可泰宁对于这句话还是选择了相信，根本也不愿去深究。因为自己进了米家的门之后，对这个家庭已经有了极深的感情，这么多年来不论文水怎么想，可自己真的是不舍，不舍丈夫，不舍这个家。

皇泰宁经过思想上多次斗争后，决定留下来。毕竟自己的青春都给了米家。虽说上有老，下有小，天天起早贪黑，家里家外，田间地头忙忙活活，日子倒也充实。不知不觉自己的男人也越来越顺眼了，虽说从来也不知道他心里怎么想，日后他考大学出息了，自己面子上总是好看。人不能总是忘恩负义吧，不能都没良心吧。特别是娘家哥哥、嫂子、姐姐、姐夫都鼓励自己把日子过下去，本来两口子也没吵过什么架，只是自己猜测日后他会变心，其实现在他心里怎么想也不知道。

也许，这是一个大错误的开始，但是，谁也没有办法制止这种错误。

既然选择了要把日子过下去，皇泰宁就得完成为米家把香火延续下去的重任。中国人最重视种的繁衍，最呵护自家的“香火”。香火这个词含义深刻，说的是后代子孙在前辈的坟茔前点香祭拜，没了后代，就断了香火。这是最让米大老爷坐立不安的心头大患。这米家本就人丁不旺，作为米家庄的开山老户，这几百年来，随着盖姓、干姓、常姓的移入，米姓慢慢变成了小姓。作为德高望重的米家族长，米大老爷十分焦急却又非常无奈。所以，自打儿媳妇进门，他就一直盼着大儿子米文水能尽快传续香火。前几年儿子小，还是个少年，可现在眼看文水一天比一天吃得多，包袱里的煎饼不断增加，每周回家背煎饼的包袱已经加宽了几次，煎饼数量从五十来个变成了一百多个，这个子也像春天的小麦一天一个样，进入拔节期，繁衍后代的能力肯定早已具备。可是，米大老爷却一直听不见儿媳见喜的动静。悠悠万事，唯此为大。这个问题已经迫在眉睫，必须立即动手解决！

这一日，米大老爷在山口集上，拜访了多年的朋友神医“岳九碗”，这“九碗”的名号虽不是很雅，却也大有来头，据说再难的病症，只要不是枪刀入里，岳神医的药连续喝上九碗，病患就定能康复如常，能吃能睡。对于不孕不育，岳九碗更是自称有一绝招。据说，泰安城东坡方圆几十里育龄妇人，每年就因喝了岳神医的药，多添一百零八个男女。听了老友米大老爷说出的心病，岳神医拍着胸脯一口应承解决问题。他不辞辛苦，几天后如约亲自来到米家上门“出诊”，为文水和泰宁都把了脉，然后为儿媳开了九服药。岳神医有满满的自信，九服药已是最大剂量了，声称九碗药汤下去，一定会有喜讯。

可是，眨眼间半年过去，米家媳妇的身子也未见有什么动静，岳九碗失灵了。

八月里是最炎热的季节，也是除了春节之外相对清闲的日子。因为汶河两岸的玉米在开花抽穗填粒，还不到收获的季节，地里该追的肥也都完成，现在加肥也赶不上劲了。这个时候，生在泰山脚下的大姑娘小媳妇都会趁着农闲相约爬泰山，到山神泰山老奶奶那儿把心里话说一说，许个愿。在泰安人心里，老奶奶是神，也是娘家人，保一方平安，让老老实实忠厚过日子的人家都能平平稳稳，父慈子顺，一家人和和睦睦。

皇泰宁既然选择了要在米家过下去，看到同龄的姐妹们都做了妈妈，有的甚至已是几个孩子的娘了，“母爱”的欲望就越来越强烈。她决定要为米家留下种子，要生一个孩子，让人也叫自己一声“娘”。吃了岳九碗的药不见效，她就只能求泰山老奶奶了。

这一天是阴历的七月二十三，天气少有的晴朗，皇泰宁，早已和本家两个妯娌、闺密约好，去祭拜泰山老奶奶。

泰山奶奶，在道教中称为“天仙玉女碧霞护世弘济真人”“天仙玉女保生真人宏德碧霞元君”，因坐镇泰山，俗称“泰山娘娘”“泰山老奶奶”“泰山老母”“万山奶奶”等。

道教认为，碧霞元君“庇佑众生，灵应九州”，“统摄岳府神兵，照察人间善恶”。泰山奶奶是中国传统文化中道教里非常著名的女神。传说泰山奶奶神通广大，法力无边，慈悲为怀，救苦救难。其法术高深，护国佑民，有求必应，深得中华炎黄子孙的敬仰和爱戴，是中国历史上影响最大的女神之一。

泰宁自打进了米家门，就很少实实在在地填饱肚子，上有八十岁的瞎眼奶奶，下有要长身体的小叔子和小姑子，他们最需要补充营养。泰宁觉得，这一家十口人，最可以挺得住的是自己，也许世代中医的娘家，再穷再苦也还没长期断过粮，虽然身体略显矮小，但底子也算结实。这么多年来风风雨雨，一半煎饼一半野菜树叶，她竟然没生过病，就那么顽强地活着。这次上山，泰宁也奢侈一回，包了四个煎饼，还遵照瞎眼奶奶的嘱咐，带上了两个煮鸡蛋。鸡叫三遍，和两个嫂子一行三人出发了，上泰山去拜祭汶河两岸人民的保护神——碧霞元君这位泰山老奶奶。

女人们的愿望概括起来很简单——祈祷生活平平安安。细分起来却五花八门，有的祈求老父亲的痨病早日康复，有的盼望孩子别再尿床了，也有的希望自己的例假恢复正常，当然最大的心愿莫过于向老奶奶恳求生一个儿子。

过了中天门，山势越来越陡，一路走来，云雾缭绕，柏松林立，溪水潺潺，三人一路游赏，一路攀爬。这一年三百六十五天，几位女人仅有这一日可以稍微放松下来。这一天是碧霞元君赏赐的，因为在泰山脚下大汶河两岸有个不成文的习俗，对于常年忙碌在婆家的儿媳妇，不论家里有多少事，不论健康还是患病，一年总允许有一日，到泰山顶向老奶奶请安，顺便许下自己的心愿。这成了泰山女儿的公休假。几个媳妇儿，一路上边走边家长里短、邻里百事地拉着呱。

这中天门，峻岭阔谷，楼阁簇拥。东有中溪山突兀俏丽，可观日出，望晚霞；西有凤凰岭蜿蜒伸展，可眺傲徕，俯城郭；北瞻巍巍岱峰，众山拱立，林茂泉飞。一整年在鏊子窝里烤着，在庄稼地里挠着，好不容易轻松一天，大家也没觉着累。你看，那只小松鼠快赶上黄鼬大了，“噌”地一跳，站到另一棵树上了。说笑间双崖夹道，前脚已踏入云门。这云门是乾隆末年改建盘道时所辟，是最险要的十八盘的起点。俗话说：“紧十八、慢十八、不紧不慢还十八。”十八盘岩层陡立，倾角七十度至八十度，在不足一公里的距离内升高四百米。

不到十八盘不知道泰山之险要，不临十八盘不知道泰山之巍峨。泰山十八盘是泰山登山盘路中最险要的一段，共有石阶一千八百二十七级，是泰山的主要标志之一。此处两山崖壁如削去了一块，陡峭的盘路镶嵌其中，远远望去，恰似天门云梯。泰山之雄伟，尽在十八盘；泰山之壮美，尽在登攀中。明朝祁承爜曾有一诗描写其景：“拔地五千丈，冲霄十八盘。径从穷处见，天向隙中观。重累行如画，孤悬峻若竿。生平饶胜具，此日骨犹寒。”

如果你是皇帝，来此封禅，抬头望南天门后的天街，玉帝正在那端坐等你述职；料你也不敢藏身轿中，这是莫大的不敬。虽贵为地上至尊，但也不过是上天的儿子。纵使悬崖陡峭，也必须叩首前行。倘若你是个诗人，大自然造化的奇峰峻岭就是让你攀爬，放下点浪漫，多一些恭敬。泰宁是来向老奶奶求子许愿，一千八百二十七个台阶，就要一个个叩首而上，方显诚意。

跨过南天门，是上天与人间的分界线，在中华民族五千年历史中，天街或许是唯一上苍在人间设立的“代表处”“公务室”。平日里，碧霞元君作为玉皇大帝的代表，管理民间福祉祸兮。只有那功成名就的皇帝有资格在此向玉帝述职。玉皇大帝作为传说中宇宙的无上真宰，是地球三界内外、十方、四生、六道的最高统治者，因有制命九天阶级、征召四海五岳之神权，所以众神都列班随侍其左右，碧霞元君奉旨驻守天街。

迈步天街，向东望去，碧霞祠巍峨严整，气势恢宏，白云缭绕，金碧辉煌。薄雾中人们似乎看到泰山老奶奶面含慈笑，在倾听每一个香客的心愿。也许这是一个农闲的日子，也许这段时间许愿最灵，反正这香客挤满了天街。有蹉跎前行的老妇人，有浑身散发着青春的小媳妇，也有待闺出阁的大姑娘——也许老奶奶偏袒女性，来此许愿的爷们稀稀落落，偶尔有几个上了岁数的老人，也许是家中老太太身体不便，代行许愿求福。排队等着祭拜的人简直望不到头。待到泰宁跪叩泰山老奶奶时，太阳已正当午，多少心里话想说出来，老奶奶时间有限，后边排成一线的香客已等得不耐烦。首先呈上贡品，那日子过得苦啊，连饭都吃不饱还能有什么礼品。亏得泰宁心有诚意，利用小碎布为老奶奶绣了一个手绢，画面上一棵大杏树硕果累累，一个小顽童正趴在树上张口对着一颗熟透红艳的杏子，这表达的意思，一是手绢供老奶奶拂面，小童无疑是自己的心愿。接着，泰宁又把没舍得吃的煮鸡蛋一并献上。一个家庭小媳妇能有什么礼品呢，献上的就是一颗心，一颗真诚的善良的心。泰宁默默地祈祷：“宽厚仁慈的老奶奶啊，送我一个儿子吧，米家的香火要延续，给我一个希望吧。”当泰宁跪拜完站起身时，一抬头和老奶奶四目相对，似乎看到老奶奶那仁慈的双眼露出一丝丝笑意，对，就一丝丝。

从鸡叫头遍起床，匆匆吃了点早饭，一路急急忙忙赶到一天门又慢腾腾攀上天街，许愿毕，也差不多过了三个时辰。眼瞅着太阳从东海爬出来，悬挂高空，阳光慢慢照耀在山前南麓的大汶河，阳光和汶河的角度开始由锐角变成直角。该吃饭了，为了爬山，今日准备了四个煎饼，鸡蛋舍不得吃，贡给了老奶奶，另带了块咸菜，再就是五分钱。两分钱买一碗水，另外三分钱备用，因为在泰安城里一碗热水一分钱，山上的水贵，要二分钱一碗。日子就是这样过的，汶河两岸的女人们就是这样俭朴。卖水的人很热情，尽管每人只买二分钱的水，仍然提供一张露天小桌和四腿小板凳，茶叶蛋、豆腐干都摆在那儿，可泰宁她们哪舍得吃啊，再说也没有多余的钱。草草吃过简单的晌午饭，沿着天街一路走来，天上的街市就是不一样，亮堂得很，走起来也轻飘飘的。今日云雾缭绕，更似仙境。

不远处右边人们纷纷扰扰，走出路口向南看去，三块奇石相互挤压着悬挂在两座山头之间的山涧上。奇石下万丈深渊，根本看不到底。有人说了，这就是“舍身崖”。每年都有想不开的人从此处跃下，也就人间仙境两茫茫，也没听说谁又能回来。

舍身崖位于日观峰南，又名爱身崖。三面陡峭，下临深渊。旧时常有人为祛父母病灾，祈求神灵，跳崖献身。明万历初年，巡抚何起鸣在崖侧筑墙阻拦，为其更名“爱身崖”。清康熙年间泰安知州张奇逢重修围墙，派更夫守护。

1965 年围墙南端开一圆门，并顺崖畔建凭眺石栏。崖上有巨石突兀，高约三米，石旁大书“瞻鲁台”——俗称幡杆石。传孔子曾登此瞻鲁都曲阜。石东北有平坦巨石临悬崖，称可止台，上有宋代政和年间题名。崖南壁半腰有石龛造像，内雕文殊骑狮，粗犷凝重，疑为北宋造像。左侧三米处有“元二年 (1087 年) 禹城县、应王府、雍丘县、郓城衡政”等题刻；右侧五米处有题刻“入内内侍省内侍高品皇甫继明、入内内侍省内两头供奉官周德政、右司谏直史李迪”等。崖东南为神霄山，崖悬天半，又名吓人峰。南岩有影翠石，下为九龙峪。

舍身崖在仙人桥之上，三面绝壁，陡峭如削，上可举手触天，下临深渊万丈，飘飘在青云之上，巍巍踞高山之巅，置身其上，令人头晕目眩，魂飞九霄。

香客和游人们密密匝匝围着栏杆，一边听一个老人讲述舍身岩的各种神奇传说，一边观赏这奇石的风采。忽然之间，“有人跳崖了！”一声大叫后，众人看到一个影子随着云朵飘然而去。不好，是谁？是谁又想不开。西邻家三嫂子一回头，怎么，泰宁不见了？嫂子们一起大喊：“泰宁！泰宁！你在哪儿?!”一番慌乱之后，两个人急得相互抱着大哭起来。这可怎么办，回去怎么向米家交代啊？哭过之后，两人决定赶快回家报信。谁跑得快，谁先到米家庄，另一个就赶往泰宁家。

四嫂子自小在山里长大，因为出门要爬山过岭，父母也没给她裹脚，所以跑得快。

四嫂子赶到村前，进村就号啕大哭，进了泰宁家大门“扑通”跪倒在门内，大哭：“我的妹啊，兄弟媳妇啊，你怎么想不开啊?”一家人被这哭声惊动了，先是瞎奶奶拄着棍出来了，问是出啥事了，四嫂子泣不成声，说对不起奶奶，没看好弟媳妇，她跳崖了。瞎奶奶一惊：“不对啊，我孙媳妇在饭屋里摊煎饼呢！”这一句倒把四嫂子吓了一哆嗦：“奶奶你说什么？”奶奶平静地说：“我家文水媳妇正在摊煎饼呢，要不，你来看看她。”四嫂子半信半疑，快走几步来到饭屋门，往里一看，正好泰宁听到嘈杂声正在纳闷呢，也扭头向外看，四目相对，只听一声，“我的娘啊！”四嫂子当场晕倒在门前。众人急忙上前，还是瞎老奶奶有经验，指使孙女儿快拿缝衣针来，接过针摸索着对着四嫂子人中穴连刺数针，不一会，四嫂子睁开了眼睛，刚一看到泰宁，又大叫一声：“你是人还是鬼，不是掉下悬崖了吗?”泰宁平静地说：“四嫂，你说什么？我不知道啊。”四嫂子又看了周边的一众人，这才壮着胆子站了起来，慢慢向泰宁叙述怎么看不到她了，怎么有一个影子落入山涧，说得泰宁一头雾水，使劲想了想，说：“我记得到了舍身崖正在看那三块大石头，突然睡着了，醒来时已经回到家了。”众人暗暗称奇，都说，这是泰山老奶奶保佑啊。

生活日复一日地简单重复着，但其实时间却过得飞快。转眼两个月过去了，农田里最忙的秋收秋种已近尾声。这一天，如往常一样正在饭屋里忙碌着的泰宁，突然感到胃里搅和难忍，随即哇哇大呕大吐。瞎奶奶听到，急急问道：“文水媳妇，你是怎么了，哪儿不舒服？”泰宁也不知如何说起，只是想吐，回想也没有吃坏东西。经验老到的奶奶，赶紧让孙女去叫后米家庄老中医李医生，待李医生匆匆赶到，把了脉，询问了近几天饮食，速速转到堂屋，向米大老爷报喜来了：“恭喜恭喜，你米家后继有人了，准备当爷爷吧！”

一片幸运的祥云瞬间爬满米大老爷那张饱经风霜的老脸。君子喜怒不形于色，他强压住心头喜悦的冲动，吩咐刚刚下学回家的小儿子，装上三斤半地瓜干马上到后村小卖部换回一瓶老烧酒。日子过得苦啊，一家人老的老，小的小，还有两个上学的，茶商老行当早就被迫关张了，就那二亩地养活着这一家十张嘴。可今日里无论多穷、无论多苦都要庆贺。米家的下一代正在孕育。有人才有家，有人才有宗族，有人才有世界啊。小儿子打回老烧酒之后，米大老爷又瞄上了院子里一只乱跑乱蹦的花公鸡，今天米大老爷要和李老先生喝个痛快！

第五章

1958年6月1日一大早，当全世界都准备庆祝儿童节时，泰山童子米双远如期来到米家。这一刻，天突然暗下来，准确说叫作黎明前的黑暗。是的，如果你是一个值夜人，你一定经历过“临明黑一阵”。在夏日里，大约丑时末，也就是早三点左右，当太阳和黑暗搏斗跃跃欲出时，突然黑暗占了上风，感觉挣扎中的东方欲晓瞬间被打压，随后大约过了一顿饭或两袋烟工夫，被打压的太阳又顽强地顶了上来，海上东方开始出现鱼肚白。米家孙子正好现身在“临明黑一阵”，伴随孩子强劲的哭声，黑暗很快褪去，一轮红日从东海露出了红彤彤的脸盘。

“临明黑一阵”是一个吉祥但必经磨难的时辰。因为，东方欲晓，希望就在前边，但你必定要蹚过那片黑暗的长廊，然后才够得着光明。

1958年，泰山童子米双远一出世，就注定将成为一个农民。因为他降生在一个农村家庭，农民的儿子生出来就是农民。你这一生的半径就是村子里那几百亩田。也可以说，外部世界的新奇只能在你梦中呈现，因为你很难越过米家庄那片土地的范围。“农民”这个标签，将会牢牢地贴在这个刚出世的婴儿身上，如果没有特殊的“解药”，这个标签将永远附在身上一辈子。

不管怎么说吧，米大老爷有孙子了！

这是米家的大事，也是米家村乡邻的喜事。当一个新生命特别是男婴来到这个世上，“百日”之际，乡里乡亲、前后邻里都会前来表示祝贺：或装一瓶酒，或提一只鸡，总之礼轻情意重，写在脸上的笑容是最好的祝福。

孙子百日这一天，米大老爷肩挑着一副竹木担子，行走在初夏时节泰安至莱芜的马车道上。担子一头是常见的时令蔬菜，另一头是泰安酒厂用地瓜干酿造的老烧酒。他要感谢，他要庆贺，感谢泰山老奶奶给他送来了孙子。

“双远”——德昭馨香，文以致远。这个名字米大老爷早就准备好了。米家男人的名字很重要，它蕴含着家族的寄托，它注定要成为人生轨迹的指南针。米大老爷不要占卜，无须请巫。因为诗德传承、光宗耀祖始终是米大老爷的梦，不希望后代有多少钱，当多大官，但一定要人品好，有学问。米大老爷常说的一句话：“钱算什么，生不带来，死不带走。人要仁义，家要长远。”

如果把一个家庭比作星系，那么，孙子就是家庭未来的核心成员，就是这星系的中心，是太阳系里的太阳。八大行星围绕着太阳转，米家就要围绕着双远转。因为双远就是米家的太阳！

初夏的泰安温度已经攀升，不到一个月，小双远戴着肚兜兜在娘的怀抱里笑声嘎嘎。这一笑给几代人带来了欢乐。首先，太奶奶，这位因儿媳暴亡哭瞎了眼的耄耋老奶奶，终于从痛苦中摆脱，听到了欢乐声。她伸出颤巍巍的双手接过米家的未来掌门人。小姑姑不放心，始终紧跟在老奶奶身边伸出手臂以防万一。孩儿笑个不停，也许他意识到这个叫作家的地方都是喜悦，都是笑脸相迎，这感觉太好了。正在喝茶的爷爷坐不住了，放下终日不离手的茶碗，抢着接过孙子。要知道，米大老爷做了一辈子的茶商，可以说嗜茶如命，再苦再穷，也要有茶，茶就是命。喝上茶，有精神、有底气、有力量，没有茶不可想象，而当抱起孙子时，什么好茶劣茶他全都抛到脑后了。太奶奶急了，非要从儿子手里抢过重孙再抱一会儿。就这样，直到小婴儿困了，两只黑珍珠外面的眼皮打起了架，要睡了，这才由小姑姑抱回娘怀里。

在中华传统社会里，婴儿降生一百天 为“百日”，古称“百晬”。孩子“百日”时，按寻常人家的做法，一定要有寿糕。米大老爷把寿糕做成了“步步高”。这“步步高”由黍子的籽实——黏米做成，足有六层高，每层放六个枣，这寓意是“六六大顺”，六六三十六计，计计高升。

“寿糕”和“步步高”看似一样的东西，含义相去甚远。所谓“寿糕”含义——长辈希望孩子健康长寿。寿糕也叫百岁糕，孩子长寿一百岁是最美好的心愿，而米大老爷心中的“步步高”则是一代比一代强，不仅祝愿小孙子平平安安。在那个缺医少药的落后年代，幼儿的成活率并不高，农村条件艰苦，很多婴儿因为来不及或无钱医疗，不到一岁就夭折了。在米家庄这儿，一般妇女一生生五六个甚至十个以上孩子，能够活三到五个已经是很幸运了。所以，米大老爷作为新生儿的爷爷，首先想的是孙子能够健健康康、平平安安，而他的最大心愿却是：“一代更比一代强！”米大老爷出生在一个皇权摇摇欲坠的时代，五六岁上，开始读书识字。当时在北京、上海等大城市已开设了新学，儿童入学之初，即可接受到西方科学教学，并启用白话文教学，而在泰安城这类小城，似乎还没有跟上变革的步伐，乡间更是沿用了千百年来的“四书五经”在私塾里教授。而此时早已废除了中华民族赖以选贤任能的“科举制度”。所以，尽管米大老爷自幼聪颖，所读之卷过目不忘，出口成章，但也只可明史、懂礼、博学，根本没有机会“入科中举”，也不可能出洋留学。这就是米大老爷终生最大的遗憾。因为米家人认为，诗书明理，学问济世，世上唯有读书高。米大老爷的大儿子——刚做父亲的文水，尽管因战乱耽误了学业，但现在高中即将毕业，大学已经在招手。此时喜逢宝贝孙子双远降生，米大老爷怎能不喜，怎可不贺。

“百日”庆礼，八仙桌上方，尊挂至圣先师孔夫子画像。说来这泰山民间认为“起小看大，三岁至老”，也就是自幼试探幼儿的志向并加以培养。待众宾客至，家人把八仙桌子搬到天井里，桌子中央依次摆上毛笔、麦穗、勺子、鲜花和一块糖。大人抱孩子绕桌子转三圈，让婴儿看清楚所有物件。最后，让婴儿伸手看其喜欢什么。

如果抓了麦穗，这一家人也就放心了，作为农耕民族，千百年来，日出而作，日落而息，围绕这块土地，养育了子孙后代，小孩子喜欢麦穗，说明没有忘本，庄户人家不就希望自己的子孙忠厚老实，勤勤恳恳，吃苦耐劳吗？

如果抓了炒菜的勺子，可能这孩子长大了是个工匠，对工具有天生的兴趣。在农村，匠人是人们高看一眼的群体，匠门的规矩也体现了尊师重教的文化传统。比如，一个徒弟要拜师学木匠，首先要经有名望的人推荐：一要品德好。因为，匠人行走江湖，吃百家饭，绝大部分时间在户主家做工、吃饭，如果路远还要住宿，和户主家妻小等近距离生活，如果行为不检，失礼伤害到户主家，就会被赶出门甚至也砸了师傅的“饭碗”。二要勤快，有眼力见儿，会看事，反应灵敏。其次，学徒期间是没有工钱的，只管吃饭，甚至住宿，因为如果离师傅家远，只能住在师傅家了。再次，更重要的是细节，吃饭时，师傅不拿筷子，你就不能动碗。师傅放下筷子，你必须放下碗，帮忙收拾碗筷，即便你没吃饱，也不能再吃。这些，都是乡间匠人的行规，也是最基础的品德修养。

如果抓了一块糖，长辈们就要做好吃苦的准备。因为孩子只喜欢甜，自然就不愿意吃苦，而世间万物是相辅相成的，孩子只想享福，自然大人就要多吃苦。

如果抓了花，就话分两说：一个女孩子，花代表浪漫温馨，代表女子本色，长大后不仅贤淑，也更怀春；如果是男婴抓了花，就是俗话说的花花公子。虽说拈花惹草是男人的浪漫事，可老百姓并不希望自家冒出个花花公子，谁都希望孩子本本分分，克勤克俭。

抓毛笔几乎是“上上签”，这意味着孩子将来能够读书明理，如果命运好，则可能进科入衙，成为“官家人”，那可就是祖坟上冒青烟了。

今天米家为孙子举办百日宴，四邻八舍、远近亲戚都赶到了。小婴儿由太奶奶抱着，爷爷扶着太奶奶，十五岁的小姑姑也在另一边照看着太奶奶怀里的小婴儿。大家都屏住呼吸，看米家的长孙到底有啥出息。太阳已升到一竿子高，在这个盛夏的日子里，人们高涨的热情比气温更高。小双远戴一个小红肚兜兜，金色的阳光洒满全身。众人的目光全部聚焦在那只胖胖的小手上。小家伙两个像黑珍珠一样的眸子，滴溜溜转了三圈，已经把桌子上这几个物件看了个遍。只见那只小手先是手指张开，继而向那束鲜红的月季花移去，众人睁大了眼，只见米大老爷眼神有些疑惑，继而略显失望：老天啊，难道米家这书香难以延续？正疑惑间，小手突然绕了个弯，隔着勺子直奔那只狼毫毛笔。狼毫笔，据说是用黄鼠狼皮子上的毛制成。想不到，百日的孩子手那么有劲，一抓住毛笔，先是在桌子上猛戳，继而对着天空乱描，夺都夺不下来。再看米大老爷，泪都笑出来了，这泪里有高兴、有激动，更重要的是一颗悬着的心终于放下了，米家有望了，小孙子一定能延续“书香之家”的门风，祖坟也一定青烟缕缕。

这一年，历史上少有的风调雨顺，小双远降生人世的 6 月 1 日正是小麦丰收时节，小双远吮吸的母乳是由新鲜的小麦面经过母亲伟大的躯体酿制而成的。紧接着秋天到了，这又是一个丰收季节。这一年似乎风灾、蝗虫总是躲着庄稼走，没有自然灾害，加之雨水丰沛，真是难得的丰收年景。

可惜好景不长，米双远刚过周岁，自然灾害带来的饥荒袭击了昔日富饶的齐鲁大地。

恰恰就在此时，早早成了父亲的米文水，正在竭尽全力向高考冲刺，在大炼钢铁的热潮中，在饥肠辘辘的岁月里，米大老爷一刻也没有放弃把米家打造成为书香门第的努力。他只有一个念头，无论多穷多难，都要让子孙坚持读书、坚持深造。这一年，文水每周背到学校去的煎饼，已经增加到一百二十个。前几年，家里人都勒紧腰带节约，一直保证让文水能带够一百个煎饼上学。可如今，小双远成了家里新添的人丁，紧接着又遭遇饥荒，即便全家都不吃饭也难以给文水凑齐一百个煎饼。就这样，在加野菜加凉白开充饥的窘况下，文水把头埋在书本里，日夜苦读，全力攻关。终于，功夫不负有心人，文水高考成功了。在那饥饿难耐的年代，米家诞生了头一个大学生，这更是周边六个村子有史以来第一个大学生。这是米家庄的骄傲和光荣！也许，米大老爷“种杏为坛，文曲星繁”的口号唤起了泰山老奶奶的庇佑，也许孙子双远的到来重振了米家的雄风。总之，在襁褓中的婴儿的陪伴下，父亲金榜题名，考上了大学。

文水考取的齐鲁大学坐落在省会济南。公元 1960 年春，齐鲁大地上的人们已迈进第二个青黄不接的春天，粮食、树叶和部分无毒的树皮，都充当了人的口粮。文水上大学，虽说减轻了家里的粮食压力，可一个成人每天只有四两口粮，小孩只有二两，大人也许能撑过去，可家中的小孙子呢？眼看着嗷嗷待哺的小孙子营养极度缺乏，米大老爷乃至一家人都承受着肉体和精神双重的煎熬。

山东大饥荒的消息传到东北，米大老爷那已经在黑土地上安家落户的大侄子米宝玉向叔叔一家伸出了救援的手。米宝玉从来没有忘记自己的堂叔米岳堂。1942

年，宝玉他们一家迫于生计闯关东时，岳堂叔给他们送上了十块银圆和两包袱煎饼。这并不充足的盘缠，使他们一家十几口人闯出了山海关，蹚过了辽河，最终辗转来到了长白山下，安家在吉林省磐石县。时过二十年，关里有难，叔叔家吃不饱饭，宝玉迅即把自家存粮运到公社粮所，把粮食换成了全国粮票，一次寄往老家五十斤。这张张粮票，在那个饥饿的年代比黄金还金贵，黄金给人的是“富”，而粮票给人的是“命”。这五十斤粮票，足以让米大老爷一家几代人维持一个月，那真的是救命的票证！

中华民族素有“滴水之恩，涌泉相报”的美德。“道之以德，齐之以礼”，“地势坤，君子以厚德载物”。在人类史上，唯一文明连续传承数千年的民族，自然有她核心的纽带，这就是中华美德。

这一年来，如果没有远在关外亲人的援助，很难保证米大老爷一家能度过这饥饿大关。

为了把自己嘴里每天四两粮食省下来让小孙子吃饱，米大老爷决定，到关东寻亲。他听说，那儿就是捡些收购过的落在地里的豆粒，一天也能捡个一二斤的。所以自己如果到了东北，不用给宝玉侄子他们添多少麻烦，自己也能从地里捡出自己的口粮来。

想好了，说走就走。可这火车票钱还没着落啊。先到济南吧，一来去看看读大学的大儿子文水，因为这一次下关外，不知何年何月父子再能见面；二来到关外的火车票要十几元呢，在老家即便借遍全村也凑不够啊。在济南还有几家亲戚，特别是米大老爷最倚重的本家侄子宝胜已落户济南多年。说来，自打宝玉一家闯关东后，五服内就剩宝胜兄弟三个侄子了。几经折腾，米大老爷到了济南，进了大侄子宝胜家。几年不见面，爷俩分外亲热。没等宝胜开口，米大老爷眼圈已经红了，这个轻易不求人的硬汉，述说了自己要去东北还没凑出车票钱的窘态。宝胜听后，也没多说，当晚就掏腰包给叔叔买好了济南开往吉林烟筒山的火车票。

第二天上午，米大老爷来到齐鲁大学看望儿子。见面后，米大老爷告诉儿子，家里都好，特别是小双远也天天喊着要上大学。他让文水安心读书，然后，颤颤巍巍从衣服兜里拿出十五斤粮票塞给了文水。要知道，这可是从一家人嘴里截留下来的啊！

见过了大学生儿子，米大老爷就踏上了去东北的旅途。乘了一天一夜的火车，米大老爷来到关外的长白山下，宝玉兄弟三人早就赶着马车在此等候。说来二十年没见面了，爷几个一路说不完的话。到了家，米大老爷只见到了年已老迈的嫂子，大哥因一辈子操劳成疾，前几年先走了。值得庆幸的是，宝玉侄子一家人丁兴旺，现在这儿已是一大家人家了，宝玉两个弟弟都成了家，孩子们八九个，出嫁的三个妹妹听说叔叔从山东来了，也带着一家人赶了过来，当晚的欢迎兼团聚晚宴好不热闹。

自打二叔来东北后，宝玉带头，两个弟弟和三个妹妹隔三岔五就要请二叔喝上一壶。东北土地肥沃，农作物产量高，一般土地种苞米，有水源的地方种稻谷，产量更高。而且东北人均拥有土地比关内多得多，相对关里来说，农民还是能够填饱肚子的。再加上米家人勤快耐劳，米家三兄弟起早贪黑，在这长白山余脉莲花山迷人的原始森林里，开垦了一些能见到阳光的小荒地。春季里，把地翻了，把那没过人头的干杂草埋在地下，腐烂发酵形成腐殖质肥料，然后挖成一道道沟壑，撒上玉米或摆上土豆种子，平日里并不需要多少照管，如果雨水充沛，到了秋天，就能收获长成的玉米和土豆。二十年前宝玉一家在父亲带领下一路饥寒交迫，流落到这儿定居下来，就是看好了这原始森林。这是庄稼人的米粮仓，只要你勤奋，能吃苦，再有点种粮的经验，你就饿不死，就能养家糊口。

这长白山就是个硕大的聚宝盆，不仅出产蘑菇、木耳等山珍，最值得称道的是东北人参。这可是几千年来中华民族奉为仙草的神药，除了皇家宫廷，一般人那是望尘莫及，不过这人参总是生长在人迹罕至的森林深处，所以成为稀世之宝。米宝玉为人忠厚，回想起当年二叔也是在食不果腹的情况下对自家施以援手，一家人才能在闯关东的漫漫路上没有饿死、冻死。而今父亲已仙逝，自己作为兄弟姐妹中的大哥理应报答二叔当年的恩情，所以就想到山里边转转，采些山珍来孝敬他老人家，争取让叔叔吃上猴头菇，说不定还能挖到野人参。想到这，他吃过早饭，腰里缠些绳子，手拿一把镢头和斧子就进了山。其实，这玉米刚刚收完，秋分刚过，在关里正是中秋季节，可这关外冷得早，一早一晚小孩老人有的已经穿上了棉衣。米宝玉三十多岁，正当年轻体壮，不过一身夹衣，就进了山。平日里并走不远，今儿个秋高气爽，万里无云，心里也痛快，总想着多采些猴头菇，犒劳犒劳这关里来的老叔。当然，运气好的话还有可能挖棵人参。

去年这时候，同村的“李二愣”在大黑山上发现了一棵百年老参，全村的人闻讯后，都自发跟着去探宝，也许是乡亲们真的找到了一个百年人参家族，所有人挖的加起来，据说卖了一万元呢。不过，今天的宝玉其实并不想发什么财，如果走运真的挖到了人参，他更愿意用来泡酒，为老娘和老叔补补身子。

转眼间已过了晌午。不知不觉宝玉已进入原始森林的深处。肚子开始咕咕叫，宝玉这才意识到应该填填肚子了。他找一棵百年大松树，在树下席地而坐，刚要掏出苞米饼子，忽听一阵急吼吼的喘气声。一伸耳朵细听，声音越来越近，抬头一看，我的个娘哎，一只大黑熊正急急向自己赶来！俗话都说笨狗熊，其实那是拿狗熊和老虎比，狗熊速度慢，没那么敏捷。但和人比，狗熊不仅奔跑速度远高于人类而且会上树。有人测算过，狗熊的百米速度竟不足七秒！这样的速度奔过来，要躲是躲不开的。宝玉灵机一动，绕着大松树转圈。几圈下来，狗熊可能是累了，也可能是看出了门道，竟然坐在那儿不动了。这下可吓煞了宝玉，如果这样坐下去，天黑下来，不仅是熊，长白山里可是豺狼成群，就连兽中之王东北虎也很可能过来凑热闹！

怎么办？宝玉急中生智：爬树！这是一棵百年老树，足有三十多米高。当宝玉借助枯树枝杈刚刚爬上三米高，就被这头熊发现了。只见这家伙前腿立起紧抓树身，后腿一蹬，四腿轮番用力，“唰唰唰”没几下，前爪一挥，宝玉就中了一巴掌，被打下树来。常年在山边住的人都知道，狗熊不吃“死物”。宝玉赶紧躺在地上装死，狗熊拿鼻子嗅遍他全身，没有发现他活动。然后，熊把它那足有八百斤重的庞大身躯蹲将下来，蹲一次，起来嗅一遍，看看是否还有气。连续几次，米宝玉发现了门道，这是个公熊，每当起身时，胯下那硕大的东西垂降下来，很像一个挂着的大冬瓜。宝玉灵机一动，待狗熊再次起身，米宝玉抽出腰间的绳子；二起身，抓紧系了个活扣；三起身时，把活扣套在公熊的“大冬瓜”上拉紧了，起身拽着就跑。只听这大笨熊嗷嗷乱叫，人在前边拉，熊在后边挣，奇迹发生了，竟然这家伙倒逡着跟着绳子走，叫声渐渐变成了哀嚎，宝玉担心夜长梦多，赶紧找了一棵大树把绳子拴在树干上，急急下山叫人去了。不到半个时辰，宝玉回到了屯子，迅速召集两个兄弟和一众村里青壮年。众人带上镢头砍刀，有几个猎户随身携带猎枪，还牵了六只猎狗。一行人急匆匆赶回山里。此时，日头偏西，秋日的阳光挥洒出温暖，人们满怀兴奋奔向那棵大树。由于带了猎枪和猎狗，众人并无多少惊慌，眼看拐个弯就要到了，宝玉伸直耳朵，仔细探听，除了几声鸟叫，听不到任何声音，众人都安静下来。宝玉在前，两个枪手紧紧跟随，猎人也都给各自的猎狗下了指令，几只猎狗竖起了耳朵，跟众人一起进入了战前状态。待转过弯去，宝玉远远看到一个黑茸茸的毛堆在那儿蠕动，已无多少力气。此时，宝玉招呼众猎手放猎狗过去，俗话说，病死的老虎吓死狗，六只狗相互望了一眼，又看了一眼各自的主人，才开始慢慢包抄过去，此时的笨狗熊已经奄奄一息，待众狗靠近时，拼命挣扎了几下，已经抬不起头来。宝玉走近一看，天啊！狗熊的“大冬瓜”竟然胀大了好几倍！原来这笨熊越疼越向外挣，由于宝玉系的是活扣，越挣，绳扣就越紧。熊毕竟不是人，如果它翻过身一口把绳子咬断，也许就救了自己一命。熊就是熊，一根筋，只知道向前逃跑，想不到回头试一下，这就是熊与人智商的差别。为了确保安全，猎人们对着熊的脑袋和腹部开了几枪，猎杀了这个庞然大物。

这个时候，天色渐晚，众人都知道，天一黑，森林就是狼虫虎豹的世界，特别是那东北虎是兽中之王，别说只有六条猎狗，就是十六条也不是它的对手。众人一合计，利用绳索和树枝制成简单滑行工具，顺着山坡，前拉后推，不到一个小时，把这八百多斤的黑大个运到了屯子里。

大黑山屯历史上第一次家家户户吃上了熊肉，宝玉来自山东泰安，最讲一个“孝”字，把四个熊掌留给了老母亲和老叔。米大老爷走南闯北，也遍尝了大江南北的美食海味，但今天确实头一次吃到名副其实的熊掌，这可是做梦也没想到的啊。

转眼间，中秋节到了。说来，米大老爷自阴历三月初十清明节给父母上好坟，然后离开了泰安，到如今已有五个多月没见孙子了。俗话说，爷孙情，隔代亲，最上心。说起这东北来，真还是地球上的一块奇地，说到奇，就因这北纬四十度到五十度，这块土地最寒冷：比如同样纬度美国的旧金山、法国的巴黎，几乎没有严冬，冬日里最冷也没几天结冰；而中国东北这块奇特的土地冬日来得早，漫长的冬天，白雪覆盖，大地冻裂，一年中几乎有半年是在冬天中度过。八月十五“下大雪”曾成为关里人做梦都想不到的奇景。这个八月十五，和往年差不多，关内泰山将近寒露季节，出门穿衣不能露胳膊露腿，而在长白山下，已飘起了雪花，初冬已经来临。八月十五中秋节，是中华民族的一个大节日，是仅次于春节的重要节日，中秋赏月象征家人的团圆。自打农历三月来到宝玉家，米大老爷衣食无忧，不时还能吃上山鸡、狍子等野味，这都是宝玉兄弟姐妹上山垦地砍柴时顺便打来的。八月十五这一天，已落户东北近二十年的米家人，仍然像在山东老家一样，筹备这个隆重的节日，特别是今年又添了新意，二十年不见的老叔来了，这节日就更不同寻常了。

按泰安老家的规矩，春节是嫁出去的闺女回娘家的日子，八月十五则是俗称“走闺女家”的日子，娘家人分别去看望嫁出去的闺女。而今年，由于老叔自关内来，所以嫁出去的闺女就都携夫婿子女回了娘家。这一来，米家有几十口子一起过中秋。为了这个日子，宝玉专门步行几十里路，到县城买了“长白山高粱红烧酒”，这在当时可算是酒中珍品了。三个出嫁了的闺女分别带来了野鸡肉、猴头菇、黄花菜——可以说应有尽有。东北的民居不同于关内的深宅大院，特别在长白山下的黑山屯，除兼具卧房和厨房的正房外，其余院墙均由木头篱笆围成，一来可以充分利用阳光，因为在寒带，阳光更为金贵；二来这篱笆墙也是春天里所种下的丝瓜、南瓜等有秧植物爬行的阵地。这让院子看起来更加敞亮，更加透气。

中午饭相对简单，蒸了一大锅白生生的东北大米饭，又做了一锅鸡蛋丝瓜汤，大家充充饥，垫吧垫吧，准备迎接下午就开始的大餐。

家里女眷开始忙活，杀鸡的活由男人们操刀，其他择菜、炖肉、蒸米饭自然是女眷的拿手好戏。太阳还剩一竿子多高，宴席开始了，先由晚辈们敬酒，宝玉父亲不在了，老母身体还好，子孙们祝老人福寿百岁。接下来，该祝米大老爷了，第一杯祝身体安康，第二杯祝福如东海，第三杯祝阖家幸福。没想到，这第三句祝词“阖家幸福”让米大老爷眼圈顿时红了，眼泪强忍着才没有滴出来。看到大嫂一家子孙绕膝，阖家团圆，想到自己远在关内还牙牙学语的孙子，米大老爷触景生情。宝玉见状赶紧岔开话题，说起了上山打狗熊的趣事，众人都嘻嘻哈哈，乐开了。这也带动米大老爷情绪转换。这一晚，一轮圆月格外明亮，酒足饭饱后，米大老爷和家人一起赏了月。

东北的炕和灶是连着的，为了取暖，做饭时烟道自然通过火炕，然后向屋外排出，所以这炕很大，全家人都睡在一个炕上。这一夜，米大老爷翻来覆去睡不着，一闭上眼睛，就看到聪明伶俐的小孙子，还有小儿子正在上小学，闺女也还未出嫁，再就是大儿子在齐鲁大学能否吃饱呢？思绪万千，始终萦绕在脑海。直到鸡叫，本该是早起的人起床的时间了，米大老爷才勉强打了一个盹。这一切，睡在身旁的大侄子米宝玉全都看在眼里。对这个小老叔，宝玉一直满怀感激敬畏之情。因为打小家里穷，自己对读书又没兴趣，所以总是偷懒不愿上学堂，记不清有多少次了，都是这个小老叔提着耳朵把自己送进学堂，而且每学期的学费都是叔叔代为交纳。虽说叔叔家日子过得相对殷实些，可毕竟也是老少几代十几口子人的大家庭，十几张口也都等着吃饭呢。后来宝玉一家来到东北，日子好过些了，一家人总是常常念叨小老叔的种种好处。所以，今年春天小老叔来到大黑山后，宝玉和兄弟姐妹总是变着法子改善生活，为的就是让老人家高兴。昨晚上小老叔眼圈发红，宝玉看得真切，知道小老叔这是想家了，也不便挑明。

第二天一早，宝玉就为小老叔泡上了一壶茶，这是小老叔多年养成的习惯，每天三遍茶雷打不动，起床第一件事就是喝茶。家里人都知道，小老叔从十八九岁进了这个行当，作为泰安城里有名的茶商，与茶结下缘分，一辈子就离不开茶了。这一点，宝玉非常清楚，所以，自打小老叔来到大黑屯，他就千方百计为小老叔买好茶叶，每天一大早起来就为小老叔沏上一壶茶。小老叔可能是因为夜里没睡好，早上打个盹就又睡着了，醒来时已经日上半竿。起晚了，米大老爷有些歉意。宝玉今天也没啥急事，昨晚看小老叔情绪不太好，所以今天就在家伺候着。喝着茶，爷俩聊了起来。

宝玉问：“昨晚上叔好像身子不太得劲？”

“没有啊，吃了一大桌酒席，挺好的。”小老叔答道。

“宝玉，我来东北快半年了吧？”小老叔问。

“嗯，差不多五个半月。”宝玉答道。

“是呢，再有十七天就半年了。”小老叔说。

“啊哦，老叔记性真好，我都没记那么清。”宝玉说。

“昨夜里上做了个梦，你猜怎么着，梦见你那小侄子双远了，哭着要我抱，说是想爷爷了。”小老叔有些难过地说。

“是啊，小双远该满地跑了吧？快一岁半了吧？”宝玉问道。

“一年四个月零五天，应该会叫爷爷了，真是想啊，也不知道他们能吃饱肚子不？我来的时间也不短了。”米大老爷伤感起来。

“这才待了几天啊，过完了这个年再说吧。”宝玉赶紧说道。

“不行啊，这添一张嘴，多一个吃饭的，也给你们添了这么多麻烦，也不是个长法哦。不能总是拖累你们啊。”说着说着，米大老爷眼圈变红，声音也哽咽了。

打这天起，米大老爷每天都要溜达到大黑屯村边一个高坡，站上去向西南方向瞭望，相隔两千里之外就是泰山，米家庄就在泰山脚下。宝玉看在眼里，知道小老叔想家了，就尽量安排兄弟姐妹和孩子们多来陪陪。孩子们一来的确既热闹又添了不少的乐趣，但事与愿违，小老叔越是看到孙辈们蹦蹦跳跳，越是想念家中的小孙子。

宝玉和家人百般挽留，米大老爷还是思家心切，恨不能一天就赶回去。“要回家，二、五、八”，这是山东人图吉利的说法。1960 年农历八月廿八，米大老爷踏上了归程。宝玉一家几十口子人结伴把他送到村口，然后宝玉兄弟三个又赶着马车把他送到磐石县火车站。米大老爷要乘上沈吉线的火车，到沈阳转乘去济南的快车，再转慢车返回泰安。

米大老爷回到家，行囊还没来得及卸下呢，半年多不见的孙子，一见到他就伸出两只小胳膊，大喊着要爷爷抱。这，就是血浓于水的亲情吧！

第六章

1960 年这个饥荒之年，米岳堂一家在东北家人的救助下，算是熬过来了。而翻过年去，1961 年这个春天，依然还是青黄不接。这不禁让人想起 1942 年那场至今回忆起来就令人不寒而栗的大天灾。

1942 年的饥荒也是从春天开始的。苦菜花还没开，就被连根拔出。榆钱、槐花……几乎每一种树芽冒出来不过三天就被四处寻觅食物的饥民一扫而光。有的人在河边山沟挖出各种草根食用，有的人因此中了毒，引起水肿。米家庄“盖瞎子”本来兄弟俩过日子，家里穷都没娶上媳妇。兄弟俩饿极了，什么东西都往肚子里塞，老大盖瞎子因为误食了河沟里的草根，肚子胀得鼓一样大，没几天就咽了气。米家庄因为胆子大而出了名的“牛三邪子”，老婆刚生了儿子，眼看着儿子生下来没奶水，想着一点点粮食掺杂树叶喂食，老婆怎么会生产出奶水？

不能让老婆孩子饿死！牛三邪子人虽邪，但胆子大，凡事敢于尝试。饿急了的他终于发现了生机：那些总是围着粮食瓮团团转的耗子，不就是一块块“移动的鲜肉”吗？说干就干，他抓了几只耗子，奔向饭屋，生起火，做起了“烧烤耗子”，那阵阵烤肉的香味，更激发了挡不住的食欲。就这样，敢为人先的三邪子，在那个树叶都被吃光的大饥荒年代，竟然让全家人都吃上了肉。在饥民们心目中，牛三邪子是真正的英雄，他的壮举不知拯救了多少人的生命。不过，等到全村的饥民都想效仿三邪子时，村里转瞬间就连耗子毛都不见了。

到了1961年春天，为了让一家人顺利度过饥荒，曾经走南闯北、见多识广，前半生经商走遍了大半个中国的米大老爷，想起了当年牛三邪子勇吃老鼠肉的壮举，进而又想到了《诗经》里的名篇，“硕鼠硕鼠，无食我黍；硕鼠硕鼠，无食我麦”——大老鼠啊，大老鼠，不要吃我种的小米，不要抢我的小麦——对了，田地里也有老鼠啊，它们怎么过冬？肯定靠的是存粮。米大老爷决定，赶紧找到老鼠的仓库，把它们偷走的粮食夺回来。想到这，米大老爷抬腿去了自家自留地边上的米家林。说是米家林，其实就是祖坟的安放地。为了保护好祖坟，这些年米大老爷没少和黄鼠狼、地老鼠做斗争。因为像黄鼠狼这些野生动物一般都把巢穴建在废弃的坟茔里，所以米大老爷知道这些旧坟茔里不仅有狐狸洞、黄鼬洞，也有许多地老鼠打的洞。进了米家林，米大老爷先点上几炷香，祈求祖先原谅，然后很快找到一个地老鼠洞，迅速甩开镢头刨下去，接着用铁锨把土铲完，鼠洞的底部果然存着一堆玉米，在太阳的照射下闪闪发光——这简直就是金子！不，比金子还金贵。米大老爷赶紧用手扒拉出来，足有一大瓢。

这一个季节，米大老爷走遍田间坟头，从地老鼠仓库夺回的越冬口粮足有满满一盆子，可以摊一小瓮子煎饼，小孙子能够吃上一个月。米大老爷还把这个“发明”告诉了乡亲们，让大家一起挽手共渡难关。

自1959年春天因天灾开启的饥饿岁月，连续跨过了三年，史称“三年自然灾害时期”。这三年，让米大老爷常常想起1942年，当然，与这三年相比，虽然人们每天为了填饱肚子而竭尽全力，但是毕竟家门口没有了侵略者，没有了战争，对人们最大的威胁是缺少粮食，而不再是枪炮和硝烟。

这三年对于前后米家庄的人来说，要感谢米大老爷挖掘鼠洞存粮的“发明”，而米大老爷则觉得自己要感谢1942年的牛三邪子，因为他勇于烤食老鼠的壮举，使很多家庭在那个饥饿的年代能够吃上肉。

刚出生就经历了三年饥饿的米家孙子慢慢长大，由于关外亲人的接济和米大老爷鼠口夺粮的传奇经历，小双远相对于同龄儿童来说，要健康多了。

1963年，春天的百草和新冒出的树叶，将大地染成一片绿色，迎来了久违的春意，待到收割夏粮的时候，人们迎来了一个小丰收。新粮很快进入人们空了三年之久的胃肠，人们的面部颜色也在悄悄发生变化，由菜叶绿变为小米黄，一些花季少男少女的脸上也逐渐泛出了红润。

小双远，在家人特别是爷爷的呵护下，不仅闯过了三年饥饿关，而且，似乎看不出有什么营养的缺失。

为什么中华民族长辈把爱集于子孙后代呢？

一个家庭，一个民族，立于这地球球面上，就像一株枝繁叶茂的参天大树。置身大地的根部负责吸取营养水分，那树干撑起一个家族，来自树根的营养顺着树枝送向那生机勃勃的嫩叶和含苞待放的花蕾。可以说，一棵参天大树，从大地、天空吸收的所有营养，最后都输送到籽实上，长出丰硕的果实，然后一代代繁衍下去。

在中国人的观念里，一个家族，正像这参天大树，一家人所有的努力，最终的期望就是子孙后代成龙成凤，世世代代繁衍下去，永不衰竭。这就是世界上独树一帜的中华文化。

米大老爷是中华文化的忠实坚守者。希望儿子成器，希望孙子成龙，如果能看到重孙，则更希望他的未来很美好。

泱泱中华，正是这种对子孙的爱，对子孙后代的期许，对子孙繁衍的憧憬，对后世万代的不断付出，才造就了这个地球上延绵不断的五千年文明。一代代中国人对后代无私的付出，对父母的孝报和对祖先的敬仰，铸造了东方文化。文化就是这个民族的灵魂，伴随着一代代传人，延续到了今天。

米大老爷虽在战乱年代不可能拿什么学士、硕士、博士学位，但在泰安城东乡一带也是出了名的文化人。当然由于茶叶生意做大了，大家更认可他是个茶商，同时他还是米氏家族的掌门人——没有正式名头的“族长”。其实在米大老爷心里，这些都不重要，最重要的还是：“种杏为坛，文曲星繁。”现在儿子上了大学，已让自己享受到乡邻的羡慕和尊重。接下去，孙子也一定要上大学！既然米家的文化之路已经开启，就要一路走下去，世世代代都要有文化，有修养。孙子、重孙、孙子的孙子，都要念书，都要戴上学士、硕士和博士帽。

小孙子双远，自打一岁牙牙学语，米大老爷就教他背诵唐诗宋词：“白日依山尽，黄河入海流。欲穷千里目，更上一层楼。”“床前明月光，疑是地上霜。举头望明月，低头思故乡。”……现在眼看着到了五岁，一家人的温饱问题已经初步解决，米大老爷那颗誓要家族“文曲星繁”的心又温热起来。早进学堂早成才！想到这，他下了决心，要把五岁的孙子送进学堂。

说到培养后代，米大老爷其实有点“重男轻女”，这也许是老一辈子传下来的。米大老爷唯一的女儿银河由于从小就担负起照顾双目失明的奶奶的责任，一直就没能上学。米岳堂的老母亲，因为儿媳妇突然离世而伤心过度，连续哭了一个月，就这样生生把眼睛哭瞎了。此后，给奶奶当活拐杖的任务，就落在了不到十岁的孙女银河身上。从那时起，银河与奶奶是每天都形影不离，这十多年的时间，银河就是奶奶的眼睛、奶奶的手杖。让银河觉得幸运的是，父亲给哥哥文水找了个大姐姐一般的媳妇。十多年了，她的身边始终有一个嫂子的关心和陪伴。泰宁嫂子十七岁进门时，哥哥文水才十三岁，还没圆房，弟弟妹妹们就都把嫂子喊姐，三年后改口叫嫂子。这么多年，嫂子就一直把这个从小就没了娘的小姑子当亲妹妹待，从来都没有红过脸。米家里的这两个女性成员，任劳任怨，承包了所有的家务活。老奶奶走了后，银河才从每日从早到晚的陪护和家务中稍稍获得解脱，参加了村里的妇女互助组。银河在村里是出了名的心眼好，手脚勤快，性格开朗，人又灵透。所以互助组组长指定让她当记账员。对于银河来说，简单的口算也没多大问题，要害的问题是她没上过一天学，除了前后米家庄米、盖、牛、甘、柴等姓氏外，一些从外村嫁来的媳妇的姓名怎么写，却成了银河面前的难题。几天下来，银河想到了上学。

银河很快就向父亲提出要求，上学去！父亲当然也很爽快地答应了她。由于本来就识几个字，所以银河一上学就是二年级。在班里，银河比同学们大了好几岁。上学一个月后，老师们感觉她进步很快，同时跟同班同学年龄差距确实也太大，就帮她联系，转到河对岸那边文家屯小学上了五年级。

闺女十几岁才开始上小学，米大老爷虽然心里也有点内疚，但并没把这事看得太重。可对于孙子双远的上学问题，米大老爷就认为这绝对是米家的头等大事。在四书五经中泡大的米大老爷，最大的心愿就是遵从古训，沿着圣贤书写的道路走下去，传宗接代，光宗耀祖，代代诗书，文曲星繁。这时的孙子双远年满五岁了，看看四邻八舍，这么大的孩子还穿着开裆裤，挂着鼻涕满街野跑呢。可米家的孙子不一样，米家是书香门第，米大老爷是闻名乡里受人尊敬的乡间绅士。所以，在米大老爷眼里，孙子是一颗星，是一颗天上的文曲星，要发光，要照明黑暗的大地。米大老爷无时不在心里盘算，让小孙子早进学堂，早早成才。

米大老爷育才心切，盘算着去找一趟小学校长盖应杰。说起这盖应杰，还真有点缘分，盖应杰的爷爷盖二爷与米大老爷属忘年交，两人差了三十多岁，可是投脾气。盖二爷修行好，为人实在，因在盖家辈分也大，大家也尊重，盖家的事也都找他商量，他是人们心目中的盖氏族长。每次赶集路过米家门口，盖二爷总要拐个弯和米大老爷喝喝茶，聊聊家长里短。可惜盖二爷一场大病后溘然去世，没能看到自己的孙子盖应杰当了小学校长。

米大老爷找到盖应杰，直言不讳地对这位校长说："应杰，你看我孙子都会背乘法九九表了，过了这个夏天让他跟你去念书吧。"应杰有些愕然，因为他知道这孩子还小。那个年代农村孩子小的八九岁、大的十几岁上学的都有。"哦，孩子多大了，我记得没几岁吧？"盖应杰问。"不小了啊，这不都六岁了。"米大老爷说的这年龄自然是虚岁。"恐怕还是太小吧，进小学读书最适合的年龄还是七岁啊。"盖应杰回复。"不不，你别忘了，'融四岁，能让梨'。我孙子这不都比人家大出两岁了。"米大老爷有点着急。"其实，我就怕他太小，跟不上班。再说前段时间我在村里把今年要上学的孩子摸了摸底，把课本都订好了，也没有多余的新课本了。"盖应杰说。"那好办，这样你看行吧，先让孩子旁听几天，先看别人的书，试两个星期看看再说。"米大老爷要求。"好吧，等开学时，就让双远来吧。"盖应杰终于同意了让双远上学的要求。

过完暑假，当秋天来临的时候，小双远换了一身新衣服，背着个爷爷刚买的小书包，上学去了。双远在路上一蹦一跳地跑着，爷爷在后面总是追赶不上。

学校在后米家庄，路两边的玉米已经有半人高了，这天有些闷热，蜻蜓都飞出来了，双远也不断地在追逐着蜻蜓，一里多路不一会儿就赶到了。米大老爷和校长盖应杰简单说了几句话，看到报名入校的小孩子都来了，大部分家长也跟着把孩子送到了学校。第一天上学的小双远，因为没有课本，作为旁听生，挤在第一排的最右边，就在土坯桌子边上加了个小板凳。这学校由村里的一座破庙改建而成，分成两个教室，采用复式教学，一、三年级一个教室，二、四年级另一个教室。由于前后米家庄学生不是太多，加之师资力量也不够，五年级以上的学生后就改到三里之外的马家庄上学。

学校里就两个老师，女老师教语文和自然，男老师也就是校长盖应杰，教授算术、体育等其他课程。开学头两个星期，算术就教了从 1 到 100 数数，以及个位数的加法；语文教了汉语拼音 B、P、M、F、D、T、N、L。这点知识，双远从三岁就会了。所以两个星期一考试，得了二百分。这下可出名了，人家才五岁，还没有书本，竟然考了第一，自然也就转成了正式学生。这下可把米大老爷乐坏了。见人就说，你看我孙子多聪明，长大了肯定能上大学。有的乡亲迎合米大老爷说：龙生龙，凤生凤，老鼠生来会打洞；双远随他爹，将来一定也会上大学。因为孙子这第一次二百分，米大老爷高兴了好一阵子。

小学生的日子是愉快的。对于老师所教内容，那是踢打着才学。复式教学的教室是一年级与三年级合堂，二年级与四年级合堂。孩子们大小差距很大，比如双远五岁进了学堂，而他的邻座小萝卜头由于小时候在家里放羊，十一岁刚上学。有的孩子入学年龄还要大些甚至十三四岁也不稀罕。小双远在教室里格外醒目，一是年纪小，和那些大同学比，足足矮了一个头；二是经常抢答老师提问，几乎包揽了算术、语文的一半课堂问答题。反正就是年纪小，爱逞能。这不但让老师喜欢，其他大同学也高兴，因为好多题都不会，有双远抢答，就免了老师点名到自己头上的尴尬。

双远的记忆是美好的，似乎从一年级到四年级，只有一次被教杆戳了一下，那是因为交头接耳，回头给一个大个子同学讲解题目。盖校长因为教学严厉，最喜欢的工具是那根白蜡杆子。所以学生偷偷给他起了个外号，叫“大杆子”。其实这也比较合适，因为盖校长脾气大，身子长，足有一米八以上，而且有把子力气，动不动就和别人摔跤，在前后米家村还没碰到过对手。大杆子上课时，左手书本，右手一根白蜡杆，只有翻书和写板书时，才肯放下那根白蜡杆子。

双远学习好，是学校里的明星，身边总有一帮大孩子围着问问题。不过这天却遇到点闹心事。最近因为调整座位，双远的邻座换了个淌着鼻涕脏兮兮的小男孩，小男孩名叫“铁城”，其实比双远还大两岁，但由于营养不良，个头比双远还矮一点。这孩子上课老说话，双远一听他说话就拿胳膊肘捣他一下，这天一不留神捣到他鼻子上了，流了不少鼻血，把急着帮他止血的双远的衣服都染红了。回到家，双远娘吓了一大跳，赶紧追问是怎么回事？双远就把事情的原委叙述了一遍。从来不打孩子的母亲听完后狠狠对着他的小屁股甩了一巴掌：“米双远你给我听着，今后绝不可欺负铁城这孩子，他早就没了大，他娘守寡养着他，还有一个病病恹恹的老爷爷，这家人已经够可怜的啦。”双远娘脸涨得通红地说。

第七章

转眼间，双远度过了小学四年愉快的学习生活。

唯一让双远觉得不够美好的是，叔叔当兵走了。这使得九岁的双远感到落寞，也有些许恐惧。因为大门外穿过杏林就是高出一米的台子地，台子地冬种小麦，夏种玉米。秋天里的青纱帐每到夜晚，风吹庄稼的叶子簌簌作响。当双远晚上玩一圈回来，少了叔叔在家，双远就总是不自觉地瞄一眼那片黑漆漆的玉米秆子，担心有一匹独狼在那儿藏着。

米家庄小学师资缺、教室也少，学生上完四年级，到了高小五年级之后，就要到远在三里外的马家庄上学了。

在新学校，双远迎来了一个友好的同桌，大名木招行，小名“小银行”。小银行的爷爷年轻时是出了名的花花公子。

木家祖上开钱庄，到他爷爷木多春这一辈，家道中落。为了积聚财富东山再起，木多春让自己大儿子在钱庄学了会计，后来就在天津的银行谋了差事。木多春还连续为三个孙子取名——小银行、金库、小存。希望子孙们从小走正道，好好念书，重振木家雄风。因为父亲在大城市的银行里工作，所以仍在农村生活的小银行一家生活也算宽裕。在学校里，小银行也总是能穿上新衣服。但小银行自幼顽皮，虽说也挺聪明，但就是不爱学习，整日乱窜胡混。他爹和他娘希望他好好学习，将来也能进银行工作，可他顽皮，管不住自己。机缘凑巧，双远跟小银行同了桌。学习成绩优异的双远每次考试都是第一，特别是算术，肯定是100分。小银行虽然贪玩，但也愿意有个好成绩报告家长。所以每次考试，心照不宣，双远把左臂移开，小银行眼睛又尖，遇到不会的这么一瞥，答案尽收眼底。每次考完试发榜，双远100分，小银行也没低于过95分。就因如此，哥俩成了好朋友。

双远最需要朋友，因为叔叔参军走了之后，一个八岁的孩子且生活在一个小村子的挂角上，出门就是青纱帐，过了青纱帐向东走就是下崖子，除了有名有姓的几座坟茔外，就是些乱坟岗子，每日晚上回家经过这里，感到的都是寂寞和惊恐。

由于下崖子这一片是明堂河的滩涂地，夏日里到了雨季，上游咆哮而来的洪水没过河堤，这儿就成了一片泽国，所以也长不了什么庄稼。倒是杂草丛生，黄鼬、野兔到处跑。到了夜晚，特别是月黑风高时，萤火虫像“鬼火”一样闪烁，活蹦乱跳十分吓人。处在这样的环境里，双远渴望玩伴，渴望朋友。遇到小银行，那真是缘分。小银行天生是“江湖中人”，年龄刚及十一岁，已交了一批狐朋狗友，比如说，“马大炮”“文二愣”这些十七八岁还在小学五六年级混的大个子，每个人都是留了三四次级的老油条，整日里晃来晃去，打架斗殴，老师也拿他们没办法。为什么小银行能和这些大家伙混成朋友呢？说到底，还是钱发挥了作用。毕竟，小银行他爹在天津的银行工作，每个月都准时寄回三十元钱，这可是笔巨款。那时在泰安城，一个人每月八元钱就可以度日。小银行他娘拿出一部分钱作为奖励孩子学习的“基金”，平日里考试，得了100分就奖励一块钱，95分以上按分数奖励，90分到94分一律五角钱，90分以下不奖励。应该说，小银行的奖金里也有双远的一份功劳。小银行有了奖金，就不愁没朋友了。所以在马家庄学校，看起来马大炮、文二愣厉害，其实真正惹不起的人是小银行。人就讲个缘分，双远让小银行抄答案，并无所求，只是觉得多了一个朋友，少了寂寞，多了热闹。

小银行是文家屯大队的人，就在家边上学；而双远则要沿着明堂河每日往返四次十多里路。

明堂河的源头在高山老泉，是终年不干涸的清泉。说来这泰山就是神奇，山有多高，水就有多高，这也是泰山的尊贵之处。明堂河源自后石坞白狼泉，本是一个小溪，但沿途不断有泉水加入，小溪就变成了终年不干涸的河流，南下汇入大汶河，然后西行流入东平湖，再借道黄河东入大海。明堂河就是一个乐园。夏日里孩子们光腚洗澡，春秋时妇女洗衣，男人浇灌，年除夕家家户户到河里汲水煮饺子。当年的明堂河没有一丝污染。夏日里洪水后冲出许多个天然游泳池，双远就是在这样的游泳池里练就了水中畅游的本领。明堂河还可以钓鱼捉鳖。

泰山河溪以玉皇顶为分水岭。北有玉符河、大沙河注入黄河，东面的石汶河、冯家庄河、南面的梳洗河、西溪，西面的泮汶河，均注入大汶河。

由于泰山地形高峻，河流短小流急，侵蚀力强，河道受断层控制，因而多瀑布，谷底基岩被流水侵蚀多呈穴状，积水成潭，也容易形成潭瀑交替的景观。泰山的瀑布主要有黑龙潭瀑布、三潭叠瀑和云步桥瀑布。

泰山因裂隙构造发育，所以裂隙泉分布极广，从岱顶至山麓，泉溪争流，山高水长，有名的泉水数十处，如王母泉、月亮泉、玉液泉、龙泉、黄花泉、玉女池等。泉水甘洌，无色透明，含人体所需多种微量元素，系优质矿泉水，被誉为泰山三美（白菜、豆腐、泉水）之一。泰山北部，中上寒武统和奥陶系石灰岩岩层向北倾斜，地下水在地形受切割处出露成泉。从锦绣川向北，泉水汩汩，星罗棋布。北麓丘陵边缘地带，岩溶水向北潜流，并纷纷涌露，使古城济南成为“家家泉水，户户杨柳”的泉城。

明堂泉其实是一众泉眼的汇称。境内河流属黄河流域，主要河流有九条，分别为大汶河泰山区段、芝田河、明堂河、梳洗河、奈河、三里河、泮河、瀛汶河和石汶河。河流属山洪河道，径流量季节性强，水量变化大。

《水经注》称明堂河为“石汶”，它又名冯家庄河、十里河，是泰山东面的一条小河道。《泰安县志》记载的“石汶河，泰山之东峪也。出登仙台，下会青山诸涧水，东流经汉明堂故址，会明堂泉下流入北汶”即指此河。它起源于泰山顶之东峪，沿谷东下，出谷口东南流，至梨园村有西来的大直沟汇入，下注安家林水库。水库以下，转向南流，经东西谢过城村和汉明堂故址南下，至许家埠以南出境入岱岳区，在东夏村南汇入大汶河。

泰山就是一座天池，一口挂在空中的水塘。传说这水塘是泰山老奶奶施恩汶河两岸人民的源泉。她催生了大汶口文化，推动了人类文明的进程。泰山南麓的九条河流滋润了著名的泰莱平原。千百年来，抛却人类自作孽造成的灾难，这一方水土可以说是风调雨顺，安居乐业。“泰安神州，十年九收”，正是对这块土地的赞誉。这片土地上，五千年来经历了尧舜禹汤、商汤灭夏、武王伐纣、春秋战国、五胡乱华——这统治者像走马灯一样换了一茬又一茬。但无论人间社会如何变迁，唯有泰山，始终用上天分发的甘露浇灌着这片土地，那涓涓不息流出的泉水，像条条玉带缠绕泰莱平原而滋润着万物。

双远上学要沿明堂河一路向南。

米家庄到马家庄小河蜿蜒三里路，河岸长满了白杨树、榆树，河沿的柳树有一半的根系常年泡在水里，河滩的灌木丛是野兔子、刺猬、蛇等动物的常年栖所，也是各种鸟类觅食休闲的乐园。总之，那就是一个迷你型动物园。初夏，那是最美的季节，一大早，双远匆匆吃过娘做的早饭，背上书包，一溜小跑，穿过杏园，蹦跶着来到河堤。顺河堤一路向南，伴着树上的知了叫声，不时有一只鸟儿受惊飞起，偶尔路边溜出一条花蛇，明知道那不是毒蛇，可心里还是发毛，万一让它咬一口，也怪疼的。刚满十岁的少年，每日里享受着免费的大自然风光，来到学校，至于完成课堂作业，那是轻而易举的事情。每次考试，必定 100 分，羡煞人也。

可惜好景不长，十年浩劫席卷全国，也很快波及了马家庄小学。因为到处都在“停课闹革命”，孩子们虽说每天背着书包出家门，但很多时候到学校点个卯，一溜烟就跑出去满街追逐打闹去了。有一次，双远在小银行带领下，顺着明堂河一路向上摸鱼捉虾，为追一条花杈鱼，竟然在河里蹚水走了几里地。

小银行家住文家屯，与米家庄隔河相望。 河西沿就是米家庄的“下崖子”。下崖子是河滩沙土地，酸性土壤，不怎么长玉米和小麦，一般种些地瓜和花生。再就是大片的薄地里种些非粮植物，如西瓜、甜瓜、黄瓜，穿插北瓜、南瓜和豆角等。

每当地里的西瓜、甜瓜熟了，自然就引来了半大不小的孩子们。

看护瓜地的活很轻省，一般交给老人负责。米家庄就是七十岁的米二大爷和“五保户”盖大麻子看护一大片瓜田。淘气的孩子们往往就趁老人回家吃饭或打瞌睡的空子来偷瓜。

一帮小孩子前边跑，两个老头后边追，这样的小闹剧几乎天天上演。对于米家庄的孩子，看瓜老头当然是以吓唬为主，因为都是一个村子里乡亲的孩子。恼火的是，对面文家屯的捣蛋孩子们也盯上了这片瓜地，经常三五成群过河来偷瓜，领头的就是小银行了。每次他们偷了西瓜，逃过河去，吃完了瓜，还要隔河戏耍这边的两个看瓜老头。老头懒得跟小孩们计较，但米家庄的孩子们却不干了，集合起来向河对岸投石子、扔坷垃。双远是投石子的主力军，在一帮小朋友中，投掷得最远最准，有一次隔着河与对岸大骨头村两个小子对阵，愣是一石子把其中一个脑袋打了个包。但是，自从和小银行成了朋友，双远就退出了和文家屯小伙伴们的对阵。双远本家侄子“小眼子”成了主角。小眼子和双远差了半年，喊双远“叔”。在村子里小爷俩玩得比较好，因为自打叔叔参军后，双远比较孤单，难得有这么一个小伙伴。

话说，那个年月，农村的孩子最向往的好事就是赶集。集上热闹啊，小摊上烧饼、油条、麻花和高温肉应有尽有，到了过年时，花样翻新，琉璃蛋、陀螺、木头枪，各种玩具琳琅满目。最受小男孩欢迎的当然是炮仗。摊贩们隔一会点燃几个，清脆的炸裂声震耳欲聋，煞是热闹。对于米家庄的孩子们来说，离家最近的集市有两个，一个是农历逢四、九日开市的西张店集，但规模小，不够热闹；另一个是最令人向往的省庄集，因为这里是乡政府（当年叫“公社”）驻地，有卫生院、邮局、粮店、供销社门市部，平日里农民要寄封信、买个茶叶、买个盐，总是隔些日子来一趟，所以这里的集市规模就更大更热闹。不过，米家庄通往省庄集的必经之路正是文家屯。小眼子和文家屯的孩子们打石子仗，从此结下梁子，再也不敢走这条路。直到有一次放了年假，双远约他一块去赶省庄集，他再三推脱，问了半天，才知道小眼子是怕挨揍。双远听到这儿，笑出了声道：“这好办，那些家伙的头儿是小银行的堂哥，也是我的朋友，明天我带你过去，你当面认个错，服个软。”

小眼子似信非信，还是不太敢去。

眼看临近腊月二十七，是省庄大集的日子，这是小伙伴们一年中春节前最向往的日子，因为攒了一年的零花钱也能派上用场了。男孩子最喜欢的炮仗、二踢脚、摔炮、滴滴金，应有尽有，怎么也不能错过啊。这一晚，双远难以入眠，就拿起刚借来的抗战小说《烈火金刚》翻阅。突然他眼睛一亮，因为正好读到八路军武工队员肖飞化装进城取情报的故事。双远想，肖飞头戴礼帽，化装成特务模样，就混进了城，我领着小眼子可以学学这一招。可又一想，肖飞虽然名气大，可敌方岗哨并未见过其真容，而小眼子可是河对岸的小淘气们都认识啊。怎么办呢？有了，这不是大冬天嘛，戴个棉帽子，再加个口罩，把这脸捂严实了，谁也看不出他的真面目。就这么办。

腊月二十七一大早，双远带着小眼子提个篮子出了门，小眼子穿着大棉袄，戴着口罩。临近文家屯时，稍等了一会，看到有两个大人拉着呱向前慢行，双远和小眼子尾随其后，装作一伙的，慢慢走进了文家屯后街。天还较早，孩子们大都没出门，街上冷冷清清，没几个人。双远这两人也是紧张，特别是小眼子，生怕蹿出个打过架的小朋友来。才待出村，突然从一扇栅门后还真的蹦出一个小孩子。双远一看，认识，小机灵。小机灵看到双远，马上跑过来道："双远哥，你这是赶集去啊？""嗯。"双远应付，接着问，"小银行呢？我也没和他事先说今儿从你们村走，也就不打搅了，你代我和他说一声。"他们平静地问话，可小眼子发毛了，"噌噌噌"，越走越快，自己跑了起来，这使得小机灵起了疑心，马上问："那个是谁？"双远赶紧答："那是我山口来的表弟，今天一块去玩。""那他跑什么？"小机灵问，双远脸也憋红了说，他可能想撒尿，跑出村子找个没人的地方。小机灵眉头一皱，眼睛突然一亮，"嗯"了一声，也没再说什么。不过他不易察觉的眸子中，生出了一分狡黠。双远又补充道，"我得赶紧走了，要不就赶不上他了。"待双远赶上了小眼子，他已经是满头大汗，气喘吁吁，刚才又惊又吓，生怕露了馅。

就这样，两个小伙伴顺利地出了文家屯，感觉就像通过了敌人的封锁线。随即，像撒欢的小牛犊一样，活蹦乱跳，不多时就来到省庄大集。

省庄，不仅仅是公社所在地，它的历史堪称悠久，可大有来头。相传东汉开国皇帝光武帝刘秀到泰山封禅，下山后在此省事，所以此地得名"省庄"。省庄集是东出泰安城向莱芜方向的第一个集镇，临近过年分外热闹。卖菜的、杀猪的、打拳卖艺变戏法的，针头线脑、琉璃蛋、滴滴金、二踢脚、摔炮、爆仗一应俱全。双远带着小眼子，抬腿过了村口的鸡鸭猪牛骡马市，这些他们并不感兴趣；又走过了他们更不感兴趣的菜市场、针头线脑服装市场；走下崖头是一条大排水沟，这排水沟到雨季时才会有水，冬天自然是干涸的。今儿大集，这里就专门设了鞭炮市场。乒乓作响的鞭炮爆炸声早已淹没了摊主的叫卖声。在这儿，谁的鞭炮响声大，谁就有号召力，响声就是最好的广告。当然，也不是所有孩子都对响声震天的炮仗感兴趣，有的孩子胆子小，就专买那种比指头顶还小的崩豆鞭炮。因为爆炸声像极了炒豆粒豆子爆开的声音，所以孩子们把它叫作崩豆炮。眼下，双远和小眼子这小爷俩像撒了欢的小马驹，从炮仗市这头蹦到那头，双远天生胆子大，就爱看那爆炸声最大的响炮。两个小伙伴兴奋了一上午，才感觉肚子饿了。本来双远计划留出一毛钱买两个烧饼垫垫饥，可男孩子喜欢刺激，钱都买了鞭炮。买烧饼的钱没了，只好回家。冬阳已过午，肚子在嗷嗷叫，双远拉着小眼子出了大沟，一路向北，跨过泰莱公路，顺一条小道往家赶。两个人急急赶路，一抬头，不好，马上就要经过文家屯后街。只见远处有个小毛孩在街上溜达，而且一直向这条通达省庄集的小路打望。此时，双远才发现小眼子竟然没戴口罩。

晚了，一切都晚了。现在已无路可退。往回走吧，人家已经看见了，很快就能追上来。小眼子高度紧张，大冷的天，头上帽子底下冒出了热气，腿突然像灌了铅，抬不起来。双远倒是冷静，一来这儿是好朋友小银行的家，二来和其他小孩子也没有过节，不过心里还是有些紧张，毕竟小眼子和这帮孩子积怨已久，今天落到他们手里，可如何是好？只能硬着头皮往前走，到时候随机应变吧。想到这，他拉了小眼子一把，屏住了呼吸，慢慢往前走。

刚迈进村口，小机灵就迎了上来："双远哥赶集回来了？"没等回答，又接着讥讽地说："哎呀，这不是小眼子吗，口罩上哪儿去了？"说话间，他身后冒出了四个小家伙，为首的是号称"杠子头"的，是小银行的堂二哥。双远紧赶了几步，来到杠子头面前，大声喊："原来是二哥啊。好长时间不见了，上次我来找小银行玩也没看见你呀。"二哥绷着脸面无表情："啊哦，我可能上坡干活去了吧。""哦，二哥，怎么没看见小银行啊，我还给他带了爆仗，也有二哥你的。"双远把嗓门提高了八度，希望让躲在家里不出来的小银行听到。"啊，双远来了。怎么没早说呀。"伴着一声响亮的童音，小银行推开门蹦着高跑出来了，这一来可就解了双远的围。此时，小机灵和三个小子正围着小眼子盘问呢，他脸憋得通红，随时都要挨揍的恐惧布满全身。说话间，双远从随身书包里掏出两个包，里边各十个摔炮，先给杠子头递了一包，说道：“这是马家响炮，我在集上试过了，可响了，能把耳朵震鼓了。”接着把另一包给了小银行。同时，他从包里翻腾出一包山楂饼，当场撕开，分给了小机灵他们几个，这才赔着笑脸对杠子头说：“二哥，小眼子是我侄子，早就该给你们赔个不是。他惹火你们的事都记在我账上，过几天我再送些我们家晒的杏干，二哥你别和他一般见识，他小不懂事，回去我再教育他。”正说着，杠子头随手摔了个响炮，轰的一声，众人都打了个哆嗦。“看来这确实是地道的马家炮，真家伙。”二哥夸奖，“好吧，看在双远的面子上，这次就放过你。不过，小眼子你听着，如果你再和我们对着干，决不饶你，先把你一只眼抽肿了，让那条缝变成一条线，小眼子变成独眼龙。”刚说完，众人一片大笑，小机灵还用手捂住一只眼做个鬼脸。

总算化险为夷，小眼子也拿出一包摔炮大家分了。从此，小眼子赶省庄集，再也不用绕路，也不需要戴口罩了。

人生就飘泊在江湖上。如果你领悟得早，早早融入江湖，你就会在广袤的人生大河中畅游，你就会得益于江湖的滋养，你今后的人生也会因此丰富多彩。反之，你融入不了江湖，做一个独行侠，那等着你的，将是百重险阻，万般磨难。

马家庄小学两年高小生活很快就过去了。小学毕业后的米双远进入了文家屯农业中学，开始了初中生活。农中坐落在文家屯一个旧时地主的大院里，前后两层院，正屋做了教室，偏房是老师们的宿舍。1969 年，正是“文革”时期，学校里闹闹哄哄，并没有太认真的教学活动，老师们仅凭着良心在教课。学校四个班只有三个老师加一个管理学校的贫下中农代表。张老师教政治、语文兼任校长，文老师教物理和农业知识，唯一的女老师汤守青教数学和唱歌。小双远上初中比别的孩子早，刚结婚没多久、还没有做妈妈的汤老师作为班主任，对双远焕发出了母爱的包容。那年头，讲课没有课本，而纸张都被用来写大字报了。汤老师费尽艰辛以写大字报的名义买来纸张，自己动手为同学们油印教材，双远多少年后还记得，数学学了七个公式：

$(a+b)^2=a^2+2ab+b^2$；

$(a-b)^2=a^2-2ab-b^2$；

……

对于小双远来说，这些符号很新奇，很有趣，一看就会。双远天生对数学感兴趣，从上小学开始，生产队里分地瓜，会计用算盘算，双远用口算，结果总是比算盘快了一大半时间，还没有出过错。不过，那时候他的数学世界里最多也就是加减乘除，那太简单了。加减乘除就那么点东西，实在没有挑战性。现在汤老师教的，由算术升级为数学，新添了 XYZ，这是一个新的世界，奥妙无穷。每次数学课，双远都聚精会神地听讲，总是第一个提出问题。汤老师上课认认真真，一丝不苟，但毕竟大人有大人的烦恼，影响到教学，偶尔也会在黑板上演练数学题时“卡壳”。每到这时，双远就会及时救驾，顺便把答案说出来了。按理说，一般的成人在这种情况下都会因为虚荣心，嗔怪这抢话说的小孩儿，即便嘴上不说，心里也会有疙瘩。唯有这汤老师，襟怀坦荡，有孔子之风，不仅不记恨，而且每次双远说出正确答案，汤老师都会给予赞许和鼓励，这也进一步大大激发了他学习数学、探索自然世界的兴趣。

应该说，双远是幸运的，在那个仅仅能吃饱肚子的年代，农村很多孩子根本就没机会上学，而双远在一贯坚持“悠悠万事，读书为大”的爷爷关怀下，顺利读完了初中。两年文家屯农中的学习生活结束了，如果按照顺理成章的计划，双远就要升上泰安地区第九十中学去读高中了。由于那时高中名额紧张，且是划片招生，这九十中要吸纳泰安城东三十里的初中生，自然僧多粥少。据说米家庄的初中应届毕业生，只有一个名额能够上高中。而升学的程序是，首先由学校考试选拔，最后要生产大队革命委员会盖章确定。也就是说，最后决定权在大队主任手中。对于双远来说，学校的考试太简单了——只考政治和数学两科。考完试公布成绩，双远在全校四个毕业班中名列第一。知道成绩后，双远跑回家向爷爷报喜。米家庄上高中的名额看来非米双远莫属了！爷爷高兴得当即从河里钓来的几条小鱼，晚上让孙子也陪着，喝了从过年存下来一直舍不得喝的二两地瓜烧。

俗话说“天有不测风云”，米大老爷和孙子还没高兴完呢，接着挨了当头一棒：米家庄上高中的名字并非米双远！大队主任利用手中的一丢丢权力，把名额给了他那学习成绩远远不及双远的侄子，并且还放出话来，说米双远家是富裕中农，比富农只多两个字，没法跟贫农出身的主任家侄子比。

荒唐的“文革”时期，有个“唯成分论”的说法，只要你家“成分”不好，你就将面临一生的噩运，好事永远轮不到你。这所谓“富裕中农”的“成分”，就是挡在双远前面的一座大山。

令人啼笑皆非、倍感荒谬的是，对于米大老爷来说，被划为“富裕中农”的成分，已经是万幸了。若不是当年贺四平家油坊那把大火，若不是济南府和泰安城及时被解放军攻克得以解放，也许今天米岳堂头上的帽子就是“资本家”或“大地主”了。米大老爷两次破了发家致富的梦，在土改时家里不到二十亩地，划了个“富裕中农”成分，差两个字就是“富农”。富农就是属于敌我矛盾的“五类分子”之一，是斗争的对象。在“文革”那个荒唐年代，“富裕中农”虽不被专政，但这“成分”夹在敌我阶级的中间，可高可低，很是尴尬。这不，米双远今天终于还是栽在这“成分”上。上不了高中，也就彻底摧毁了米大老爷“种杏为坛，文曲星繁”的宏伟蓝图，此刻，爷孙俩感到天塌了，世界一片黑暗。

双远考试全校第一，应该是米家庄的骄傲才是，为什么盖家老二非要把他从录取名额中拿下来呢？这个“扣”在哪儿呢，只有双远远在部队守卫边疆的叔叔最清楚，而米大老爷当前要做的只有据理力争，只有和他们斗。

第八章

双远考试全校第一，竟然上不了高中！汤老师闻讯后哭了："这么聪明的孩子怎么都上不了，天下还有公道吗？"

晴天霹雳罩在米家的天空。"文以致远，德昭馨香"是米大老爷对孙子双远寄予的最重的期望。在米大老爷心中，子孙后代就是要知书懂礼，如果不读书、不知礼将愧对祖宗。中华民族五千年文明，多少先贤的智慧汇聚成这个世界上独有的连绵不断的道德文化长河，这个长河浇灌滋润着一代代华夏子孙，每一个初生的婴儿，每一个翩翩少年都需要这长河之甘露的滋养。中断了这滋养，幼苗就会干涸，民族就没有未来。是的，米家人把读书看得比命都重。不让上高中等于要了米家人的命。不能继续读书，对双远这个年仅十二岁、盼望投入知识的海洋遨游的孩子来说，简直就是灭顶之灾。

米大老爷这一夜没有合眼，在床上辗转反侧，一个人静静地思考对策。

将近拂晓时分，米大老爷想起了一个人——公社新来的主任肖基业。

要说求人，米大老爷一辈子都是帮助人，轻易不会去求人。在他的字典里，大概就没有"求人"这两个字。但是，和肖基业的情分就不一样了，当年跟日本鬼子面对面那一场短兵相接，米大老爷从鬼子机关枪口下救下了赶集的百姓和黄前东山游击队队长肖基业，那是生死之交。后来在新中国成立之初，当时还是县委书记的肖基业也救过米大老爷一命。

那是1950年“镇反”运动的时候，一天晚上，米大老爷正在喝茶，突然一阵急促的敲门声响起，米大老爷心想，这么晚了会有什么事？走出屋门，穿过天井，来到大门楼，先问了一声：“谁啊？什么事？”“开门，快开门！”外边的声音很急促，米大老爷听出来了，是民兵连连长的声音。

米大老爷打开大门，民兵连连长手里拿着盒子枪，带着两个民兵，进屋不由分说，直接把米大老爷捆起来，说他是汉奸就绑走了，很快送到县里，准备集中一批汉奸反革命一块枪毙。结果是米大老爷命不该绝。最后的名单要由时任县委书记肖基业审核。当看到米岳堂这个名字时，肖书记赶紧打电话向乡政府核实，这位米岳堂是不是米家庄的“米大老爷”？肖书记的疑问很快得到证实。肖书记马上做了批示：“刀下留人！米岳堂在抗战时期立过功，救过游击队队员和群众。”事后经过调查，原来是进驻乡里的工作组组长，听信当地一个二流子的谗言，搞“肃反扩大化”，差点要了米老大爷的命。肖书记召开县委会，处分了工作组组长和米家庄民兵连连长，同时向米大老爷郑重做了道歉。这是当年的游击队队长肖基业第一次报恩，救了米大老爷一条命。

几年后，肖书记在上级领导面前说了真话，坚决反对谎报“小麦亩产八千斤”的浮夸风，被上面认为“右倾”保守，结果连降两级，下放到一个农场当场长。最近才刚刚调来任公社主任。其实，米大老爷生怕给老朋友添麻烦，特别是因为自己“富裕中农”的成分，千万不能给领导惹上乱子。但这次不同了，事关米家的文化血脉能否传承，事关“种杏为坛，文曲星繁”的家业能否实现。说什么也不能放弃，要拼命力争！终于，米大老爷还是来到了公社，向肖主任陈述了事情经过。听完米大老爷激动的讲述，肖基业微笑着说：“大爷，你别急，我给你写个条子，你去找文教组组长文洪，我先开个会，结束后我再给他打个招呼。”文洪组长接到肖书记的条子后不敢怠慢，让米大老爷坐下，慢慢说。米大老爷又一五一十把事情的来龙去脉叙述了一遍。最后文组长说道：“这样吧，大爷，你先回去，等我去把情况调查清楚，肖书记交代的工作我一定认真去办。”米大老爷离开公社大院，一边往回走一边寻思：虽说肖书记写了条子，也见到了文组长，但这事的结果还不能算十分保险。凡事还得做多种准备。

回到家，一推开大门，只见双远正弓着腰在点炉子，孙子忙着给爷爷烧茶呢。

双远打小就清楚，爷爷可是方圆百里出了名的茶痴。爷爷做了一辈子的茶商，虽没留下家财万贯，可把喝茶的茶瘾留下了。双远记得有一年学校放假，早上起来看到爷爷把常用的好几个茶叶罐都拿出来，一个个翻过来，扣在面板上，左手扶稳了，右手不停地拍打盒子底部。里面残剩的那一粒粒茶叶末很不情愿地落下来。最后，爷爷用一个扫面条帚把它们聚成一堆。说是一堆，其实也不够半小酒盅子，根本就不够泡一壶茶。却也无奈，那时候家里穷着呢。然后爷爷似乎想起了什么，枕头底下、窗台上、平日里放钱的地方都翻了个遍，竟然没找到一分钱。最后摸出鸡蛋坛子，摸出一个鸡蛋来，然后拿过一个小篮子，放一把干草，把鸡蛋放上，生怕碰碎了。

这一切都准备好了，他叫了一声："双远，你帮爷爷换点茶叶去。"双远答应着接过了小篮子。爷爷接着说："你知道凤凰台的代销店吧？那儿有个石大老爷，前几年进城我领你去那喝过茶。"双远答道："我知道了。"

双远挎上篮子一路向着泰安城方向走去。走过二里路，要过一条小河，夏日里水大一些，平日的小桥几乎被水漫过，河边的野鸭子不时从草丛中飞起，燕子还有蜻蜓一群群低低飞舞，今天双远顾不得和它们玩儿了，爷爷还等着喝茶呢。双远加快脚步，两袋烟的工夫就到了凤凰台代销店，见到了石大老爷。双远脸憋得通红，鼓起勇气说："石大老爷好，我是米岳堂的孙子。我爷爷叫我问你好，他家里忙，来不了，让我来换点茶叶。"说完不好意思低下了头，把那一个鸡蛋哆嗦着手拿出来，递给石大老爷，生怕他嫌少不接。石大老爷伸手接过鸡蛋，转身放到一个坛子里，回过头来对着双远说："你爷爷挺好吧，咳嗽的毛病没犯吧？""嗯，没有犯毛病。"双远低着头小声答道。说话间，石大老爷把茶叶包好，也没称，直接递到双远手里说："孩子，快走吧，一会要下雨了。回去问你爷爷好。"双远接过来，给石大老爷弯腰鞠了个躬，轻声地说了一声好，转身急忙往家赶。自接到茶叶那一刻，双远心里就"怦怦"直跳。因为双远常给爷爷买茶叶，知道这一包至少有二两重，也就是值四毛钱，而那个鸡蛋仅值五分钱。正想着，他突然感觉脖子有点凉，原来天上飘下了雨点。不好，茶叶最怕水，双远赶紧从路边的杨树杈上掰下几片叶子盖住。雨点继续滴，双远干脆把褂子脱下来，连树叶一块包起来，光着膀子跑得飞快。爷爷终于盼来了断了一天的茶叶。虽然下着小雨，茶叶在褂子和树叶的保护下并没被淋湿。看到爷爷渴望而满足的眼神，双远似乎感觉完成了一项重大的历史使命。

今天，双远为爷爷烧好茶，双眼渴望地望着爷爷，等待着命运的安排。双远不敢问，因为小小的年纪承受不了打击。爷爷先啜了几口茶，抬头看了一下孙子，招呼道："来，双远，你也喝一碗。"双远搬了个小板凳，靠在爷爷身边。

爷爷几口茶后，终于开口了："双远，这事有门。今儿个我找的公社肖主任，就是当年在黄前大集碰着的那个游击队长。"就听这一句话，小双远似乎眼前闪过一片蓝天。因为双远曾听爷爷讲过，黄前集上如何抱住鬼子的机枪，使游击队员得以撤退，使集上的生灵免遭屠戮。其实这段历史爷爷并不愿意提起，是小双远从一个爷爷的老朋友处听说后，回家求证，爷爷才讲了这段惊心动魄的故事。今天爷爷见到了肖主任，那肖主任肯定不会忘记当年的经历，一定会秉公办理这件事。所以，小双远似乎看到了光明，眼前出现了久违的蓝天。

"肖主任把这事交给了文教组组长文洪，我正在想谁能和文洪私下里说上话。"爷爷自言自语地念叨，"哦，对了！高二抹茬子儿媳妇的弟弟土成和文洪是朋友哎。"爷爷很快又找到了克服困难的路径。

当天晚上，爷爷来到高二抹茬子家，和三十年前相比，高二抹茬子应该说真的翻了身了。当初来米家庄，他客居米大老爷家，凭借着手里一支画笔，一天能画出好几幅"家客"(后人凭记忆和想象中先祖的模样)。那时的他人生地不熟，全靠米大老爷利用自己在十里八乡的影响力，帮着介绍推广，使得他很快就在泰安城东乡打开了局面，自己也有了房子，搬出了米家，后来又在村西头翻盖了新房。因为得到过米大老爷的鼎力相助，老哥俩的友情非常深，经常聚一起喝茶聊天，议论一番时局。高二抹茬子是个实诚人，一直惦记着如何报答米大老爷呢。今天米大老爷孙子上不了学，有了难，他高二抹茬子理应"路见不平，拔刀相助"。

高二抹茬子听罢米大老爷一番讲述，马上把自己的儿子九子招呼过来。九子是个木匠，一天到晚串四乡忙个不停。今天刚好回到家，正准备吃晚饭呢，听爹说有事商量，立马放下饭碗，来到堂屋里。一看米大老爷在，叫了一声“大叔好”，接着给大叔和父亲满上茶，自己也倒了一碗，这才坐下问道：“大，什么事这么着急？”他大朝米大老爷努了下嘴，说道：“听你大叔说吧。”“哎，大侄子，你叔遇到麻烦事了，还得让你搭把手，实在是没别的法了。”米大老爷客套了几句后，就一五一十把事情经过理了一遍，然后请九子他小舅子无论如何要帮帮忙，找一下文教组组长文洪。九子知道米大老爷把孙子上学的事看得比天还大，所以二话没说就应承了下来。米大老爷一脸的高兴，站起来给老朋友高二哥作了个揖。回身正要对九子有所表示，大侄子赶紧过来攥住米大老爷的双手说道：“这哪儿成，一家人不说两家话，我小时候不还住在你家吗。”

说干就干，此事不可拖延，听说很快就发入学通知书，不能耽误了。第二天，九子出门干活先绕道到了丈母娘家，小舅子土成答应马上去找好朋友文洪。

米大老爷当天晚上回到家，暗自想道，虽说九子答应得很痛快，毕竟还要拐几个弯，俗话说，不怕一万，就怕万一。万一九十中这边办不妥怎么办呢？还得再做几手准备。对了，泰安城里边不是还有几所中学吗？两个儿子都是在城里上的学，本来孙子也应该考取城里的中学，废除了升中考试后，农村孩子只能在上狼窝中学，就只能打九十中的主意了。不过，事在人为，自己早年的生意伙伴油坊老板贺四平的小弟弟不是在岱宗一中教学吗，那可是泰安最好的学校。听说他老婆还是地区里的一个小领导，可对乡下人来说，那就是大领导了。说起来，当年米大老爷资助贺四平躲债到了南京，撇下一大家人，度日如年，特别是这个小弟弟贺英正上小学，是米大老爷帮人帮到底，不时地接济他们家，这贺英自己也争气，后来考上了师范学校，毕业后分配到岱宗中学教学。今日自己有了难处，何不去走走贺英的关系呢？思量好了，第二天一大早，米大老爷让儿媳妇泰宁包上一包袱煎饼，提着包袱就直奔岱宗中学去了。庄户人家的一包袱煎饼，是那个时代最真诚的礼物。对于城里人来说，从粮库买到的粮食往往是陈年粮食，而农民的煎饼一定是新粮食做的。再说城里人也干不了摊煎饼这活，从碾玉米、泡糁子、磨糊子、发酵直到摊成煎饼要五道工序呢。农村妇女都是鸡叫就起床开始点鏊子摊煎饼，到生产队队长吹哨早出工时，已经摊了一大盖垫。更主要的是，那时候城里人的口粮也不够吃呢。

见到贺英，米大老爷开门见山，道出原委，恳请这个老弟帮一把。贺英也是实诚人：“这样吧，大哥，你先在公社里使劲，万一上不了九十中，我这里兜底。”听罢这话，米大老爷感觉任督二脉都通了，窝在心口十多天的郁气似乎瞬间排出了，心里的一块大石头也暂时放了下来。贺英要留这个老哥吃午饭，米大老爷可没有这个心思，他还得赶紧回家，等着九子那边的信呢。

米大老爷刚回到家没多会儿，九子就来敲门了。其实庄户人家的大门一般是敞开的，轻敲几下，无非是礼貌行事，因为进了大门楼，还有个天井，过了天井，才是正屋也叫作堂屋的门口。一般来说，为了接收阳光，堂屋门是不关的。米大老爷赶紧让孙子双远点炉子泡茶。九子来不及坐下就开口了：“这事有门，我小舅子说这两天过来我家，让我等信。另外他还吩咐，要注意别走漏了风声，人多嘴杂。”米大老爷赶紧说道：“我这儿还有两瓶景芝白干，是双远他叔北斗年初回家探亲带回来的，我一直没舍得喝；另外还有文水过年时拿回来的鱼罐头，我再宰个小公鸡，你就不用再张罗了。”

三天后，周六的晚上，文洪如约来到高二抹茬子家，想不到和米大老爷一见面就分外投缘。说起来，文洪的爷爷和米大老爷在岱庙里做买卖时算是故交。文洪小时候就听爷爷讲过米大老爷为人仗义：做买卖遇到真穷人赊账，一般也就不催了，几时还都行；实在穷，干脆就一笔勾销了。这一老一少酒喝了半天，也叙了半天两家的旧情。九子担心他们把正事忘了，陪了三杯酒后就赶紧开口：“您看，文大哥，岳堂大叔孙子双远的事怎么办呢？这孩子可是我看着长大的，从小净考 100 分，要是不让他上高中，这天下还有公道吗？”文洪一仰脸把酒喝下，夹了口菜，慢慢咽下，这才说道：“我已经和九十中打了招呼，这几天回话。”米大老爷是久走江湖的人，一听这话，心中也就彻底踏实了。他双手端起一杯酒，说道：“大侄子，就靠你帮大叔家迈过这个坎儿了，双远他一辈子也不会忘了你。来，我敬你一杯。”文洪稍微有点醉意，接过酒，有些激动地说：“大叔，你放心吧，天下自有公道。”说完，也干了杯中酒。

三天后，文洪让人捎来口信，九十中已答应给双远发通知书，米大老爷与捎信人说好周六再请文洪过来。

这一次见面，米大老爷心里是真的高兴了。和文洪又见了面，米大老爷自是一番感谢。文洪轻松地说：“孩子下周一就去上学。不用通知书了，直接找马校长，就说我让来的。”米大老爷眼圈红了，能上中学，对于一般人家也许认为孩子能多认几个字，能算账，写春联不用求人。可对于米家人来说，读书，那是使命，那是杏坛香火的延续，那是米家的远大理想。俗话说，男儿有泪不轻弹。记忆中，除了爹娘“老了”（去世）之外，米大老爷从未落过泪。他是这个世上最刚强的男人，即使日本人用枪指在脑袋上，他也绝不会掉泪。今天不一样，孙子能上学，这是一个家族最大的事，关系到米氏家族的兴旺传承。

因为整个生产大队的初中毕业生只有一个升高中的名额，米双远以自己过硬的学习成绩被录取了，也就让大队盖主任觉得很是丢脸。盖主任咽不下这口气，想当年，双远叔叔北斗看不上他妹妹，已经打了盖家的脸，现在双远上学的事又让盖主任觉得再次被打脸。想想自己一个大队领导竟然斗不过一个普通农民，盖主任觉得自己这口气实在出不来。于是，这个被双远称为“盖无法”的主任，竟然在大队里放话：“走着瞧，别看米双远上了高中，反正他毕业后还要回庄里来，我要让他一辈子也出不了米家庄！”那个年代，大队的公章“含金量”极高，年轻人上学、当兵，进城当临时工，甚至出门住个小旅店都得通过大队开介绍信盖公章，否则寸步难行。

第九章

九十中开学了。在万念俱灰的一个月后，米双远终于迈进了九十中的大门。

这一天双远总是觉得太阳似乎一直对着他绽放笑容。

皇泰宁早就为儿子浆洗好了一身学生装，摊好了一包袱煎饼。挎上黄书包，带上煎饼，背上简单行囊，双远向着太阳，迈出自家门槛。

多少年后，双远回忆起当时的情形，感觉就是进入一个崭新的世界，而自己是这个世界上的新生孩子。

出门左拐，穿过杏林，从镶有“石敢当”的墙边下到那条已经废弃的泰安往莱芜的马车大路。一路向西，过河，转向西北，穿过山前村，很快就看到那块醒目的大牌子：泰安市第九十中学。

进门一条大道，两侧是学校教职工和学生们耕种的菜园子。初秋的南瓜花、丝瓜藤缠绕在竖起的篱笆上，凸现出勃勃生机。大道五十米处，横着一排办公室，向东数第三个房间，门口窗上方挂着一个白底红字牌，上书“校委会主任”几个醒目的仿宋体大字。进了主任的门，双远把公社文教组组长文洪的字条递给了正在椅子上看报纸的“主任”（双远认为应该是主任），说道：“老师，这是文组长让我带来的。”“主任”接过纸条，摘下眼镜，向前凑了一下，仔细看了一遍，然后抬起头来说道：“你拿这个条子去隔壁办公室找张老师安排。”说罢，在上边签了一个名字。双远找到张老师，张老师接过条子后带着双远，向东走到尽头处左拐过了一个路口，左侧看到有几排新盖的教室，外墙还没来得及粉刷，一块块土坯龇牙咧嘴地张着。走到一个门口挂着“六营四排”牌子的教室旁，讲台上的余老师看到了，马上迎了出来。

就在余老师向外走的刹那间，双远迎着余老师，似乎感受到她身旁有一束光波，这是有生以来第一次的异样感受。这不是阳光，她远没阳光刺眼，但让人感到灼热，而且血往上涌。双远迅即捕捉到了光源，不错，光源来自一张两朵酒窝像桃花一样镶嵌在腮上、充满灿烂微笑的脸。这是善意的、友好的、温暖的笑。

“好，就把米双远安排在我们班吧。”随着余老师这句话，双远回过神来看她。余老师把班长叫到跟前，然后让双远跟班长先去宿舍安顿好行李。

所谓宿舍，就是借助原来牛圈的外墙搭个棚子，临时居住。新的宿舍正在修建，估计这个学期冬天前能够搬入。

站在窝棚宿舍，打眼北望，正在修建的北院墙挡不住视线。这一天天气格外晴朗，似乎泰山南天门就在眼前。这是坐落在泰山前麓的一个院子，东西宽有三百米，南北长有四百米。院子原来是个养牛场，到处排列着废弃的牛圈，有待拆掉改建成教室、办公室和宿舍。满院的杂草在秋雨的滋润下异常的茂盛。透过尚未建成的北院墙，可以看到外面一大片泛绿的玉米地，高高的玉米掩映着一条通往山里的公路，顺公路向北不到二里路，就要爬坡了，这坡就似挡在山门的大屏障。翻过这坡，那就真正地进山了。卧牛铺、上下梨园、前后杏叶，直到海拔六百米的大津口，那就是深山了。

很快，双远回到班级教室“六营四排”。那时的学校推行军事化管理，教学班级也是以军事编制排序。“六营”实际上是九十中的第六届，即学校开办之后第六年招生。“六营”一共八个“排”，每个排有五十人，双远所在班称为“四排”。“六营四排”的教室里共有七排桌子，每排四张，八个座位。由于双远只有十二岁，年纪最小，个子也最小，就被安排在第一排。双远从后门走进教室，一直走到前排右侧第一座位坐下。坐定后，余老师向大家介绍了新同学，然后班长上台发言欢迎“新战友”。当双远收拾好书包，正待转动脖颈环视四周时，突然感到右脸火辣辣的，不觉扭头向右。刹那间，又是那束光，四目相对，瞬间，双远的心跳加速，血往上涌。也许，自幼家教严格，非礼勿视，双远似乎从来没有直视过一个姑娘，更不用说对视，一旦触到女孩子目光就迅速扭开头，一般情况下总是羞红了脸。当然，双远是爱美的，有自己的审美观，比如，总是幻想“仙女”降临。小小年纪的他读完小说《草原烽火》后，心中就期盼着，何时找到那个奴隶的女儿乌云琪格；读完《青春之歌》后，又想尽快邂逅林道静。

而今天，双远像是着了魔。莫非遇上了《聊斋》中的聂小倩抑或《白蛇传》里许仙的媳妇白娘子？多少年后，双远学了量子力学，方才意识到，这是一种“场”，是相互纠缠的“场”。这种“场”的作用力是强大的，是变幻莫测的。有时，你置若罔闻，有时略有反应，有时纹丝不动。但有时它是闪电，火辣灼热、夺魂掠魄，可以打晕一个人，甚至可以杀死一个人。情窦初开的双远有些眩晕，僵滞了数秒，突然意识到，这不正常，迅速回过神来。一切复于平静。双远这时才意识到，那两束光来自右边，还隔着两个同学。紧挨双远的是一个比双远大一岁半的还没发育的满口童声的小同学，据说已经有了媳妇；小同学名字叫木春光，大家叫他“小木头”。紧挨小木头的是个女同学，是小骨头村的，叫崔小花。再向右，就是光源所在地——一双水汪汪的大眼睛。那眼睛发出的光应该是常温，为什么照射到不同的人身上会发生天壤之别的效果呢？比如说，双远进教室从后边走过来，与很多人目光交汇，大都是友好加疑问，你为什么开学一星期后才来上学啊？你是候补生吧？但唯有这一束光把双远击晕了。双远终于看清楚了，这是个扎着马尾辫的小姑娘，黑亮的一双眸子点缀在桃花脸庞上。情窦初开的少女，满脸都是春天。那是一幅鹅蛋形的画，画纸就像刚熟的新鲜鸡蛋剥开壳后那层内膜。说真的，在泰安这类长年雨水不多的干旱类地区，几乎看不到这样的皮肤。这一定是江南水乡滋润出的产品。后来，双远听说，姑娘的妈妈是上海滩大资本家的女儿，在西南联大时认识了同校的物理学学霸父亲，之后一起赴欧洲留学并留在那儿谋职。新中国成立后，他们历尽艰辛回到祖国，效力于“两弹”事业，前两年因家庭出身被下放回农村老家。姑娘鹅蛋形的脸庞上挂着一双杏仁眼。说起杏仁，双远更是情有独钟，因为双远家门外就是杏园，特别是爷爷“种杏为坛，文曲星繁”的家族期望，让双远对杏有特别的好感。杏仁眼的尾部微微往上挑，里边的瞳仁就像一颗发光的黑钻石。双远始终没有看清这颗钻石的清晰边界，因为对钻石发出的光过于敏感。钻石的魔力开始罩上双远，这可能就是传说中的“量子纠缠”，但这“纠缠”可能只是单向的，这一缠，足足缠了有六年。直到有一天，双远听说，姑娘的父亲突然被高层点将，到西部核基地解决一个关键技术问题，调走了。随后姑娘一家随行，从此，他们断了音信。

姑娘名字叫杜鸿雁。

双远入学第二个星期，经历了自打五岁上学以来的第一次打击。针对这一届学生学习基础千差万别的情况，数学老师国正月想摸一下底，组织了一次数学摸底考试。其实题目不难，只是，其中有40%的内容双远根本就没学过。可怜的孩子啊，那个叫“文家屯农中”的所谓初中，当时的班主任汤老师就算非常敬业了，节约出写大字报的纸张，刻钢板给学生油印教材，可也就教了七个乘法公式。今天接近一半的考试内容从来没见过啊。双远很快把学过的题做完了，其他题再看也没用，只能浪费时间。下一周，试卷下来了——60分。也许对于大多数同学来说，这个分数是可以接受的，但对于一个从上小学第一天就一直被老师夸赞不停的学习尖子，哪儿受得了啊。双远看到这个刺眼的分数，当即趴在试卷上抽泣起来。突然，他感觉到有一束光从右侧掠过，这瞬间使双远惊醒了。不，一定要振作起来！也许是那束光的力量在发挥作用，也许十二岁的双远进入了思春期，无论怎么讲，长大后的双远一直觉得，那时候，他确实从那束光里获得了强大的学习动力。

高中的生活是热闹的，除了学习文化课，学生们很大一部分时间是参加“大批判”和各种校内外的劳动，比如校园里原来那些旧猪圈牛棚都要拆掉，拆出来的石料、砖料和木料用作建造教室、宿舍和办公室。

转眼已是秋末，农民把玉米、黄豆、黑豆和谷子都已收割完毕，接下来要把满地的庄稼秆收起来，以备做饭的柴火。这个时候，原来生活在庄稼地里的野兔子慌了手脚，经常被猎人追得满地乱跑。

记得那是一个下午，夕阳西下，学生们正在大操场上体育课，透过校园西北角的围墙豁口，一片沃野映入眼帘。农田已被清理干净，远处有块土地正在秋耕，有个壮实的农民一手扶犁把一手扬鞭，催促着前边的三头牛，奋力翻开滋养了玉米一百多天的黄土地。突然，一声枪响，只见一只野兔子向着学校围墙豁口飞奔而来，后面紧跟着一个手提土枪的猎人。猎人用的是土枪，只能近距离打，五十米外就没了准确度，而且不可能开第二枪，因为这要重新从枪筒口装药。这个猎手运气不佳，一枪放出去，一根兔子毛也没伤着，他只能提着枪狂追。毕竟四条腿的兔子快于两条腿的猎人。一眨眼，兔子一个跳跃，跨过公路直冲校园围墙豁口而来，再看猎人，早已被甩在后边。受惊逃命的兔子就在众目睽睽下蹦进了学生们上课的大操场。说时迟、那时快，学生们的体育课成了追兔子课，所有的男生撒开丫子紧跟兔子奔跑堵截。兔子慌乱中直奔学生宿舍而去。说来也巧，六营四排章唤起同学正好闹肚子没上课，开着门，在床上躺着呢。说是床，其实就是大通铺，一个宿舍就两排，用木板铺成。中间留一条走廊，走廊靠墙有一张小桌，那是放暖瓶用的。兔子进屋就上了床，紧跟在后边的排长柯四楞随手把门带上了，生怕兔子再跑出去。兔子在床上来回乱窜，最后竟然一头撞在墙上，碰晕了。同学们都跑来了，柯四楞倒提兔子双腿试一下这家伙是否在“装死”。果然，醒过来的兔子拼命挣扎。柯四楞左手攥紧兔子双腿，立起右手手掌对着兔子耳朵后直劈下去。只见瞬间，兔子两腿绷直了，再也不能动弹。同学们也顾不得上体育课了，这就忙着剥兔子皮，有人从食堂打来几瓶开水，大家七手八脚，有人找了个洗脸盆，有同学找来碎木材，支上几个砖，就在宿舍门外清炖兔子。腿快的同学跑到食堂要了几勺盐。一锅兔子肉很快就熟了，在那个年代，同学们吃着兔子肉，感觉比皇帝还幸福，因为正在长身体的中学生，每个人都感到肚子总是填不满的。

饱餐兔子肉的同学们并未忘记体育老师，柯四楞专门挑了一块兔子后腿给老师送去了，体育老师又进行了加工，据说当晚还喝了二两白酒。

转眼两个月过去，到了期中考试时间，数学老师又做了一次摸底考查。双远自从上次受了 60 分的刺激，就暗暗下了决心：一是不能让爷爷失望；二是要对得起来自杜鸿雁的那两束炙烤的目光。那目光分明是考查他是金子还是土坷垃。凭着聪颖的天资和刻苦精神，双远很快就赶上了学习进度。试卷又发下来了，老师要在课堂上公布分数，大家都竖起了耳朵。老师平静地告诉大家，这次考试不理想，有一半同学不及格。但是，也有一个同学得了 100 分。全班所有的目光都在旋转，搜寻“状元”是谁，大部分目光聚集到朱文上身上，因为，上次摸底，他是最高分得主——90分。

老师停顿了一下，目光由平视开始向下且逐渐向双远的位置移动，同学们的眼神也随之移动。“米双远，100分，是你们班第一名，也是全校唯一的100分。”老师大声宣布。本来安静的教室里忽然响起了一阵赞许之声。小双远脸色绯红，在众多束射来的目光中，他感到还是来自右侧的那两束光更为灼热，刺得他睁不开眼睛。此时，双远内心感受到极大的兴奋。因为，与以往不同，这次，是从60分的低谷跃升到最高分，而且是全校第一。对于自打上学就被老师们一路夸过来的双远来说，刚开学的那次60分，是记事以来摔的第一个跟斗。如果说，在这之前考高分是为了让爷爷高兴，在通向大学的路上奔跑，那么现在，考高分还多了一种动力，就是来自杜鸿雁同学眼睛的那两束光，这光似乎有一种神奇的力量，双远企盼这光的照射，享受这光的灼热。也许杜鸿雁同学并没有想到自己拥有如此强大的魔力，但双远神经的反应却是实实在在的。看来，这个少年真的开始进入情思的世界了。

出身农村的农家子弟，绝大部分都非常珍惜难得的学习机会。文化改变命运，也是摆在眼前的事实，当个赤脚医生，当个代销员，当个生产大队的会计……都需要有文化。如果有机会参军，有文化才能提干，像双远的叔叔不就是靠数学好穿上了四个兜的军装，成为光荣的解放军排长吗？就是平日里居家生活过日子，即便到集上卖个鸡蛋也需要算账呢。所以，大多数同学学习都很用功，大家仍然相信“学好数理化，走遍天下都不怕”。不少同学每天晚上自习课，一直到教室统一关灯后都舍不得离开。很快，各门课的学习尖子都冒出来了，双远数学考了100分自然成了“数学家”；马增士年龄大，基础好，又用功，成了“物理学家”；全德木脑子快，就对化学感兴趣，别的课程放一下，也要攻化学，所以成了“化学家”。再就是文科了，班里边有个文绉绉的同学，经常一说话就拽出四个字的成语，被大家封为“文学家”。这样的学习氛围也激励着双远更加努力。特别是，杜鸿雁经常隔着两个同学向他请教问题，这就促使双远在学习上更多下一份功夫。结果到了期末考试时，米双远数理化三门功课都得了100分，又创造了奇迹。不过奇迹也就这一次，从此之后，双远就再也没有得过全满分。创造了这个奇迹之后，同学们马上为米双远“加冕”，改称他为“数理化学家”，这是九十中六营六个班级唯一的殊荣。这也使双远成了全校的名人。这个学期，学校副校长兼教导主任马鲁勤老师为同学们加了一门珠算课，教的是“金香炉”和“狮子滚绣球”两种算法。早在上学前，爷爷就教给双远打算盘，所以，双远对这两种珠算法一听即会，马老师干脆就让双远上讲台当堂演示。最后，马老师在讲台上感慨地对全班同学说：“你看看你们块头顶人家两个那么大，学习却还不抵人家一半。”马老师作为副校长，不仅在班上讲，还在全校大会上这样讲。双远一下被推上了“高台”，自此就下不来了。那时候每次考试，挂钟就在黑板上方挂着，一百分钟，双远一定要在五十分钟前交卷，然后一个人跑到大操场对着泰山抒情。当然了，数理化从此几乎没得过 100 分，总是在 95 分上下打转转，因为做完题就交卷，从来不检查。双远成了九十中学的名人，老师们也都高看他一眼。每到上课老师提问，他都抢着回答，特别是数理化的问题，几乎包揽了一大半。大部分同学倒是乐意米双远去抢答。因为，有些同学万一被问到却答不上来或答错题，会很难堪。双远发现，随着自己名气变大，来自右面的那两道照射他的光束也越来越频繁了。特别是上自习课，杜鸿雁会经常向他请教问题。有一次非常巧合，上自习课时两人座位之间的小木头和崔小花都不在，杜鸿雁干脆就坐到了崔小花的位子上，拿着笔记本问他一道数学题。当两对眼睛对视时，双远感觉心跳加快，不知是不是故意的，杜鸿雁的手碰到了米双远的手，这是双远自打记事以来第一次触到一个姑娘的手。瞬间，一股电流顺着神经传导到心脏，有那么几秒钟时间，他感到脑袋发热，一片空白。这是从来没有过的一种奇妙感觉。说来，自打上学以来，同桌也都是男同学，他几乎没有和女生说过话，虽说没到“男女授受不亲”的地步，但羞于与女生接触确是事实。这次触到杜鸿雁那只手，使米双远仿佛进入了另一个世界，非常奇妙，飘飘欲仙，一种从未有过的感觉。莫非说，这是步入了“太虚幻境”？人是一个奇妙的动物，而“意识”和“感觉”又创造出不同的世界，自此，双远步入一个崭新的星空，这儿除了杏园繁花和桃李芬芳之外，只有两个人，双远和那个影影绰绰的杜鸿雁。双远感觉总是有一股力量牵引着自己进入这个星空。其实杜鸿雁是一个聪明的女孩，学习本来很好，但参加了学校“文艺宣传队”后，除了晚上排练，有时白日上课也会被抽去演出，有些课就落下了。好学的她，为了赶上学习进度，自然就选了向班上成绩最好的同学米双远请教。从此，米双远总是盼着小木头和崔小花都请假，留给自己和杜鸿雁独处的机会。可是此后，老天总是不给他这个机会，即便发生流感了，崔小花和小木头两人也只有一位请假。

突然有一天，排长召集全排同学紧急集合。大家都以为是临时搞军训演习呢。进到教室后，发现是团支部书记肇云平召集的会议，他一脸严肃和紧张。待大家都坐好了，肇书记开始讲话：“同学们，最近我们排发现了反动标语，这是性质非常严重的政治事件！”肇云平顿了一下，犀利的目光从第一排开始，扫视了一圈每个同学的脸部表情，然后继续说道：“昨天和前天，我们排教室的黑板上出现了两条反动标语。一条写的是‘上下没有一条路’，另一条说‘哪吒三太子降生于六营四排’。这分明是想要变天！”说完，他又开始扫视每个同学的面部表情，最后，目光停在了章唤起的脸上。只见章同学脸开始变红，开始冒汗，继而脸色变黄，变成了蜡黄。肇云平继续扫视，当来到第一排右侧时，目光又停下了。这时候的双远，已经目睹了章唤起同学的表情变化和众目睽睽下的狼狈相，心里已经有了准备。他仍然面向着黑板，既未与肇云平的目光对视，也没有躲避，而是很镇静地盯着黑板。

九十中六营四排的一场风暴将要来临。

第十章

几天后的一个上午，泰安第九十中学六营四排正在召开“批斗大会”，没有老师参加，这是同学们自己“组织”的大会。大会要求书写“反动标语”的章唤起交代问题。只见章唤起低着头，弯着腰，颤抖着走向讲台，上讲台时，还绊了一跤，差点摔倒。此时的他，似乎已经吓破了胆，完全不知道自己会有什么下场。过了很久，章唤起眼睛红红的，哽咽着说道：“我有罪，我说‘上下没有一条路’，是对社会主义的诬蔑，是对人民的犯罪。”他的声音断断续续，由于恐惧，有点泣不成声，接着又说：“我是在社会主义的甜水里泡大的，身在福中不知福。我……我……有罪。”全排同学的眼睛都盯着讲台，鸦雀无声。只见章唤起抬了一下头，又继续发言，这次是在为自己辩解：“我当时只是抄写了一个谜语，这个谜语的谜底其实就是‘卡’字，是‘上’和‘下’接起来，中间少了一横，就这么一个字，没想到……”他的解释立即被肇云平愤怒地制止了：“不要讲了，你要灵魂深处闹革命，深挖自己的反动思想根源！”忽然，讲台上的章唤起大汗淋漓，脸色蜡黄，全身发抖地倒下了。不好，章唤起早上没吃饭，饿晕了。几个大个子同学急忙跑上讲台，把章唤起架走了。

学校有一个卫生室，校医赶紧给章唤起打了一瓶葡萄糖液。回到宿舍后，章唤起当夜开始发烧，说了一晚上胡话：“我不是反革命，我就是给大家猜个谜语。”几分钟就喊一次，搅得同宿舍的所有同学都没睡好觉。第二天，班主任余老师安排了两个身强力壮的同学，用学校的地排车把章唤起送回了家。

半年后，章唤起精神失常，失踪了。

章唤起出了事，而刚满十三岁的米双远却逃过了一劫，因为，那第二条“反标”是他写的。

每当回想整个过程，双远都心有余悸。那天上午最后一节课是语文课，轮到章唤起值日，下课后大家都去吃午饭了，平日里学习一般、不怎么引起同学特别是女同学的注意的章唤起擦完黑板，突发奇想，掏出了最近不知从哪儿搞到的一本猜谜语小册子，把其中一个字谜“上下没有一条路”，认认真真地照抄在黑板上，然后带着满意的神情吃饭去了。也巧，双远最近刚搞到一本小说《封神演义》，睡觉前看，上课也偷看，吃完午饭匆匆回教室如饥似渴地看。正好读到哪吒三太子脚踏风火轮，甚是威风。看书间偶尔抬头一看，黑板上有一行字：“上下没有一条路”，双远马上知道这是个谜语，觉得挺有意思。想了想，他决定凑凑热闹，来个惊人之言，于是，随手拿粉笔在那行字下边写下“哪吒三太子降生于六营四排”，然后得意地回宿舍喝水去了。下午要上课了，大家对着黑板猜谜语，同时也猜这都是谁写的。因为有课，课代表就准备擦黑板，这时，肇云平进来了。这是个政治上正在积极要求进步的团支部书记，当他看到黑板上的两行字时，认定这就是“反动标语”，马上兴奋地认为自己终于发现了“阶级斗争新动向”。为了留下证据，他对正要擦黑板的同学大喊：“不要擦！不要擦！”可这时物理课老师进来了，就直接盯着还没擦干净的黑板。擦黑板的同学见状，迅速把上边的字都擦掉了。上物理课的余老师是班主任，并未理会黑板上刚才写了什么，开始上课。

这堂物理课，有两个同学怎么也听不进去，一个是章唤起，另一个就是米双远。一个写了“上下没有一条路”，另一个写了“哪吒三太子降生于六营四排”，本来是开个玩笑，不料却被团支书认定为“反标”，问题严重了。作为当事者，章唤起非常紧张，手哆嗦，满身冒汗。因为他知道，自己是值日生，很难赖掉。而米双远最大的幸运是，他写字时教室只有他一个人，虽然他的笔迹同学们可能都认识，因为他经常上黑板解难题，好在字迹已经被擦掉，只要不承认也没有其他证据，所以双远的心脏虽也在狂跳，却还保留着一丝镇定。

这一堂物理课，是双远自打上学以来最“走神”的一课，幸亏老师没有提问，否则一定会出现尴尬局面。“反动标语”这四个大字，在他脑海里形成一片阴云，如果被认出来字迹是他的，他就可能被诬陷为“现行反革命分子”，爷爷定下的“种杏为坛，文曲星繁”的米家大业就会破灭，杜鸿雁那眼中的两道光芒就再也感受不到了。这太恐怖了。突然，他想到了一个英雄，一个爷爷常讲的故事的主人翁——留侯张良，也就是辅佐刘邦建立汉王朝的汉初三杰之一。爷爷认为，张良乃千古奇才，既能运筹帷幄、决胜千里，也能知险而退、归隐留侯。张良乃大智大勇大隐之人，即便博浪沙行刺后，遭秦始皇全国追杀，也能安然无恙，靠的就是冷静，胆大心细。那么，自己今天遇到的危险和远古时候的张良相比，真的是太小儿科了。尽管他心里明白他写的“哪吒三太子降生于六营四排”根本不是什么“反标”，但为了不招惹更大的麻烦，他决定坚决不承认是他写的。他心里暗暗鼓励自己，既然自己并没做错事，就一定要保持镇定，任何时候都要做到“面不改色心不跳”。

应该说，这是双远心路历程的第一次升华。应付这一次事件的收获，比物理课收获更大。这次批斗会，章唤起经不起沉重打击，崩溃了；而米双远经受住了历练，不露声色，镇定自若，成功了。虽然后来肇云平又对米双远两次进行诱导，让其承认自己写的，但米双远就是铁口不开。反正黑板上的字已经擦掉，他们也找不到证据，事情也就不了了之，双远总算脱险了。

上了九十中不久，米双远就发现校园里有个挑粪工挺有趣。一番打听之后，双远得知这个挑粪工是个正在学校里“劳动改造”的老“右派”，名叫冒觉。

老“右派”冒觉是一个美男子，上海人。不知怎的，冒觉让双远联想起了《红楼梦》中的游侠柳湘莲。一本《红楼梦》前前后后出场那么多大小老少男人，唯独柳湘莲在双远心里产生了共鸣。这男人有情有义，潇洒自如，一生重一个“义”字，又是一个“情种”，当遇到真爱时，不惜割掉青丝，随道人赴那仙界殉情去了。

每当同学们早操时，在后操场东南侧已经有一个身影在那儿晃动，大家知道，那是老“右派”冒觉每日的工作开始了。称他老“右派”只是当“右派”的资历老，其实他年龄并不是很大，看起来也就不足三十岁。据说冒觉吹拉弹唱、琴棋书画样样精通。十七岁那年，多才多艺的胃觉从上海考入山东孔子学院，很快成了学校的名人，特别是很多女生趋之若鹜。号称校花的章千云同学，也是胃觉的粉丝，总是以请教问题为名靠近胃觉，这就引起了男同学的嫉妒和个别人的仇恨。这年年底，“反右”斗争进入高潮，一些对胃觉嫉妒成仇的人借机构陷于他，有人翻出了胃觉写过的一段话，其内容大意是说，欧洲的文艺复兴出现了那么多科学家、艺术家、文学家，非常值得我们崇拜，我们应该敞开胸怀，拥抱欧洲的文学艺术。在讨论分配“右派指标”的会上，趁着胃觉出去上厕所的时候，有人抛出了这个所谓的“罪证”，等胃觉上完厕所回来，才知道自己已被定为“右派”。被打成“右派”后，几乎所有人都疏远和离开了他，唯有章千云一直在他身边，给了他比平时更多的关心和帮助。章千云是烈士的女儿，“根正苗红”，虽然有人对她和胃觉关系密切恨得牙痒痒，想加害于她，无奈她有烈属这个“软胄甲”保护，谁也动不了她。而她声明自己接近胃觉的理由是：“我要改造一个‘右派’分子，不能让他成为社会主义破坏因素。”大学毕业后，章千云被分配到泰安狼窝中学，而作为“右派”分子的胃觉，哪儿都不要，也回不了上海的家，只能滞留在学校干临时工。章千云到狼窝中学后表现优异，入了党，很受学校重视。由于山里学校缺乏师资，教师队伍严重缺员，章千云所在的学校没有音乐老师，本来她完全可以胜任，但她推说自己不会，然后向校长建议，把她一个同学调配过来。校长向她了解这个同学的情况，章千云只是轻描淡写地说，这人年轻时犯了错误，现在改造得不错。校长急于开课，犹豫再三后答应了。这样，胃觉就成了章千云的同事。“文革”中，胃觉作为“右派”分子，属于被冲击的对象，自然被停了课，接受批斗改造。而此时的章千云作为副校长，是所谓的“当权派”，也受到了冲击。为了保护章千云，胃觉私底下找她要求调走。这时，九十中正好缺少批斗靶子。两校领导你情我愿，就把老“右派”胃觉调到了九十中学。胃觉到了九十中，开批斗会时上台作为“活靶子”，其余时间负责打扫全校的公共厕所。这是一个很繁重的工作，厕所里的肥料都要靠一条扁担两个木桶搬运到学校菜地里去。所以，每当清晨上早操时，同学们总能看到晨雾蒙蒙中有一个笔直的身影，挑着一担肥料在校园里移动。这个掏粪工，总是腰板挺直，迈着方步，一脸平静，有时思考中的他甚至还露出不经意的微笑。最离奇的是，一个掏粪工，他却脚蹬白色运动鞋，口捂白口罩，肩上还有一副白色垫肩。当然了，运动鞋已经很破旧，甚至有缝补的痕迹；口罩是在掏饬粪坑也就是化粪池时才戴上，一旦挑起担子来就摘掉了；那副垫肩却确实很少见的，因为夏日里泰安农民挑担子，不仅不垫肩而且是光了膀子，比如泰山著名的担山工攀爬在十八盘上，汗水把身子洗个遍，光膀子的肩有一排从左到右的疤非常醒目，就像胃觉的垫肩一般大小。不过那肉做的“垫肩”是绛紫色的，因扁担摩擦、起泡、充血，然后破裂，形成了绛紫色的疤。就因为胃觉身上的三白——白鞋、白口罩、白垫肩，等他站在台上被批斗时，就被说成了“你不老实接受改造，让你挑粪，你还不忘走‘白专’道路”。不过虽然挨批，他却依然故我，一直坚持穿戴着“三白”清理厕所。对于这样一个挑粪的“右派”大学生，同学们都唯恐避之不及，唯独双远似乎对胃觉有一种说不出的亲近感，像是崇拜又像是羡慕。因为，他是多才多艺的大学生。“德昭馨香，文以致远”，爷爷对孙子双远的期望已深深刻在双远脑子的沟回里。从记事起，他就知道长大了要上大学，而这个挑着大粪桶潇洒走在路上的多才多艺的大学生难道不值得尊敬吗？说他像柳湘莲，那现实中还真有一个“尤三姐”，她就是章千云。幸运的是相比于尤三姐，她有烈属身份，有社会地位，有追求幸福的自由和能力。而且她的身份已帮她进步为狼窝中学革命委员会主任。所以至今她仍然以帮助改造“右派分子”的名义，每月一次来九十中“帮教”她的大学同学。狼窝中学在深山里，唯一的交通工具是一辆通往泰安市的公共汽车。这趟车每天只发一次，早上从城里长途汽车站发车，四五十里的路程要跑四五个小时。车辆进山后，道路崎岖，忽上忽下。遇到雨天路滑，乘客要下来推车爬坡。如果下了大雪，公交车干脆就停运了。在这样的恶劣条件下，章千云不离不弃，每一个月准时来一次，虽说两人没有结婚，但所有人都明白，他们是多年的恋人。

双远与胃觉有过几次眼神交流，那老“右派”是何等聪明之人，马上感受到少年的聪颖、灵动，善良而富有同情心。心里也在盘算着怎么回报一下这份难得的同情心。

双远思绪中好像总有一种纠缠，就是经常喜欢一个人面向西北方向的泰山极顶发呆。每次考试，他总是早早交卷，然后一个人跑到大操场面对泰山极顶遐想；晚上自习时，他也喜欢一个人跑到大操场，练习单杠和爬绳。由于人小身子轻，这单杠练起来得心应手，双臂拉起连做五十个没问题。

这应该是一个秋日的夜晚，双远伴着明月在单杠上翻滚。因为这是晚自习时间，同学们都在教室里紧张复习，大操场空空荡荡。偶然间，双远看到操场东北角的破旧岗楼下，有个影影绰绰的身形在移动，双远静悄悄走了过去，只见一个人影在月光下漫舞清风，似是舞，又不像舞。时而比舞柔，时而又更刚烈；时而慢如云游，时而快如闪电。正当双远看得入迷时，舞者停了下来，转身面对双远，果然是胃觉。他轻声问了双远一句："你想学吗？"说真的，双远真的被这种"舞蹈"迷住了。"嗯，我很想学。"双远不假思索地回答道。"你叫什么名字？""米双远。""好名字，文武双远。"胃觉提高了嗓门，显得有些兴奋。"不是，我爷爷为我起名的意思是德昭馨香，文以致远。"双远解释道。"那没关系，艺不压人，男孩子练练武功可以防身，关键时候还可以保护家人。"胃觉说道。其实，双远受《水浒传》影响颇深，一直向往有一身功夫。小时候，跟叔叔出去玩，叔叔和人摔跤，总是一人对付几个，摔倒后堆成了人堆，叔叔也在堆里；双远一边哭骂一边扒拉人堆找叔叔。自打叔叔参军走了之后，双远出去玩很孤单，而且庄里的孩子一般兄弟三五个，自己一个人，打起架来，就要吃亏，所以双远小时候最喜欢摔跤，更向往以一敌三的武功。今日有机会学武功，简直是雪中送炭。双远激动地说："谢谢胃老师，我做梦都想学武功。""别，别价，千万别叫我老师，我是被改造对象。"胃觉似乎有些紧张。"那叫啥呢？""叫我老胃好了。"就这样一大一小达成了默契，每天晚上晚自习时间，抽一节课时间传学武艺。胃觉这套功夫与双远以前看到的不同，看似柔若行水，连绵不绝，并不刚猛，但一旦"刚"起来就形如闪电，瞬间爆发。打起来浑身生热，感觉气血已通，神清气爽。胃觉说，这套功夫是他家传的拳术，名为"泰山十八跌"。当年他爷爷找到一个在上海滩卖艺的山东拳师，来家里教家中孩子们强身健体兼自卫。他父亲十岁开始习练，后来传授给胃觉。双远这时在高中正学习物理学的杠杆、力臂、力矩等内容。他突然发现，胃觉所教的这套武功，恰恰是物理学的应用。所谓"十八跌"，重点在"跌"，这是一套千古奇术，此功的魅力在于发力于无形之中。多少年后，双远发现，此功是在陈氏太极拳的基础上，吸纳了泰山担山工的下盘功夫，再经拳师破解后，融入了支点和力矩的原理。应该说这套“十八跌”更多的是让对方失去重心，然后加以制伏。

在未来的人生中，这套“十八跌”使米双远更具英武气质，更像一个男人。

第十一章

九十中的日子是愉悦的，也是短暂的。眼看就要毕业了，对于出生在泰山脚下米家庄的米双远来说，等在面前的前程，就是重回米家庄，面对那一千多亩土地，日夜劳作。这和米双远要遨游世界的理想相比，相差何止十万八千里？

也许，他一辈子都要在这块土地上耕种收获。因为他是农村户口，从出生那一天起，就注定了是个农民，米家庄之外的“广阔天地”对双远来说，只能是天外的乐园。

两年的中学生活将要结束了，米双远，一个十五岁的少年，即将回到那块他出生、长大的土地。那时候，一些大学虽然恢复了招生，但并非通过文化考试，而是通过“群众推荐，上级批准”，招进大学的学生叫作“工农兵学员”。米双远在高中的学习成绩虽然高居全年级之首，但以他“富裕中农”的家庭成分，他是根本没有希望上大学的。高中毕业，意味着“大学梦”的破灭，意味着米家“种杏为坛，文曲星繁”期望的终结；也意味着，从此，这个热爱生活、向往宇宙天空的少年即将回到“面朝黄土背朝天”的生活中去。而且，两年前大队主任盖无法就说过，只要他在位，米双远就一辈子出不了米家庄。

两年的中学生活，将双远带入了一个广阔的世界，数学的奥妙、物理的神奇、化学的多变、语文的咬文嚼字，给这个少年的生活增添了丰富的色彩。最难忘的是，一个羞涩的少年有了思春的冲动，体会到了女同学杜鸿雁那双明眸发出的电磁波。

毕业前一个月，杜鸿雁走了，因为天生嗓子好，又自幼受到良好的艺术熏陶，在一个热爱音乐的家庭长大，不仅小提琴、钢琴都有基础，而且唱功基础也好，她成了九十中文艺宣传队的骨干。那时部队也急需文艺人才，西北军区战士歌舞团来九十中选人，第一个就看中了杜鸿雁。本来一切顺利，等待杜鸿雁的将是美好前程。然而，天有不测风云，就在一家人高高兴兴准备庆祝时，晴天霹雳来了：大队主任朱瘸子不同意盖章放人。一个户口在农村的青年，如果要离开农村去当兵、当工人或推荐上大学，就需要大队开具放行“证明”，如果没有这份证明，哪儿也去不了，哪个单位也不能收。过了不久，山东省“五七艺术学院”又来九十中选拔人才，很自然，杜鸿雁仍旧榜列第一。但是，上次的打击重演了一遍，朱瘸子仍然不盖章。

那么，这位朱瘸子和杜鸿雁有什么深仇大恨吗？

原来，自打杜鸿雁随父母下放回村后，十一岁的杜鸿雁一进小学就被盯上了。而盯上杜鸿雁的不是别人，正是大队主任朱瘸子的独生子——朱建国。这小子二十岁了，有癫痫病，天天逼着他娘给他找媳妇，自打十一岁的杜鸿雁进了小学，他就像苍蝇一样天天盯着她转。吓得杜鸿雁下了课也不敢出教室门。后来，朱瘸子直接到家里来提亲，说是先定下这门亲事，待杜鸿雁够了年龄再结婚。在朱主任看来，“你们是‘黑五类’家庭，能和我们革命家庭结亲是看得起你们。”杜鸿雁的父亲哪能接受这种“耻辱”，自然是婉言谢绝了。从此，这个仇就在朱瘸子心里种下了。现在，他怎么能“盖章”放走杜鸿雁呢？他立誓要“囚禁”杜鸿雁一辈子。后来，公社文艺宣传队也需要人才，听说了杜鸿雁的境遇后，公社肖继业主任直接签字安排杜鸿雁进了文艺宣传队。这让杜鸿雁绕过了朱瘸子的打击报复。

杜鸿雁提前离开了学校。一个月后，米双远也毕业了，收拾起简单的行李和学习用具，告别了九十中，告别了中学时代，回了离学校并不太远的米家庄。

米双远中学毕业回到家，第一件大事就是盖房子。“安得广厦千万间，大庇天下寒士俱欢颜”是中国人千年之梦。房子首要功能是避寒遮雨；其次是农民唯一的财富象征。就说这农村青年说媳妇吧，人家女青年相亲，第一个大关就是到男方家看看有没有房子。这房子，主要是指结婚用的新房。如果家庭成分好，小伙长得结实，能挣工分，五官也还端正，再加上有个新房用作婚房，那自然就是理想的对象；如果其他条件都好，就是老大不小了兄弟几个还挤在一间屋里睡觉，那就只能等有了新房再结婚；如果过了几年，新房还盖不起来，那婚事就只能告吹。毋庸讳言，双远家盖房子也包含着这样的意思，因为在农村，给十几岁的男孩子说媳妇是很正常的事，何况双远已经高中毕业了，尽管只有十五岁。

在泰安城东乡有那么一句话："与人不睦，劝人盖屋。"对于农民家庭来说，盖一处房子，也等于拉一辈子饥荒，欠的债要用一辈子时间来偿还。在双远小时候的记忆里，房子破旧漏雨。每当夏日雨季连阴天，外边下大雨时，屋里就下起了小雨，双远拿一个泥陶盆子接水。外面雨停了，屋里还在"吧嗒吧嗒"下着小雨。其实这房子还是当年米大老爷茶叶生意的利润换来的，本来是四合院，南屋当年借给高二抹茬子住了多年，后来他才搬走了。现在房子老了，房顶仍然是老式的小瓦子。一次大风把古槐树的一根枯枝吹落，屋顶就被砸坏了。当时是经济困难时期，根本没可能有钱去维修。

看着一家人热烈地议论、筹划盖房子，米双远不由得想到了缺席的父亲米文水。在他看来，其实房子就是家，而家是与婚姻绑在一起的。现在，即使家里新盖起再高大再漂亮的房子，他的家也依然是残缺的。

离婚一年后，双远的母亲皇泰宁终于从伤心绝望中走了出来。但她始终认为这长达二十年的婚姻就是一个阴谋，她就是米家的丫鬟、老妈子、奴隶，就是一头冤死累死的拉磨的牛。

总之，她感到冤，她就是当代秦香莲、窦娥。进米家二十年后，一纸离婚证书宣布了她和米文水婚姻的结束。米文水是负心郎，是陈世美，简直就该下地狱。

二十年，从侍奉瞎眼的老奶奶、三岁的小叔子，到今天整整为米家四代人献出了自己的青春。二十年来，她从一个青涩少女变成一个腰弯背驼的农村半老太太，这一切付出的艰辛，皆因心中一个梦：他不会变心，他会与我白头偕老。但另一方面，这个梦始终就不踏实，多少次自己从梦中惊醒，明明知道自己在拿青春博命，赌注只有一个："他变不变心"。十七岁到三十七岁，人生最有活力最美好的二十年，现在就这样被一张证书毁灭了。其实，冷静下来，泰宁明白，那颗心从来就不属于自己。

泰宁对米文水委屈怨恨的内心独白是这样的："你当初人没有磨盘高，是我像牛马一样辛劳，供你念书。你还在上中学时，我就提出过离婚，是你写了血书，保证今生今世不离婚，才使我这个傻瓜信以为真。你如今嫌我腰弯背驼了，可这不都是为了你米家四代人耗尽了我的血汗泪的明证吗？我就是个傻瓜啊，给个针就当成棒槌，明明是不靠谱的许诺，我却当成真心话。"

在双远童年的心灵里，虽说从不缺乏一个大家庭的爱，特别是爷爷的娇宠——相较于同龄人，他应该算是幸运的——但他心头却有着一片永远抹不去的阴影：父母离婚的恐惧始终罩在这个家庭的上空。自打记事起，双远的记忆里就从没留下过父母相拥携子的镜头。

双远永远都记得，经常被娘半夜里哭声吓醒，娘总是念叨着一句话："米文水你个陈世美啊！耽误了我的青春，我就是个傻瓜啊！"每当此时，惊吓之余的双远就暗暗下定了决心："一定要努力考上大学，出人头地，给娘争气，让娘过上好日子。"

春节是一家人团聚的日子，中华民族的年，就是家人团圆并与祖宗共同庆祝的伟大节日。活着的人，无论你在哪儿，无论是天涯海角，也一定要赶回家过年。"回家过年，落叶归根"这一信念的力量一代代传承下来，使这个民族连绵不断延续五千年。无论是狂风暴雨，无论是冰天雪地，无论是烽火连天，无论是天塌地陷，也挡不住他们与亲人团聚的脚步。

临近年底，"年味"越来越浓，在外边谋事的人都回家了。上学的，当兵的，上班的，打工的，都回来了。双远的好朋友小眼子他大从四川回来了，他大在四川修铁路，一年就回家一次探亲。小眼子他家院子里挤满了小孩子，就等着分一块糖吃。那个场面，既让双远高兴，又让他羡慕不已。因为，每当双远的父亲回到家，反而使本就冰冷的冬季，温度又降了几度。米文水从上了大学开始，每次回到家都会与皇泰宁陷入冷战，每次他都会提出离婚。可泰宁就是不松口，因为几年前你米文水可是写过保证书的，那是血书。既然那时候说好的一辈子不离婚，为什么今天就要变成“陈世美”?

既然没有爱情，没有感情，那么二十年的婚姻莫非是一个奇迹？是的，确实是一个奇迹，而且是平凡人创造的奇迹。其实在中华民族几千年传承下来的女性守则里，讲究的是嫁鸡随鸡、嫁狗随狗，从一而终。一旦嫁了一个人，不要说他活着，即便死了，女人也要为他守寡。贞节牌坊就是那么来的。

离婚，也就是被丈夫“休了”，那是莫大的耻辱，生不如死。皇泰宁自打十七岁进了米家门，就注定了守着这个当时还没有发育成年的米文水，生是米家的人，死是米家的鬼，即便化成灰，也要埋在米家的墓地里。可世道发生了变化，新社会来了，婚姻自由，恋爱结婚。一些像他们这类的童养媳，纷纷提出离婚，废除不可靠的婚约。皇泰宁作为城里人，当时也回到娘家，和大哥嫂子以及已经出嫁的姐妹商量过，这婚姻该怎么办？爹娘都走了，大哥大嫂就是这家的主心骨。哥嫂自然会问到两人的感情。当然身历者泰宁最清楚，不冷不热地过了几年了，根本就没有人家两口子的热乎劲。可是泰宁的心情又是矛盾的，虽说明知道丈夫并不喜欢自己，可反过来，眼看着文水从一个柔弱少年长成一个准男子汉，自己这么多年付出了那么多的心血，真要离开他撒手不管，那也很是不舍。其实，哥嫂看透了妹妹的心思，总还是要顺着泰宁的心思说吧。于是大哥发话了：“你走了，这家人怎么过啊，老的老，小的小。”就这句话，促使拿不定主意的泰宁，在米家待了下来。既然日子要过，米家的香火就要延续。来到米家门六年了，儿媳妇还没有“动静”，米大老爷自然着急，亲戚朋友都来关心。皇泰宁登上泰山求助于泰山老奶奶，终于十月怀胎，儿子双远降生到了米家。对于晋升为父的米文水来说，也许这个儿子来得太早，自己才是一个中学生。

谁也无法猜想，作为婚姻当事人的米文水，当时对婚姻到底作怎样的打算。一个人，一个正常的人，知恩图报是起码的守则，更何况是从一个信义之家走出来的男人。但是，这十三岁就过早到来的婚姻，却又并非米文水个人的意愿。那是父亲的安排，父命不可违，他完全没有做主的权利和能力。

对于米文水一回到家就嚷嚷着要离婚，父亲米岳堂有着斩钉截铁般的态度：“你要离婚，马上退学回家种地。”

三年后米文水走进了大学。作为男人，他可以自己给自己做主了，他终于能达成自己的愿望了。当然，最起码的责任总是要承担的，他接受了妻子皇泰宁提出的离婚条件，“离婚不离家，翻盖房子，每月 15 元生活费”。当然，他还要负起赡养父亲的责任。

自此，双远的父亲彻底离开了这个家。大学毕业后，父亲更是远离家乡去了东北，另立家庭去了。

对于米文水和皇泰宁的婚姻悲剧，米家人似乎也吸取了一定的教训。所以在米双远高中毕业回家务农之后，对于双远的婚事，阖家上下似乎都认为这是他自己的事。无论是爷爷，还是父母，甚至最关心双远前途的叔叔也不会主动提起为双远说媳妇的事。也许，这个关于婚姻的教训太大了，是以双远父母婚姻的死亡为代价换来的。而且，双远自己也许被那束“灼热的光”烙得太深，它永远刻在了那片专司情感的大脑沟回里。是的，他已经把杜鸿雁设定为那个“未来的她”。除此之外，再没有别的选项。

说来有趣，对于家里新建房子，留给米双远的一个深刻记忆竟然是黄鼠狼！

在双远的记忆里，从五岁开始，他每天上学要从宝正大爷家门口来回走四趟，总是感觉这院子笼罩在浓雾中，院子里不断有黄鼠狼子爬来爬去。之所以叫作黄鼠狼，因为他的皮毛是黄的，身形似鼠，以鼠为食。在鼠眼里他就是狼。也可以说它就是吃老鼠的“狼”。仔细一想，这黄鼠狼是环保大使，自觉主动灭鼠，做一生的公益事业，而人类从无分毫予以回报。作为生物链的一环，其实，它真的是人类的朋友。无论冬夏，无论酷暑，都要自己猎食；无论风吹雨打，都要自己建造洞穴，有的建在坟墓里，有的建在树洞里。人们无视于它灭鼠的功绩，却捕杀了它，拿它的皮毛做成高价的毛笔。现在是该为黄鼠狼平反、正名的时候了。人们既恨它又爱它，甚至给予尊称“黄仙姑”。这可能有明白人编了这个故事暗中给予保护，让人们轻易不敢祸害它们。

提起黄鼠狼。泰安这儿的人是又恨又怕，之所以恨它，因为它一直惦记着你家养的鸡和鸭，稍不留神就让它偷走吃掉。要知道在那个年代鸡和鸭是老百姓家的银行，所下的蛋就是银圆。你可能认为这蛋不卫生，刚下的鸡蛋有时就搁在鸡窝里，上面还粘着鸡屎，有的小母鸡刚开始下蛋，蛋皮上染着鲜红的血。但庄户人家见了它一样亲！因为那是金子，那是钞票！在那时一个鸡蛋可卖到五分钱，大一点的六分钱。对学生来说，一个鸡蛋可买两支铅笔，或一个小本，四个鸡蛋就能买一本连环画；对大人来说，三个鸡蛋换一斤盐，两个鸡蛋换一斤醋。把下蛋的鸡偷走，就是抢了银行，断了主要财路，你说人们能不恨吗？说到怕黄鼠狼，却让人难以置信。一个成年人也有一百多斤吧，而那小小的黄鼠狼，比核桃大一点的脑袋，腰也就一把粗细，充其量不过两斤重，怎么就怕了它？那个年代，文化科学知识并未普及，泰安城东乡那儿的人们有些迷信，说这黄鼠狼如果得了道就变成黄仙姑，特别是黑嘴头的黄鼠狼，你千万别惹，因为它最容易成仙。

十五岁高中毕业，翻盖房子是米双远回家后面临的第一件大事。因为翻盖房子，全家人要暂时搬到后院老房子居住。所谓老房子，其实是爷爷的堂兄弟闯关东后留下的，几十年没人居住，已经破败，房顶有几处能看到天空。幸亏是春天不下雨，勉强能住，待一个月后新房子盖好，就可搬回。

双远家里这时一共有六只鸡，于是在这个老院子搭了一个临时鸡窝，让鸡宝贝们宿在里边。鸡是家里的钱袋子，鸡是农民的银行，所以鸡也成了家里的重要成员。每天晚上在闩门之前，娘一定要认真仔细地检查一遍鸡窝，首先打手电筒照一下，看看鸡全不全，是否有走丢没回来的。因为家家的鸡都是散养，白天出去到农田觅食，临近晚上，家里边一般给鸡准备一顿晚餐，晚餐一般由麸子皮和菜叶组成。这是担心鸡在外边吃不饱，同时也为了形成惯性，让鸡们的胃有生理反应，到时想着回家。

这天夜里，双远睡得死沉死沉，因为这天白天新房子上梁，就是房屋的前墙后墙都已垒好，然后架上木梁，再一天铺上高粱秸也称扒包，再铺上瓦，新房就大功告成了。所以上梁这天很重要，要多做些菜，让大家吃好喝好，自然少不了泰山白干。那天干活太累，双远也喝多了，所以躺到床上就进入了梦乡。突然间，一片惨叫声吵醒了他。农村的夜很静，一旦有声音就会毫无阻挡地划破夜空传播开来。双远坐起来，不用仔细分辨就知道是自家的鸡受到了偷袭。这鸡，别看脑袋只有栗子大小，脖子也不如玉米秸粗，但发起声来也不含糊，平日里下了蛋，使劲喊叫，生怕主人不知道，“咯咯哒——咯咯哒——”当遇到了危险更是声嘶力竭，玩命地嚎叫。那种凄惨的叫声激发出了一个男子汉的勇气，激发出责任感。它们是自家的鸡，是家庭的成员！它遇到了威胁，我自然要挺身而出，尽管刚过 15 岁的双远还没有那么强壮。

双远毫不犹豫，顺手抄起门后的一根木棍，打开门闩，疾步向鸡窝奔去。那天应该是阴历十六，挂在头顶的月亮分外圆，照在地上片片银光。在银光的衬托下，只见一只黄茸茸的家伙死咬着自家母花鸡的脖子向墙角移动，墙角处立着几根长木棍。很明显，这家伙的意图是顺着木棍爬上墙头。尽管这家伙不到一公斤，大花鸡足有三斤半，但是鸡拼命挣扎，两只翅膀高频率摆动，恰恰形成助推力，快速向墙角靠拢。说时迟、那时快，双远舞动棍棒大喊着向这家伙靠近，棍棒高举着，始终没有打下去，因为怕伤着自家的鸡。此时此刻，双远根本没去分辨这家伙是不是黑嘴头，只想着这是一个贼，是强盗，是敌人，要赶跑它，要消灭它。眼看着就要靠近墙角，双远顾不了许多，飞起一脚对着黄家伙踢去。这一脚太猛了，加上白天干活比较累，缺少了准确度，偏了一厘米，奔向了木棍，只听“咔嚓”一声，木棍断为两截，一截砸向地面，把放在旁边的鸡食盆砸得粉碎，另一截飞向空中发出“嗡嗡”声。可能粉碎的盆子碎片砸到了黄鼠狼，也可能木棍飞舞的“嗡嗡”声吓到了这家伙，更有可能的是双远勇猛的拼命精神震慑到了这个强盗。只听得“嗖嗖嗖”，一个黄影放开了到口的食物，疾速消失在大门口的阴沟中。幸亏双远出来得及时，大花鸡虽然脖子上仍在滴血，但并不致命。双远迅速跑到厨灶处，抓一把草木灰敷在鸡脖子上，这东西止血效果很好。为了安抚一下受伤的大花鸡，双远把它抱到屋子里边，娘被响动惊醒，也起来了。娘给受伤的大花鸡喂了点水，天亮后它又无忧无虑地在院子里自由溜达，仿佛忘却了昨晚的劫难。

一只鸡很快就会忘掉过去。但是，作为一个男人、一个正在成长的男子汉，一次驱赶黄鼠狼的行动却成为一种历练、一种捶打，一种精神和胆识的升跃。从七八岁听到一个“黄仙姑附身”的恐怖故事，到经过大爷家看到大黄鼠狼领着小黄鼠狼捉老鼠，再到今天勇敢地赶走了偷鸡贼黄鼠狼，双远长大了，强壮了，双远在慢慢向“好汉”的形象靠近。

那个“黄仙姑附身”的故事，双远多少年之后依然记忆犹新——

其实，多年之后双远弄明白了，所谓“黄仙姑附身”，用现代医学来解释这种症状，专业术语就叫妄想型精神病，而且是间歇性的。

双远一个邻村远房的表哥姓段，据说小时候被黄仙姑附体，直到二十岁了，满脸蜡黄，没有一点血色，那只胳臂就像小麻秆一样细长。据说八岁那年黑嘴黄鼠狼冬天饿急了，连续叼走了他们家三只母鸡。他大忍无可忍，不顾族人的劝阻，一口气打掉了黑嘴黄鼠狼的老巢，弄得黄鼠狼一家四处逃窜，无家可归。两个月后，亦即第二年春天，双远那悲惨的小表哥被黄仙姑附了体——其实就是精神病发作——八九岁的孩子去抢菜刀，声称要找人报仇，一会儿哭一会儿叫，嘶喊着让段家还他孩子：“我可是五男二女啊，我那可怜的宝贝儿，都饿死了啊。你们还我孩子！此仇不报，就当我白白修炼五百年。姓段的，你们听着，早晚让你们断子绝孙！”那声音凄凉、悲催！那声音达到了女性高八度，根本就不像一个孩子发出来的。这撕心裂肺的嚎叫，吓坏了一家人。为了赶走附在孩子身上的“黄仙姑”，段氏家族全体发动，四处求神拜佛，最后请来了闻名泰山东麓的神嬷嬷——胡大仙。这胡大仙虽为神嬷嬷，却是男人，本姓李，之所以称胡大仙，全因其自称早年狐狸精附体，多年后便能帮人驱鬼赶邪，所以人称狐仙，因避讳“狐”字，改称“胡大仙”。

胡大仙来到段家，装模作样问询了事情的原委，然后对段家人讲：“黄仙姑一年到头帮你们抓老鼠，保护了多少口粮啊，就一两年才改善一下生活，尝尝几只烂鸡，你们还不舍得，作孽啊！赶快准备七七四十九只童子鸡，要四两沉的，一定要寿光大花鸡品种，另外备上八只白鸽子，不能有杂毛。”赶在寅时之前，他们专门在家里堂屋设坛作法，供上黄仙姑画像，族长带领全家人跪拜两个时辰，狐大仙念了箴语，开始作法，身披花狐狸皮大衣，双目圆睁，手舞足蹈，满屋子乱窜，折腾了半个时辰，最后口吐白沫，横躺在当门地上。又过了半个时辰，他一跃而起，一屁股坐在上首椅子上，精神焕发，说他请了张天师帮忙把黄仙姑请走了。但是，为了让黄仙姑不在卷土重来，胡大仙要把那些“祭品”——四十九只童子鸡和八只白鸽子统统带走。胡大仙走后，说来也怪，再看床上躺着的小表哥满身大汗，哭着喊饿，叫他娘做鸡蛋汤。这可是几个月来他第一次主动进食。

其实，后来双远的爷爷给他揭开了故事结局的真相——早在胡大仙来到段家之前，双远爷爷米岳堂已经悄悄找过他的一位茶叶老主顾、学洋医回来泰安城里开诊所的医生，给段家小表哥开了口服镇静剂吃过了，三四个小时之后，症状缓解，小表哥出了一身透汗，饿了要吃的。段家人以为是胡大仙的功劳，米大老爷也不愿声张，事情就过去了。

一年收米，十年树木，百年树人。一个人的品格是从小培养的，可以说家庭教育是塑造品格的最重要阶段。米大老爷对孙子寄予厚望，德攀圣贤，文以致远，并且时时处处言传身教。那一年过年，家里下了一锅饺子，正好每人一碗。对刚刚度过三年饥饿的米家人来说，饺子太珍贵了。小双远从上一个新年吃过饺子后，已经盼了一年了。“舒服不过躺着，好吃不如饺子”，饺子几乎是泰安人的第一美食。吃饺子就是过节，过节要吃饺子，特别是过年，再穷的人家哪怕借钱借面也要包饺子，因为饺子已经成为“贡品”。年除夕，热腾腾的饺子出锅后，一定要把最早盛出来的饺子作为贡品敬祭祖先。也是那一年，黄河决口，齐河县被淹，颗粒无收，政府安排难民来泰安，分配到生产队，住在农户家里，渡过难关。双远记得家里来了兄弟两个，据说发洪水爹娘都冲走了，一家人就剩下这哥俩。大的有十七八岁，小的十三四岁。大的个子高，瘦的像一根麻秆，风一吹就会倒；小的发育不良，十三四了，就长了个大脑袋，身子比八仙桌子高不了多少。哥俩离乡背井，逃难到此地，客居米家后院，饭都吃不饱，哪儿能包饺子呢？再说了，两个半大孩子，即便给他们面和馅，也不可能会包啊。不吃饺子等于没过年，这中华民族过年是一年中最大的事，即使“要饭”也要过年呢。米大老爷待大家上完贡、每人分到一碗饺子时，宣布说，每人拨出几个送给后院哥俩，也让他们过个年。说完，带头拨出四个饺子，大人们如数炮制，到了小孙子双远，双远说，我肚子小吃不了，多拿一个，说完用小手握着筷子哆哆嗦嗦拨出五个饺子。这样就凑够了满满一大碗饺子，双远跟着叔叔，给后院的难兄难弟送了过去。

米大老爷认为，孩子要打小培养，起小看大，三岁至老。孩子要是没有好的品行，就瞎了——就是个废人。

盖房子是一个大工程，需要总设计师，项目负责人。这些都与双远无缘，毕竟他还是个刚中学毕业的孩子。所以，盖房子这个大工程自然由爷爷全权指挥。盖房子也凝聚了中华文化亲情的传承，因为从泥瓦工到木工、小工需要几十号壮劳力在不到十天内完成；而主要墙壁是土坯，最怕下雨，所以房子一般安排在少雨的春天建成。一个家庭不可能有这么多工匠和劳力，主要靠大伙帮忙。对于亲戚来说，既不付工资，也不划拨工分；而对于本村的左邻右舍，相互都会帮忙，因大家都是同在一个生产大队里劳动，一块地里下力，一个锅里挖勺，所得工分集合一起参与决算，分配生产队地里产的粮食、蔬菜和副业产生的财富。邻里帮忙盖房时，新房主人一般都把自己的工分划拨给帮工者。当然，对于专业匠人，比如泥瓦工匠和木匠等，如果是本队的就划拨工分；而对队外其他帮工，就要付现金了。因为他们靠手艺吃饭，每年按三百六十天交给生产队现金换取工分。当然了，现金折算成工分要打折很多，可这是工匠人的义务，否则生产队不开介绍信不开假条，作为一个公社社员你就无法出去做工。

在盖新房的大工程中，双远被爷爷安排了采购肉菜酒和夜间看场子两项任务。所谓采购，就是每天去购买从大工到小工几十口子人吃喝所需的肉菜酒等。对于平日里舍不得吃舍不得喝，勒紧了裤带过日子的农民来说，这时候招待大家的饭菜可是要大方些。特别是像米大老爷这么要面子的人，一定要菜好、饭足、酒醉。这不仅有面子，而且乡亲们吃饱喝好了，就会既快又好、保质保量地把房子盖起来。米大老爷家的饭菜肯定是最好的，酒肯定是地瓜干换的泰山白干原装酒，肉和菜也要保证满足需要。这就累坏了刚离开校门的双远了。东方刚现鱼肚白，双远就挑着两个提篮进城了，先到酒厂用地瓜干换上泰山白干。这是地瓜干酿成的原酒，用泰山泉水酿制的，自然多了几分芬芳，隔着几条马路都能闻到酒香扑鼻。换了酒，双远接下来就直奔财源街大市场，肉、鱼、芹菜、菠菜等装满两大篮子。回家步子要快，因为必须赶上做午饭。

对双远来说，另一个重要任务“看场子”，也不轻松。

晚上，帮忙干活的都回家了，但脚手架都是借来的木材，还有现场带不走的工具。在那个年代，这些都是贵重物品，一旦丢失，损失巨大。比如一根扎架子的粗木头，能值二十元钱。二十元钱什么概念？能在市场上买一百斤玉米，几乎是一个未成年人一年的口粮！所以，看场子绝对马虎不得，夜里一定要高度警觉，认真看护。

这天晚上，双远正在收拾工匠们吃完饭后摆得满桌的碗筷，抬头一看有个影子在不远处飘忽。因为是傍晚，很难看清楚对方的脸面，不过从身影判断是个孩子，随即喊了一声："谁啊？"只听到一个孩子的声音答道："是我啊，双远叔。""哦，小黄河啊，过来！你鬼鬼祟祟的干什么？"双远威严地命令道。慢吞吞地，一个小男孩穿着一个破棉袄哆哆嗦嗦走过来了，是小黄河。

忽然见到小黄河，双远不由得想起了这个身世复杂的可怜小男孩的故事……

话说，后米家庄有一支"干"姓人氏，干姓也作邗姓，在《百家姓》中排第173位，在现代是极罕见的姓氏。如此罕见的姓氏，偏偏就出现在了双远的家乡。下米家庄干姓人中，有个不愿下地干活、整日只在四邻八乡游荡的二流子一类的人物，名叫"干不来"——双远至今也不知道这是不是此人的真名——从曹州带回来了一个小妮子，同居了。因为家里穷，也不用明媒正娶。后来乡亲们习惯叫这小妮子为"曹州妮子"。据说曹州妮子早就死了爹，在社会上混，也没多少教养，就像个野丫头。不过，倒是挺"甜欢人"，来到干不来家的第二年，就生了个胖大小子。接下来一发不可收，男男女女又生了八九个，最终活下来四个闺女和最小的儿子。干不来两口子能培养出有出息的孩子吗？乡亲们都持怀疑的态度。因为大家都知道干不来一辈子就想吃"巧粮食"，从来就没想扑下身子到地里好好劳作。先说他大儿子吧，生下来就大哭大号，乱蹬乱踢，满身的不服气，他爹就给他起名叫"小狼子"。果然是名如其人，小狼子刚学会走路，就攓得家里鸡飞狗跳；长到八九岁上，不好好上学，而是上墙爬屋，拆砖砸瓦，搅得四邻八舍不得安宁——今儿把张家的瓜秧子割断了，明儿把赵家小儿子脑袋打破了，反正就是人见人烦，大人见了瞪他一眼，小孩子见了就躲着走。他爹干不来几乎天天给街坊邻居作揖赔不是。眼看他十五六岁了，书也没念几天，地里的活也不想干。他爹没办法，正好有个老街坊去东北当泥瓦匠给人盖房子，就反复恳求人家带上"小狼子"去东北混碗饭吃。其实大家都明白，把这小子带走，村里少了个祸害，也算是件功德事。再说了，能带走小狼子的不是别人，正是憨厚、老实、力大无比的玉亭哥。说来也巧，小狼子从来不敢在玉亭哥面前胡来，这大概是所谓“一物降一物”吧。俗话说，“树挪死，人挪活”，谁都没想到，在东北待了几年后，也许是玉亭哥调教有方，回到老家的小狼子不仅成了一个熟练的泥瓦匠，而且对人也有礼貌了，和换了个人似的。米家庄本来就民风朴实，乡亲们之间多的是包容，既然小狼子变得孝顺、懂事、有礼貌，大家就张罗着帮他“说媳妇”。众人拾柴火焰旺，很快邻村也过了二十岁的陈家闺女——算是“老闺女”了——经媒人介绍，一个月就被娶进家了。床还没焐热，小狼子就把她带去东北了，说是那边活催得急。这一去，两年没回关里。听说第二年生了个小子，因为想家，给他起名“黄河”，黄河就在泰山边上，能解思乡之情。黄河还差一个月满三岁的时候，不幸的事情发生了，他爹小狼子在盖房子时从脚手架上掉下来摔死了。干不来听到信后坐火车两天两夜才赶到那边，在乡亲们帮助下掩埋了儿子。孙子黄河太小，离不开娘，小狼子媳妇悲痛欲绝，哭坏了身子，也回不了关里，就在乡亲们帮助下，暂时住下来。后来小狼子媳妇就改嫁了一个山东老乡，在关外定居了。

自打大儿子死后，干不来悲伤过度，得了痨病，没几年也病故了，这就只剩下曹州妮子和一窝孩子过日子。前两年，小狼子的妹妹二妮子当了大队妇女主任，在米家庄也算个人物了。想到自己有个侄子还跟着继父过日子，二妮子觉得不管怎么着，也得把侄子接回来家来。说干就干，说走就走。这年秋收后，二妮子去了东北，见到了前嫂子和侄子小黄河，其实他娘们生活得也还不错。因为肥沃的黑土地养活了东北人，嫂子后嫁的丈夫曾经是小狼子一块去闯关东的同事，后爸虽说结婚后又生了儿子，但对黄河仍然疼爱。黄河他娘当然不愿意孩子离开自己，可二妮子威胁他们说，不让带走就去告发他们是“流窜人口”，让他们一家待不下去。无奈之下，小黄河他娘又给孩子做了一身棉衣，依依不舍地送走了才刚五岁的儿子。

在双远的记忆里，那年初冬，米家庄干家孙子回来了，街上出现了一个戴大皮帽子、长得白白胖胖的小男孩，说话撇着腔，多年以后，双远才知道那是“东北话”。都知道这孩子小名“黄河”，看来在东北那块黑土地把他喂养得不错。但是好景不长，原本白白胖胖的小黄河不久就改变了模样。

把小黄河接回米家庄半年后，二妮子出嫁了，丈夫是个吃国库粮、月月领工资的城里工人。二妮子这一出嫁，小黄河就等于完全掉在地上了。因为，二妮子要接回小黄河，家里人几乎都不同意，觉得无缘无故多了一张吃饭的嘴，实属多余。二妮子出嫁后，小黄河就开始不受待见。第一个欺负小黄河的就是他的小叔小豺，这个小叔俗称“老生子儿”，比小黄河只大三岁。自从他大哥也就是黄河他大亡后，父母就更加娇宠这个小儿子。小豺他爹干不来死后，他娘曹州妮子就更加宠着这个老生子儿了，家里鸡下了蛋，他得先吃一个，剩下的才可以拿出去卖了换火柴、食盐等生活必需品。虽说小黄河从不敢跟他争吃争喝，但他还是觉着不舒服，小黄河正吃着饭就把饭碗给他打翻，没事就找茬打他一顿。一个不到十岁的孩子，饭吃不饱，还挨打，最后还被赶到饭屋里睡觉。每到晚上，这干家里经常传出小黄河凄厉的哭声。平时双远在九十中住校，极少回家，没注意到这可怜孩子的哭声。有一晚双远正好在家，正当他点着煤油灯看书看得入迷、恰好读到孟子的“老吾老以及人之老，幼吾幼以及人之幼”一句，突然听到幼童的哭声划破夜空，仔细一听，这不就是干家那个没娘疼的孩子吗！尽管双远也只有十五岁，但毕竟是个高中生了，凡事爱思考的性格加速了他的成长，加深了他对社会的认识。

而且，尊老爱幼的美德已经融在米家的家教里，米大老爷早就有意识地让孙子为本家快七十岁的宝正大爷打农药、灭跳蚤，为后院齐河的难民兄弟俩送饺子。可以说，“仁爱、兼爱”的意识已经与融入他思想深处。所以，在双远眼中见不得恃强凌弱，忍不了欺幼虐老。当一阵阵的哭号声一声高过一声时，双远忍不住了，也不能忍！

这是一个冬天的夜晚，月亮高高挂在东南方，一阵阵西北风吹得人满身寒意。双远几乎是冲出自家大门，急匆匆直奔村外孤零零的小黄河家的破落院子。其实这院子还是干不来从曹州府带回曹州妮子后建的，几十年后，年久失修，大门的门楼已经坍塌，现今就用一个破木板扎起的木栅栏挡在门口，家里养了一只小狗。小黄河的哭声和小狗的叫声交织在一起，一阵阵刺痛双远的心脏。

双远并不打算进屋，只是清了下嗓子对着他们家堂屋吼道：“你们家听着，小黄河是你们的骨肉，凭什么欺负他？为什么老打他？他还是个孩子，你们这种恶行天理不容！小黄河他大的鬼魂会找你们算账的！”突然间，孩子的哭声戛然而止，狗也好像通人性，一声不叫了。过了大概有五分钟，院子内没有任何动静。双远补充道："记住了，再也不要让我听到小黄河的哭声，小心我不答应！"也许，双远的震慑起了作用，也许干家人良心发现，从此夜晚再没有听到小黄河的哭号声。

今晚，为盖房子看场的双远又一次与小黄河相遇了。只见他头上还顶着那顶从东北带回来的皮帽子，这是那年他姑去东北接他时，他娘为他买的一顶鹿皮帽子。可能是因为想娘，小黄河总舍不得摘下来。这个可怜的孩子！双远一边心疼一边问他："你不在家好好复习功课，到处晃荡什么？""啊，我不上学了……"小黄河颤抖着说。"怎么，不上学了？一个孩子家，不上学在家里能干啥？"双远接着又问道，"你吃饭了吗？""还没有，他们嫌我吃得多，刚喝了半碗糊粥，就把我赶出来了，不让我吃了。"小黄河带着哭腔说道。"真他娘的没人味，来吧，咱俩一块儿吃。"双远正好刚刚把帮工的人吃剩的菜和汤一锅烩了，准备吃晚饭，就添了一双筷子，让小黄河跟他一块吃。只见小黄河一阵风卷残云，比双远吃的都多。看来自打从东北离开娘后，这孩子几乎没尝到过荤腥。唉，确实是个可怜的孩子啊！双远轻轻拍了一下小黄河的肚子，小黄河冲着他羞涩地笑了。吃完饭，天完全黑下来了，也不见他家人来找小黄河。双远本打算送他回家，一来看场子离不开，二来小家伙怕回家挨打，也不愿回去。正好双远晚上在窝棚里看场子一个人也寂寞，干脆留下这小家伙做伴。

说到这窝棚，就是用七八根树枝子加上玉米秸混合搭起的一个临时遮风避雨的小棚子。地上铺些麦秸，再铺上褥子，就成了一个地铺。夜里双远断断续续不敢睡死，因为看守着一大堆盖房子的材料呢。直到鸡叫头遍才刚睡着，太阳没出来就醒了。就睡这一会儿，还做了个梦，梦见自己在一个破庙门楼里避雨，雨很大，最后风一吹，雨水淋湿了自己的下半身。当双远醒来时，突然发现，下半截被子全湿透了。原来昨天晚上喝了一肚子汤水，小黄河又尿床了。再看一下这小家伙，睡得和死猪一样沉。东方鱼肚白了，通过玉米秸的缝隙射进的光线照在这孩子的小脸上，他嘴角微微翘起，这狗小子还在笑呢，一定是还享受着昨天晚上的肉汤美味呢。双远感到又可气又可笑，伸手把这小子摇晃醒了。没想到这小家伙醒来第一句话就是："真好吃，再来一碗吧。""臭孩子，睁开眼看看，你发洪水了！"小黄河揉了揉眼，这才知道自己闯祸了，吓得拖着哭腔说："我不是故意的，我在家尿炕，他们把我赶到饭屋里去睡，晚上可冷了。"说着，小黄河止不住哇哇大哭起来了。忽然间，双远眼眶湿了，陷入深深的怜悯中。这孩子才十来岁，在别人家，还不时地和爹娘撒娇呢，可他每晚上睡在"尿窝"里！双远柔声安慰道："别哭了，快起来，让我把被子晾上。"

几天后，双远去城里采购时，专门拐到青年路上的新华书店，买了一本有关针灸入门的书，然后又去药店买了一套针灸用的针和一瓶酒精棉球。

双远下了决心拯救这个可怜的孩子。之所以这么用心，还有一层缘分，双远记得小时候爷爷经常提起，小黄河的父亲小狼子和自己的父亲米文水是同年同月出生，而且在前后米家庄，这年共出生了八个男孩，唯有这小狼子，自幼顽皮捣蛋，是个狗都嫌的坏孩子，突然间从东北学泥巴匠回来，学好了，对人也有礼貌，娶了媳妇生了儿子，谁承想从架子上掉下来摔死了。每当说到这里，米大老爷一脸的惋惜神情，这种神情也刻在了双远的记忆里。在双远的内心深处，已经对小狼子的儿子有了一种对小弟弟的呵护愿望。所以，今日里双远下了决心要自学针灸，把小狼子遗孤小黄河的尿床病治好。其实，个人品行自家教起步，抑或终于家教。米大老爷身体力行，对朋友慷慨，对弱者捐助，培养小双远去关心弱者，正是"仁者爱人""老吾老以及人之老，幼吾幼以及人之幼"的行动教育。这种精神品行已经在米家人心里面扎根。双远虽然刚刚十五岁，可担当的意识已经很强烈。为家人担当，为亲人担当，为朋友担当，乃至为社会担当。这才是一个男子汉应该做的啊。

新房子很快盖完了，双远开启了人生第一个探索历程，探索的对象是中华传承千年的中医针灸，试验的对象就是自己的身体。夜晚灯光下，一根三寸长的银针闪闪发光，一种冰冷冰冷的感觉，这玩意儿要往肉体里扎，疼吗？危险吗？会不会扎死人？一系列的问号突然出现。然而，双远没有犹豫，他试验的第一个穴位是合谷穴——左手虎口最高处。双远右手捏起银针，用酒精棉球消一下毒，轻轻对着肉皮往里攮，只见肉皮陷出一个小坑，汗冒出来了，针尖仍没进去，越来越疼，突然一个红点冒出来了。啊，是血！原来是高度紧张使得肉皮发紧，针尖插不进去。双远突然哈哈大笑，还男子汉呢，一根针都不敢扎，将来能成什么大事？双远开始蔑视自己。到了这份上，心情松下来了，肉皮也放开了，右手趁势手腕抬起，猛一抖腕，银针瞬间进入合谷穴一寸。双远突然感觉脑袋非常的清爽，随着右手捻了几圈，似乎脑袋上的那顶紧扣的帽子摘掉了。原来双远感冒有些头疼，不经意间，症状全部消失了。双远开始佩服起祖宗来了，“啊，伟大的中华先人，你们真了不起，一根针扎手背，脑袋就不疼了。”借着这个新鲜劲，双远开始扎在太阳穴上，又试了足三里。这一晚上，双远到了鸡叫头遍才睡。回到农村生产队，双远就是一名普通公社社员，每天都要听生产队队长的哨子声集合，由队长分配活上工。可是，这个早上生产队队长的哨子声都没把他叫醒，是母亲把他吼醒的——上工可不敢耽误。

连续三天晚上，双远在身上试扎了二十个穴位，宣告成功。到了第四天从地里收工回家，双远看到满街游荡的小黄河，就把他领了回家，让娘多做了一份饭，分给这可怜的孩子吃了。晚上就开始实施对这个“不是孤儿的孤儿”实施救助行动——针灸治疗尿床。

双远查到了，关元穴是人体肾阴肾阳交关之所，尿床是肾虚引起的。所以，扎针刺激关元穴，可鼓舞肾气。但这关元穴脐下三寸、皮下一寸半，是一个很敏感的位置，弄不好就扎坏了五脏六腑。为了救这孩子，双远也顾不了许多了，豁出去了。一个没有进过医校门也没有拜过师的年轻人之所以有这个胆量，凭的是什么？凭的是担当，凭的是“仁者爱人”，凭的是那一个“义”字。

双远把从城里新华书店买来的一张人体解剖图看了不下百遍，研究各个穴位边上是否靠着五脏六腑，特别是专治尿床的关元穴，与心肝肺不是很近，弄清楚后就放心了。双远已经在自身上积累了一定经验，并不慌张。先让这小家伙躺在床上，褪下裤子来，拿酒精棉球消了毒，才刚拿起针来，小黄河就大叫一声。毕竟是一个才十岁出头的孩子，看到这灯光下发亮的银针，难免心里犯嘀咕，要是把肚子穿透了怎么办？肯定很疼吧？喊完之后，就要爬起来说不治了。这下倒把双远急了一头汗。费了这么大劲，自己挨了这么多针，眼看就要创造奇迹，这小子不干了。一着急，双远放了狠话：“我不管你了，再尿炕看你奶奶他们不把你那腚垂子揍烂了。”说完，双远作势准备收拾银针。不过这小孩一点也不傻，他知道只有双远叔真心帮他。否则，他还要继续尿下去，天天挨打。“双远叔，我错了，你给我扎吧，我不害怕。”小黄河哀求。双远本来就真心要给他治病，只是想吓唬吓唬他。当双远右手一抖猛一下将银针插进肉皮后，心里一阵轻松。“疼不疼?”“不疼，就是有点麻。”“疼了你就说。”双远一边问他疼不疼，一边用右手搓捻针柄。“麻，好麻。”“没事，麻就好，就能治病了。”治疗进行了二十分钟，每隔两三分钟，双远就用右手捻一捻针柄，每次都麻得小黄河龇牙咧嘴。为了检验治疗效果，双远让小黄河当晚就睡在这儿。

天蒙蒙亮，双远醒来第一件事就是检查小黄河有没有尿床。奇迹发生了，这小子还在说梦话呢，喊着“我要尿尿”。看来也是憋急了，双远赶紧把他拍醒，让他跑到茅房去撒尿。

双远有记日记的习惯：

1974年12月9日晚八时半，今天是对黄河的第五天治疗。第一天效果，夜间尿量减少。一次针关元，不足二寸，三阴交不足一寸半。第二天针法如前，效果良好，夜里让尿鼓（憋）醒了。第三天针稍移关元位三阴交，阴天，效果不好，尿两次。第四天（就是昨天）从城里买了四个毫针，两个二寸，两个二寸三，强刺激，关元过中级至曲骨三寸，强烈感觉至外阴部，又刺阴陵泉，因不准，退至皮下刺，当夜效果极好。今天阴陵泉刺激很好，关元透曲骨不理想，昨天刺阴陵泉是把腿落至床沿下，今天就在床上，不知效果如何?

救死扶伤，实行革命的人道主义。

昨天给爷爷拉炭，今天在家掏炉子。昨天夜里连着起来两次为爷爷烤砖，烙肚子治胃疼。连续几天从东屋夜起过来烤砖。头几天专程从城里买来口酥、火烧和梨给爷爷吃。我已六七天咳嗽吐痰，要抓紧治疗，吃了一次药不见效，今天针尺泽、合谷穴。

三舅来了信，速回。

从日记可以看出，双远的担子有多重。他平日里要照顾年老多病的爷爷，夜里起来为爷爷烤砖烙肚子治胃疼，这也是双远发明的专治爷爷胃寒的土疗法；现在又为小黄河针灸，而自己咳嗽也没顾得去看医生。

连续半个月的针灸，小黄河尿炕的毛病真的好了。这个奇迹，成了米家庄的头号新闻。

双远把一个不再尿床的小黄河护送回家，并郑重与他奶奶——曹州妮子及其家人谈了一次话，把家和万事兴的道理给他们宣讲了一遍。第二天曹州妮子带着小豺和小黄河一起进了一次城，这么多年来，曹州妮子第一次为小黄河买布做了一件新褂子。

第十二章

小黄河的尿床症治好了，老黑却死了。因为老黑的死，双远整整难过了半年。每当想起和老黑斗智斗勇的岁月，双远都止不住流泪。

老黑原是米三哥家的一头小牛——应该说是头小公牛。但出生在农耕社会的公牛大都被剥夺了“传宗接代”的权利，因为家养的牛大部分是用来耕地拉车的，如果一头公牛保留雄性荷尔蒙，就难以驯服，就不会服服帖帖供人们使唤。所以当绝大部分“公牛”还很小时就被主人牵到集上找阉牛师给去了势，只有很少很少的公牛留下来“打种”用。和绝大部分公牛的命运一样，老黑很小的时候就被去了势，所以，一辈子温驯地为主人干活。

双远初识老黑的地点，就是家门口的那块台子地上。这时的老黑已经不是米三哥家的牛了。

人民公社成立时，米三哥带着自家的地和牛一块加入了米家庄大队第四生产队。曾经是国民党军官专用司机的米三哥，现在变成了生产队里的饲养员。人还是那个人，牛也还是那头牛，不过两者的从属关系发生了变化。米三哥已经不再是老黑的“主人”，老黑跟他一样，都是米家庄大队第四生产队的一员，一个被称作“第四生产队社员”，另一个则是“第四生产队耕牛”。米三哥随着社员们一起出工干活，老黑也一样出工干活。老黑一年四季的活不复杂，农耕时拉犁，过了农耕拉车，反正一年三百六十五天不能闲着。

台子地大概有十亩地，中间有一口井。这口井供第四生产队社员们吃水用。当然也是这十亩地里庄稼的饮水之源。秋日里当玉米新苗露出并不断成长时，水就是这禾苗的能量之源。几天不见水，禾苗就会耷拉下脑袋。所以，要保证土地的墒情适度，一旦老天爷十几天甚至一个月不下雨，社员们就要白黑奋战，从地下的水井里汲水补充到玉米地里。玉米是人们的食粮，而水是玉米的食粮。所以，人们离不开玉米，玉米离不开水。

那个年代，我们的农村远没有进入机械化时代，只能用最简单原始的工具提水。米家庄就在井上安装了辘轳和水车，台子地用的是水车。水车的机械原理很简单，就是通过齿轮咬合把圈式运动变为直线运动。当地面的横杆转圈时，水就会从井底顺着管子被提上来。但是，几十米深的井水被提上来，需要耗费很大的力量，即便三个大男人拉水车也非常吃力。这个时候，人们就想到了老黑及它的兄弟大黄。因为这时已经不需要犁地了，老黑和大黄主要的任务就是每天来台子地拉水车。这管理老黑和大黄的人正是米大老爷。

米大老爷打小就跟着父亲在泰安岱庙学买卖，一辈子就是个商人，哪儿下过力干过庄稼活啊。可入了社，买卖不让做了，大儿子小儿子都在上学，总不能让儿媳妇一个人挣工分吧。生产队长是本家侄子，就照顾米大老爷干点力所能及的活，也能挣点工分。所以，在干旱少雨的日子里，米大老爷都会把老黑和大黄从牛棚里牵出来，给它们套上套，并戴上一个"捂眼子"，让它们转圈圈拉动水车。之所以给牛戴上一个捂眼子，可能考虑牲口不像人，老转圈会犯晕；另外也有可能是防止牛发现人不在的时候，停下车来偷懒。这捂眼子就是一块黑布，就像窗帘一样挂在牛角后方，垂下来遮住牛的视线，因为是固定转圈，并不怕牛走错了路。

每到下午放了学，小双远都要替爷爷管理拉水车的老黑和大黄。因为爷爷打小养成喝茶的习惯，无论多忙、多穷，每日都要三遍茶。这下午茶最为重要，如果没喝上，一个下午连晚上都没精神。而那时的小学一般下午就上两节课，所以太阳在西边还有一竿子高时，双远已经蹦蹦跳跳回了家，第一件事，放下书包，快速跑到水车旁，替换爷爷回家烧茶。双远记得井边上有棵大柳树，一对斑鸠常年栖息在这儿。双远就在这树下一边看着小人书一边监督老黑转圈圈。水车汲出的水顺着管子“哗啦啦”流出来，吐水的石头下边有一块大青石，自上而下的井水敲击在石板上发出清脆的音符，随着流水的快慢节奏奏出美妙的曲子。当双远伴着曲子专注地进入小人书的故事中，突然流水的曲子停止了。抬头一看，原来老黑久久听不到双远的声音，以为双远走远了，就停下来偷懒。这时双远就会拿根柳条毫不客气地抽打一下老黑，老黑赶紧加快脚步，流水敲击大石板的频率又提高了，音乐令人刺激兴奋。

双远毕竟是个孩子，玩心不退。有一天小眼子来了，说是去粘知了，一会就回来。双远让小眼子先走，自己观察一下老黑是不是偷懒。结果，老黑老老实实地继续拉车，双远这才蹑手蹑脚溜走。没想到俩孩子粘知了上了瘾，直到爷爷大声喊自己的名字才知道闯了大祸。原来爷爷喝了下午茶回来，发现双远不在，又看到老黑站在井台上不仅停了下来，还想挣开笼头去吃草。双远回来吓得一声也不敢吭，赶紧向爷爷认错。

小双远很生老黑的气，心中想：“我难道斗不过一头牛？”第二天，双远放学后照常来到台子地水车旁，先是对着老黑抽了一鞭子，然后站在那儿一动不动，看看老黑还敢不敢偷奸耍滑。老黑到底是老奸巨猾，没有上双远的当。尽管戴着捂眼子，但凭听觉，它也知道双远没有走开。于是就老老实实地转圈。其实，此时双远和小眼子已经约好，要到北大路沟去粘知了。总得想个办法脱身吧，可他又担心老黑偷奸耍滑。又过了一会，老黑继续不紧不慢地拉着水车。双远故意迈开脚步，夸张大声地渐渐远去，然后，又蹑手蹑脚往回走。这次，老黑中招了。它以为双远肯定走远了，所以马上站住开始休息。突然，“啪”一声，那根柳条子落在了老黑屁股上。老黑连忙疾步快走，以免再吃鞭子。井中的泉水加速流出来，双远双手捧起水来畅饮了几大口，好清香啊。

尽管双远不时地抽打老黑，可老黑从来不记仇。也许是双远在老黑劳作的时候，会在周边拔一些老黑爱吃的青草，下午下工时总要犒赏它一小堆青草。有时甚至还加上老黑最爱吃的苦菜。由于第四生产队的牛棚在后米家庄，下工后爷爷让双远把老黑和大黄护送回牛棚。这就成了前后米家庄路上的一道风景。一个八九岁的孩子行走在两个庞然大物之间，手里攥着两根缰绳，前边老黑领头走，中间双远既要攥紧老黑的缰绳，后边还要牵着大黄跟上趟。有时走着走着，大黄就扭头对准了路边的菜地，而前边的老黑并未停下来，这时前后两根缰绳都绷紧了，简直要把双远挣裂开。此时老黑就会发出“哞哞”两声稳重而又威严的叫声，警告大黄不要乱来。此时的大黄一般都会顺从地归队疾步赶上。到了后来，爷爷干脆教双远把牛缰绳绾在牛角上，双远在后边跟着走。几年来，双远和老黑成了朋友，老黑从来没有因为柳条的抽打而记恨双远，两者总是和平地走在前后米家庄的小路上。

要说老黑脾气好，也不尽然。对于恶人，老黑也不留情。有一次，米家庄那个既懒惰又自私的胖汉“带犊子”，就被老黑收拾了。

带犊子赶着老黑到山上为生产队拉石头，从山里把石头拉出来要爬大坡，是重体力活，要耗费巨大的体能。一般赶牛的人都要从生产队里领些“麸子”带着，因为麸子是小麦的表皮磨成的，自然比青草有营养。可这带犊子坏就坏在路上喂老黑时，他只给了青草，打算偷偷把麸子带回家喂自家的猪。老黑吃不饱，爬坡自然非常吃力。带犊子就拿那根木棒拼命抽打，竟把木棒都打断了。最后，老黑急眼了，掉过头来对着带犊子的肋骨就戳了过去，这家伙当场就滚到了山沟里，后来在床上躺了三个月。

记得是那年夏耕以后，老黑病倒了，连续几天不吃东西。这么大一头牛，被折磨得瘦剩了一副骨架。这可急坏了队长和米三哥。队长急的是，如果老黑病好不了，秋耕怎么办？米三哥则是感情上受不了，从小黑变成老黑，从个人家的牛到生产队里的牛，都是他一手照料这个老伙伴，它就跟自己亲人一样。如今老黑病了，怎能不急？而米双远心里也不好过，他的感受跟米三哥完全一样。

老黑的病情越来越重。那是一个阳光明媚的上午，生产队把农学院的兽医教授请来了。双远一眼就认出了那个戴眼镜秃头的小老头“右派”教授。

对，是他。在农学院黄家庄农场实习时，秃头教授和十四岁的中学生米双远开了一个不大不小的玩笑。双远至今记忆犹新。记得那天是在拆葡萄架，大家把一根根石柱子移开搬走。双远年龄小，只能搬搬那些小木棍子，所以他被分配跟那个小老头“右派”在一组。一开始，米双远有点紧张，后来却发现小老头很和蔼，也挺幽默。当两人坐着休息一会儿时，老“右派”指着那根足有三百斤的石柱子说：

“你信吗，我能把它扛走。”双远摇了摇头表示不相信。老“右派”接着说：“咱俩打个赌，我要是能扛走，你给我买一斤桃子，我要扛不动，我给你买二斤。”双远说：“行，你就把它扛走吧。”开始，老“右派”围着石柱子打转转，就是不下手。双远问：“你咋不扛啊，是不是瞎吹牛，根本就扛不动？”老“右派”笑了笑，岔开两腿弯下腰，对着双远说：“只要你发功到我肩上，我马上就把它扛走。”双远憋红了脸，这才明白这小老头在跟自己开玩笑呢。今天，小老头是作为农学院的专家来给老黑治病的，由此，双远对他产生了几分敬意，并因自己早就认识这个小老头而自豪。当然，今天的双远已经成为一个英武青年，老“右派”早已不认得了。双远也没说啥。

老黑已经病了一段时间，三天没吃东西了。为了有个宽阔和干净点的诊疗场所，人们用地排车把老黑拉到了生产队部。记得是米三哥铺了一个草垫子在地上，人们把老黑抬上去。老黑已经几无站立之力，不过它知道这是为了治病，所以还是顺从地任人们摆放。双远的目光和老黑有了片刻的交流。他从老黑的眼神中读出了友善和痛苦，它似乎在说：“我快不行了，努力救救我吧。”双远心里很不好受，泪珠滚了出来。老黑得的是肠胃病，不知多少天不进食了，身上的骨头鼓鼓的，似乎要挣破牛皮钻出来。秃头教授判定是肠子里边出了问题，那时似乎也没什么高级的、为牲口窥视内脏的医疗器械。只见秃头教授把右胳臂袖子挽到最上端，戴上长筒橡皮手套，让几个小伙子按住牛腿，也没用麻药，直接把手顺着肛门伸了进去。看到这个场面双远的眼睛睁得老大老大。老黑并没有多少挣扎，发出了并不强烈的呻吟声。大约几分钟后，秃头教授掏出了一些粪便。教授的助手在地上铺开一块塑料布，从包里拿出放大镜，对着那些杂草组成的牛粪研究了起来。教授又查看了牛的眼睛和口齿。最后无奈地说，“这牛得了结石，引起胃溃疡，治疗又不及时，基本丧失了消化功能。”正说到此处，只听人群中“啊”的一声，顺着声音望去，双远看到带犊子眼神里瞬间冒出贪婪的狼眼一样的凶光。对了，带犊子家是祖传杀狗的，有时能得到狗的结石，就是所谓的“狗宝”。靠那“狗宝”，他就会发一笔小横财。刚才这家伙听到“结石”二字，就想到了“牛黄”。其他人并未留意，但双远却发现了这家伙的不怀好意。

教授留下一大包药，还有两瓶液体。不过他还是很郑重地告诉队长：“老黑的日子不长了。”听到这个消息，双远不由产生一种凄凉感：“和牛相比，人虽然也吃了些苦，可总还有个希望；而老黑勤勤恳恳劳动一生，眼看就要离开这个世界了，美丽的大草原也许是它归宿的天堂，可它却连做梦的机会都没有。”

三天后，老黑死了。在这之前，米三哥已经找到米大老爷商量老黑的“后事”。米大老爷说老黑是第四生产队的功臣，应该得到善待。他让双远把生产队队长四大爷也叫来了。四大爷既是队长也是生产队里的扶犁手，和老黑也有很深的感情。米大老爷说：“牛是有灵性的，它为咱这个队辛苦了一生，死了咱就把它埋在台子地水车井旁。说什么也不能吃它的肉，那会遭报应的。”米三哥说：“谁要敢扒牛肉吃，我就和他拼了。”最后米大老爷说：“这事只能动点心眼，因为牛是全体社员的，到时候恐怕需要大家投票决定。”“那怎么办呢？”米三哥着急地问。只见米大老爷弯下身来，靠近了四大爷和米三哥，“就这么这么办……”

记得那天傍晚，天上的云彩乌黑乌黑，四大爷、米三哥等先用地排车把老黑送到台子地，大家在井台边那棵柳树的旁边挖了个很深的坑。老黑入土后，米三哥不放心，怕有人来偷牛尸，拿了把铁锹守候着，双远自然也陪三哥守在这里。半夜过后，云越来越厚，终于狂风大作，暴雨倾盆而下，双远和米三哥只好各自回家。确实忒累了，双远回到家就倒在床上睡死过去。双远还做了个美梦，说是公社里准备推荐他去上大学。正在高兴呢，盖无法出现了，指着双远说：“就你这奸商的孙子，还能上大学？”双远被气醒了，仔细一听，雨停了，天还黑着。他想，得去看看老黑怎么样了，于是提上平常练功的龙泉剑就出了门，急急跑到水车井旁，一看，傻眼了。掩埋老黑的坑已被挖开，老黑不见了踪影。双远都不用想：“肯定是带犊子干的。”

突然一阵肉香味飘来，双远伸长鼻子顺着气味寻找。不错，肉香是从西边刮来的。双远沿着香气一路向西走。果真就到了带犊子家。双远那个恨啊，围着带犊子家院墙转了一圈，越转肉香味越浓。双远气不打一处来，想起了自己小时候扔石子的功夫，迅速从大路上找了一块两个拳头大的鹅卵石，在带犊子家西墙外庄稼地里来回测量，最后算准了他家那个吃水瓮的位置，把石头向上抛起，那块鹅卵石划出一条完美的抛物线……随后就听“当”的一声。此时，院子已是炸开了锅：“谁？谁干的？”没等带犊子一伙冲出门来，双远早就一溜烟跑了。

回顾老黑的一生，双远非常伤感。一头老实巴交的公牛，为第四生产队奉献了一生，平日里以草料为食，辛劳一生，最后连个全尸都没保住，竟进了带犊子和一伙二流子的狗肚子里。双远真想让老黑显个灵，在他们肚子里翻几个跟斗，撑死这些王八蛋！

相对于老黑，同样是生产队养的牲口，那头黑毛驴却远不如老黑讨人喜欢。形容一个人脾气不好，常说的话是：驴脾气，倔驴。这话果然很准。

记得那天双远和九子的大女儿秀云姐赶着毛驴拉车去城里送钢丝。这是生产队为建材厂加工的钢丝。用拔丝机把粗钢条加工成细钢丝，是生产队的副业。因为加工钢丝不仅有工分还能挣现金，所以大家抢着干，两人一班，夜里加工拔丝，第二天负责送到建材厂。送到厂子验货后，天已过午。双远和秀云姐赶到一个小饭店，把驴拴在一根电线杆上，并把带来的驴料喂上，因为拉车很累，所以带来的料不仅有草料，还有不少麸皮等粮食。

喂上黑毛驴，双远和秀云姐就去吃饭了。因为今天每个人除工分外还能挣一块钱，所以两人大方地花两毛钱买了一个菜，然后拿出自带的煎饼来饱餐一顿。吃过饭，双远准备给黑毛驴戴上嚼子拉车回家。可他死活也戴不上，驴头摇来摆去，最后竟然蹽开蹄子对着双远踢过来了。双远真的是愤怒了，心想，先照顾你个畜生吃上饭，你吃饱喝足还要起脾气来了。因为这驴不同于牛，驴是不阉割的，在雄性荷尔蒙作用下自然就有了驴脾气。

双远打小就不喜欢驴。因为听爷爷说，马、牛、驴虽说体型相差不是特别大，驴稍小点，可是当遇到狼伤及主人时，马会跳出来撕咬，牛会用牛角猛烈地刺向恶狼，唯有这比狼大许多倍的驴，只会站在一旁发颤。所以，驴就是个胆小鬼。

而今日，这胆小鬼却发起了驴脾气！双远本是习武之人，驴蹄子怎能踢上身呢？但是，毕竟驴有四百来斤重，有的是力气。看它一副不可驯服的样子，差点把拴着它的电线杆子都折腾断了。双远愤怒之下急中生智，突然想到了武术里的一招——锁喉。对，就去锁驴的喉。说干就干，双远靠近了驴身，右臂绕过驴脖子，就这样一发力。那驴瞬间不动了，眼看着翻白眼。秀云姐赶过来连着大喊道："轻点，轻点！看你把它都快憋死了。"双远这才松开了右臂。

之后一路回家，黑毛驴显得非常温驯老实。

第十三章

鸽子兴则家庭兴。

鸽子回来了。那是新房子盖好之后的第一个明媚的春天，四只鸽子盘旋在米家院子上空，然后“咕咕咕”地降落在大门楼上。

这日早上，双远听到生产队队长“嘟嘟”的哨子声，直到第二遍哨声响过，双远才很不情愿地披上外衣，蹬上裤子，急匆匆推开房门，迈步走向天井。突然，头顶响起了熟悉的“咕咕”声。抬头一看，四只鸽子正在房顶上盘旋，只见其中那只领头鸽“黑瓦”一头扎进大门楼里。

说起黑瓦，这可是这群鸽子的老祖宗。看到黑瓦回来，一件往事浮上双远的脑海。

记得小时候一个人玩，好寂寞，看到前街二大爷家的鸽子楼，鸽子飞进飞出，足有上百只，好不热闹。那时候养鸽子，其实是散养；除了冬天下雪后，拿出粮食喂一喂，平日里，鸽子自己外出打食吃。二大爷家鸽子繁殖很快，大门楼盛不开了，经常飞到二大爷家隔壁的小眼子家房顶上吵吵闹闹。小眼子看到了机会，把几个破旧的泥巴罐子挂在了屋山墙上，里边铺了些干草，正好适合做鸽子的窝。对于住得很拥挤的鸽子来说，免费的房子不住白不住，很快就有几对鸽子搬了进来，把这当作了自己的家。几个月后，小鸽子就孵化出来了。当初双远借助和小银行的朋友关系，帮着小眼子打通了经过文家屯的路，去赶集再也不用绕路了。小眼子很是感激这个本家叔叔，马上把刚孵化出的两只小鸽子给双远送了过来，两只鸽子像两个小肉蛋，外面包了一层短短的细黄绒毛，一只取名小灰，另一只取名小豹子。小眼子说它俩是一对，小灰是母，小豹子是公。其实是不是一对谁也搞不清楚，就感觉它俩一个窝出来的，就自然认为是一对了。养鸽子最怕猫，因为猫见到鸽子就会扑上去。当两个小生命来到家里，十多岁的双远必须保护它们，必须防着猫的袭击。双远成了小家伙的护卫天使，也尽了父母般的养育职责。小鸽子忒小，不会觅食，饿了时只有张开嘴等着喂食。双远就学大鸽子喂食的方法，自己含一口麦粒，然后把小鸽子捧起来，用嘴含住鸽子的小嘴，用舌头向小鸽子嘴里输送麦粒，一次七八粒，否则鸽子无法吞咽。就这样，双远以嘴对嘴的方式，抚养着这一对小鸽子。

到了晚上，是保护小鸽子最紧张的时候，因为小鸽子生命太脆弱。黄鼠狼、猫、狗，甚至一只大老鼠都可以剥夺小鸽子的生存权利。一个弱小的生命是那么脆弱，如果没有爱心，没有呵护，很难想象它能存活下来。米家的家训，核心就是"厚德载物"。德为人先，爱不分类，所有的生灵都应该得到爱抚和滋润。

每天晚上，双远都要精心安排小鸽子的庇护所。先找一个平时用来晒麦糠的大筛子，这筛子直径足有一米，是用竹子条编成的，底部的细眼只能漏下麦粒，这就是小鸽子理想的庇护所了。两个可怜的小生命，没有父母的陪伴，为了弥补缺失的爱，双远要尽力为它们创造舒适安全的成长环境。为此，他把母亲拆洗被子没打算舍弃的老棉花套子偷偷拿出一大块，铺在地面上，再铺一层麦糠，并在旁边放了一碗碴子水，以防小家伙渴着，然后把筛子翻扣上，在顶上压一块木板再加一块小石板，以防猫狗们钻进去。

小家伙慢慢长大了，身上的黄绒毛慢慢褪去了，新生的羽毛象征生命的茂盛。渐渐地，两个小家伙开始争吵。小眼子当时说这是一对，即一公一母，现在看来两个小家伙互不相让，没有一点恩爱的迹象。无论是喂食还是喂水，都抢着要，而且力量不相上下。看这种打斗劲，双远估计它俩都是公鸽子。随着绒毛完全褪去，两只小家伙穿上了新装，一只是最平常的灰色，另一只红黄黑绿各色夹杂，像披了一身豹子皮。终于有一天，它们从蓝天上飞回来时，小豹子挤走了小灰，从广阔田野娶回了一只可爱的黑色母鸽子，双远为它起名叫“黑瓦”。它们夫妇和谐的生活树立了标杆，更重要的是，双远在门楼里为它们打造的安乐窝吸引了新移民，又有两对鸽子不知从何方被招安，加上它们的后代，成就了一个几十只鸽子的鸽群，每日里“咕咕”地吵闹，使得米双远家就像高朋满座一般热闹。

这么多年来，双远家鸽子从一对发展到几十只的鸽子群，其间也下过无数的鸽子蛋，孵化了数不清的小鸽子。面对这群生灵，双远尽了天使般的呵护，从未吃过一个鸽子蛋，更不用说宰杀鸽子了。即便鸽子得病死了，也是掩埋在自家自留地里。鸽群对双远家也有贡献，累积的鸽子粪成了韭菜、大葱等蔬菜的重要营养来源。当然了，鸽子聚集的“场”，使双远家走向兴旺，最终把米双远送向了远方。

“广阔天地大有作为”，这是那个时代极其流行的口号。转眼间，双远在米家庄这块并不广阔的土地上已经劳作了一年了。一年的锻炼，使他从一个文弱书生长成了一个仍然透着书生气的庄稼汉，那一副本来略显单薄的骨架猛然放大了。当他在乡间小道上行走时，从远处望过去，行走带起的尘土突显出一个武者的风范，很像是梁山泊走出来的“浪子燕青”。因为跟胃觉学了“泰山十八跌”的拳法，行路间免不了前行后瞻，左防右架，将“采挒肘靠，掤捋挤按”化作了自然。双远深信“只要功夫深，钢杵磨成针”——这是先人的智慧，是中华民族传承下来的宝典——所以，虽然白日里田间劳作，耗尽了身上的力气，出透了汗水，可每到晚上夜深人静时，双远都没忘在院子里站桩，习练套路。有时练功遇到困惑，双远就会迈开双腿，快步疾走五公里，去九十中找师傅也就是老“右派”胃觉请教。

为什么双远对“泰山十八跌”那么痴迷？主要原因是受了《水浒传》英雄的影响。路见不平，拔刀相助，这要身怀好功夫。双远自打叔叔当兵走后，一直很孤单，小学时受欺负，幸亏交了“江湖”中的朋友“小银行”，而今天回到村里，一个人行走社会，没有功夫就没有底气。因为别人家兄弟都是三五个，遇到争斗，站出来一大溜；而自己只是一个人，什么事都要自己扛。双远觉得，这种情况下，没有“功夫”是不行的。

中学毕业回家务农后，双远迎来了第一个麦收季。对于农民来说，这是一个令人激动的时刻，人人都铆足了劲，要与老天争粮食。麦收季俗称三夏：夏收、夏耕和夏种。排在头一位的是“夏收”，一定要抢时间，一般在五天之内必须完成收割。因为这时候天气多变，如果是晴天，烈日当头，成熟的麦壳一触即爆，麦粒就会跳出来散落在土地里，踪迹难觅，两百多天的汗水将付诸东流。所以，拔麦子一定要在鸡叫一遍就起床下地，干了一阵子后才能看见东方鱼肚白，等太阳升起一竿子高、露水退去后，就要停止拔麦子了。否则，强烈的阳光把麦穗烤晒得将要炸开，稍微一触麦粒就会爆出。然后，下午落日前两个小时接着拔麦子，此时的阳光已经温和了很多。同时，在收麦子季节经常会出现阴雨天，如遇这种情况，收回的麦子无法打场脱粒晒干，好端端的麦粒就会发霉。因此，麦收就是名副其实的“虎口夺粮”，与老天争粮食。

麦收第一天，几乎在鸡叫头遍时，急促的哨子声划过夜空。天还没有一丝丝亮，生产队队长已经绕着前米家庄吹着哨子转了一圈，而后站立在村头那棵大槐树下。人们听到哨声像发现敌情一样，急匆匆趿拉着鞋，披着衣服往集合点赶去，这个特殊的时刻没有一个人敢偷懒。谁都知道这是关系到家家户户每一个人肚子能否填饱的大事。双远当然也揉着眼睛，连滚带爬跑向集合地。不过五分钟，队伍集合完毕。这是一年三百六十五天出工从来没有过的高效率，大部队浩浩荡荡奔向西河洼。这块地是扁长形的，由北到南足有三百米，社员们一字排开，今天开拔要搞个竞赛，生产队长破天荒带来二十个鸡蛋，用于奖励拔麦子的前三名：第一名奖励十个鸡蛋，第二名七个，第三名三个。鸡蛋是煮熟了的，谁能吃到鸡蛋，就像享有了莫大的荣誉。社员们从东到西黑压压比肩排开，足有七八十人，副队长在第一垅，队长在最后一垅，双远不甘落后，抢在副队长后，列第二垅。只听队长吹一声哨子，然后发一声喊：“开拔！”只听“嚓嚓嚓”的声音在田野里回荡，人们弯下腰，顾不得说话，趁着露水在，地还湿润，麦根盘结在土壤里，松软的土地黏合力没那么强，省去很多力气。双远学着副队长的样子，双腿前后一叉，腰下弯，左手顺麦秆捋上抓住麦穗下的脖子，右手紧挨左手紧紧抓住麦秆，咬紧牙，用力往后一拽。没想到用力过猛，双远一屁股坐到了地上。众人见状，笑得前仰后合。等他站起来再拔时，副队长已经出去了三五米。双远急了，重复前述动作，无奈这麦子根扎得忒紧，用力小了，拔不出来，用力过猛也不行。突然间，来灵感了，双远这几年向胃觉学习“泰山十八跌”，把整个筋骨松了下来，身体就像一个可向任何方向进攻的弹簧机器，通过“采挒肘靠、掤捋挤按”发力。这一切的发动机就是腰，沉肩旋腰，这力就发出去了。双手攥紧了麦脖，直线向后拉，是最笨的办法，因为旋腰形成的旋力在切线方向形成的力比直力大得多。双远茅塞顿开，微蹲双腿，两手勒紧了麦脖子，随即沉腰一旋，麦根离地。双远喜出望外，原来这拔麦子也有力学原理啊。一高兴，甩开膀子，“噌噌噌”，他很快赶到了队伍前边，只可惜了那双手——十个手指十个血泡。当双远第一个到达地头时，人群爆发出了喊叫声。社员们想不到，一个毛头小伙竟然第一个拔到头。双远拿到了奖品——十个鸡蛋。他一口气就干掉了六个，仍没有打掉肚子里的馋虫，但突然想到爷爷和娘也在这里拔麦子呢，就给他们送去，一人两个。双远很高兴，这是自己当社员以来的第一个劳动成果。

东方出现鱼肚白，人们横七竖八躺在刚刚拔出的成捆的麦堆上。确实忒累了，这五天下来，社员一般都要掉十几斤肉，这可能是人类最好的减肥方式。还没等喘匀一口气呢，队长大喊一声：“起来了，太阳都晒腚了。”人们很不情愿地爬起来，准备继续卖力。一个比常人高出一头的黑大个子最后才爬起来，他就是人称“擎天柱”的盖大海。往年拔麦子都是他拿第一，今年输给了米双远，他心里很是不服气。恰好这时有人揶揄道：“擎天柱，你是不是输给米双远，心里不服啊？有种再比一次。”真是哪壶不开提哪壶，这话果然激怒了擎天柱，他亮开大嗓门吼道：“有种的来拔骨碌试试，我让米双远和小眼子两个一起上！”这一喊，众人都跟着鼓噪起来：“对啊，拔骨碌试试。谁赢了谁是好汉。”这擎天柱曾经远在东北扛大个，因力气大个子高，后来又进了消防队，退役后回家种地。这小子从小没什么家教，个子大，拳头硬，特别是当过几年消防队员，回来逢人就说自己学了功夫拳脚。

不一会工夫，人们围成一个圈，把圈内的麦捆都抱走了，留出一块十几米见方的空地。此时双远和小眼子跑到一边正在合计。说真的，双远心里确实没有底，虽说打小就跟着叔叔出去和孩子们拔骨碌，记得有一次，一个冬天的晚上，叔叔领着双远到“碾上”拔骨碌。因为叔叔是骨碌王，单挑根本没有对手，即便两个孩子一起上也只有被摔的份，所以，一大群孩子一起扑上来抱住叔叔撕扯起来。双远记得叔叔身子底下压了好几个，身子上边也有几个，双远很愤怒，一边骂，一边从叔叔身上往下扒拉那些压在上面的孩子。后来叔叔当兵走了，双远成了骨碌王，不过那都是跟小孩子们比试，双远未尝败绩。对于总跟在身后转的小眼子，双远更是让他一个后腰。小眼子打小长得壮实，力气大，可就是反应比双远慢一拍，比如让他搂住双远后腰，瞬间双远左晃右晃就转到了小眼子身后，一个“顺拔萝卜”就把小眼子扔出去了。今天，这爷俩不是对手，成了联邦，小眼子力气大，双远嘱咐他：“我在前边吸引擎天柱注意力，你趁势从后边抱住腰。”说干就干，只见擎天柱迈开大步直奔双远而来。双远假装前扑，而左手一晃右手一晃，擎天柱就是抓不着。正在两个人左躲右闪时，小眼子从后边抱住了擎天柱的腰，擎天柱像一棵大树晃了几下，几乎把小眼子甩出去。此时，横地里突然蹦出一条好汉——其实也是个十五六岁的小毛头，玉亭哥的儿子大江。大江从后边去抓擎天柱的胳膊，正当擎天柱将要挣脱小眼子和大江的缠抱时，只见双远一个滑步进到擎天柱面前，随即沉肩下蹲双手扶地，右腿加速逆时针方向旋转起来，这正好打在擎天柱左腿上，只听“扑通”一声，像倒了一棵大树，擎天柱一个“狗吃屎”趴在地上。人群一片欢呼声，想不到力大无穷的擎天柱也被摔倒了。在众人的喧闹中，擎天柱红着眼睛爬起来了，对着双远就扑过来了。此时小眼子和大江已经撤手退过一旁，单兵作战的双远有些紧张。怎么办？他随即又想，自己不是学会了“泰山十八跌”吗？至今还没真正用过，今儿就演练一把。想到这，他沉下心来。只见擎天柱伸出蒲扇般的右手一把抓了过来，双远向右后方向轻轻一个滑步闪开了，接着擎天柱又伸出左手抓来，双远向左后方滑步闪开，人群叫喊声加大了，“米双远，不要怕，上！”待擎天柱又一次伸出右手抓来时，双远不仅没跑，反而迎了上去。同时，他左手外翻向上从内侧抓住了擎天柱的右手腕，右腿向左前方插过去，身体逆时针急转，后背紧贴擎天柱前胸，两脚下沉并站稳了，右手也合在擎天柱右手腕上，腰一弯一旋，只见擎天柱像个大布袋从双远肩上飞了出去。人群突然静了下来，人们都屏住了呼吸，眼看着三米外一个黑影从天而降，擎天柱仰面朝天躺在了还算松软的土地上，砸出一个两米长的土坑。足足过了有三分钟，人们才缓过神来，喝彩声划过黎明的天空向四野飞去，不知谁拿起队长的哨子吹了三声，这场面更像发生了一次战斗冲锋。

从此，米双远，这个十五岁的少年奠定了在米家庄的江湖地位。

夏日里骄阳似火，骄傲的太阳似乎要把人们的脊背晒透、烤干。双远家的屋顶上叽叽咕咕，一大群鸽子相互追逐，有的在屋脊上漫步，有的追逐打闹，一会儿走步，一会儿飞起来，好不热闹。双远家鸽子越聚越多，每日里外出打食归来，开始它们自己的游戏，时而在屋顶上戏耍追逐，时而落到天井与鸡鸭争食。看着这些小家伙热热闹闹，久病的米大老爷脸上也泛出了一丝红光。在米大老爷看来，鸽子能够聚人气，鸽子多了象征米家人气兴旺，日子会越来越好，子孙后代一定有出头之日。一上午的玉米地里穿梭施肥，双远累了，回到家吃完午饭，床上一躺马上进入了梦乡。这是一个奇妙的梦，似乎是过了南天门走到天街上。看到一座豪华的宫殿，双远感到好奇，正要进去看看，突然冒出两个天兵天将，拿着大枪把他拦住了，此时突然听到有哀鸣声，似乎是鸽子的叫声，双远被惊醒，伸耳仔细一听，是自家院子上空发来的。事情紧急，双远光着膀子跳出屋子，抬头一看，一只鹞鹰子正在追逐一只刚刚学飞外出打食的年轻鸽子，小鸽子已是筋疲力尽，眼看撑不住了。一大群成年鸽子在空中穿梭干扰鹞鹰子的注意力。十万火急，双远一个箭步跳回屋里，迅速拿出弹弓，又三两步蹦出来，抬手瞄向空中，只见小鸽子筋疲力尽，已降落在屋顶上，鹞鹰子紧追不舍，眼看鹰嘴上那个锋利的喙就要啄向小鸽子的左肩。说时迟那时快，双远的左手稳住了，右手向后拉开轻轻一松，一枚石子“嗖”一声直奔鹞鹰子张开的左翅。只听一声尖叫，这次不是小鸽子，而是可恶的猎食者鹞鹰子发出了惨叫。鹞鹰子在房顶上打了个趔趄，随即展开受伤的翅膀哀鸣着逃跑了。双远搬架梯子靠上屋檐，带一把麦粒，爬上屋顶，发出“咕咕咕”的声音，不一会就把受伤的鸽子引过来接下来了。然后他赶紧跑到饭屋，拿草木灰敷在小鸽子伤口上。这是农民们的常识，平日里农民干的都是粗活，少不了磕磕碰碰，一般的疼痛就忍了，如果出血了，就从锅灶里找些草木灰敷上。草木灰止血很有效。双远又找了块纱布把鸽子的伤口包上。纱布是为小黄河治疗遗尿时，从城里医疗商店买来的，这不，今天又派上了用场。不到一个星期，在双远的精心护理下，小鸽子又飞上了蓝天。那一刻双远突然产生一种幻觉，飞向天空的不是鸽子，而是那个少年米双远，他将要飞向远方。

几个月后，米双远随着米家庄人大队人马，参与了兴建碧霞水库的浩大工程。

经过农村大地一年的劳动，米双远突然饭量猛增，一顿饭有时候要吃八个煎饼。身子也放开了，仿佛一夜间胸上突显了腱子肉，那两条长臂也浑实起来，大腿突然粗了一圈。所以，在水利工地上，他变成了用独轮车推土的“小车司机”。帮他拉小车的，是米家庄憨书记的媳妇儿，性格要强的江小桃。

江小桃是个美女。有人说她怎么看也不像他爹的闺女，因为他爹就是那种人堆里扒拉出来的最普通的农民。有人说他娘史爱菊是地下党员，她是托养在憨书记家里的烈士遗孤。反正她长得既不像爹也不像娘，和弟弟妹妹都不一样。江小桃自幼好强，念书也不错，只可惜家里穷，高小毕业就回生产队劳动了。

江小桃皮肤白皙，声音响亮中不乏女性的娇嗔，两根乌黑的小辫在阳光下油亮油亮的，更能衬托出在农村很稀缺的白净面皮。由于母亲是地下党员，自幼受革命熏陶，她从上小学就要求进步，回到生产队，很快就成了三八红旗手，还入了党。出身好，长得又好，而且是党员，自然在找对象上要求就高。听说媒婆踏破了她家门槛，可她对那些提亲的对象就是相不中，一来二去，拖得年龄慢慢大了。后来，听说米家庄牛三邪子的大儿子在北京当兵，在部队发展得很好，还入了党，江小桃就自己托媒人到牛三邪子家说媒。在那个女性资源紧缺的社会里，从来都是男找女，哪有女找男。这事怎能不成呢？两个人订婚后，不到半年就领了结婚证，又过了两个月，牛三邪子为儿子举办了个颇为体面的婚礼。乡亲们都知道，牛家老大说是在部队干得不错，还当了班长。第二年，江小桃去北京探亲，在天安门前留了影，很是自豪。可惜没过多久，牛家老大就复员回家了。这对于希望自己可以随军到首都生活的江小桃来说，无疑是一个非常大的打击。

牛老大回到家的当天晚上，江小桃并没有像诗人说的“久别胜新婚”，而是为期望化成泡影整整哭了一夜。牛老大也是眼眶红红的，他觉得自己非常对不起新婚的妻子。

哭够了的江小桃回到娘家，和娘哭诉了自己对丈夫的怨气，小桃他娘虽说是个农民，但毕竟是个老革命，见多识广，最关键的是新中国成立前还掩护过当今的公社主任肖基业，而肖基业是个念旧情的人。听完闺女的诉说后，老太太二话没说，挎了一包自己摊的煎饼，直奔公社驻地见了肖主任。因为是老熟人了，也不绕什么弯，直接开门见山，请主任设法给自己的女婿在公社里安排一份工作。肖主任当然知道牛老大这个复员军人回乡的事，其实早就有了安排牛老大工作的计划，不过不是到公社工作，而是让他担任米家庄党支部副书记，主持工作，先工作一段时间，干得好再转正。肖主任把计划告诉了史老太，老太太高高兴兴回了家，麻利地把这好消息说给闺女。听到这个消息，江小桃的一片失落的心总算得到了些许安慰。

牛书记的上任，对于米家庄村民来说是个好消息，毕竟牛老大在首都当过兵，见过世面也有过在部队锻炼的经历，对于他能当好米家庄的领头人，大伙都比较有信心。然而，牛老大的到来，却触犯了盖无法的利益，削弱了他在米家庄的地位，这让他很不爽。这位盖主任决定给新书记来个下马威，以便把他牢牢控制在自己手心。

盖无法的阴谋并没有超出古人的韬略，他使出的其实是古人常用的套路——“美人计”。

这些年在米家庄形成了一个惯例，大凡村里有什么公事，一般不在大队部研究，因为盖无法嫌那儿忒破旧忒寒酸。而盖无法的秘密相好大辫子家就显得阔气得多。因为，她凭着和盖主任的关系，私底下得到过不少慷集体之慨的好处。

这天傍晚，大辫子在家里为村干部备足了好酒好菜，欢迎牛老大上任。牛老大变身牛书记，成了真正的大队领导，这大辫子自然是百般逢迎，千般献媚。不过，一来牛书记是老实正派人；二来牛书记的老婆可是根正苗红又漂亮年轻的江小桃。所以，尽管大辫子使出浑身解数，却一直没有得手。大辫子心里犯嘀咕，怎么盖主任一见自己那身性感的肥肉就往上扑，而这牛书记却成了金刚不破之身。他是不是缺心眼啊，忒憨了！后来牛书记被叫作“憨书记”，就是拜这个大辫子所赐。

憨书记还真有点心眼直，他就没想到危险就在身边，幸亏他那警惕性高的美媳妇关键时刻救了他。话说，经不住几个村干部轮番劝酒加猜拳，憨书记终于被灌醉了。等到其他村干部也酒足饭饱一个个离开之后，盖无法和大辫子就把憨书记弄到了里屋的大床上。此时，正在最危险的一刻，救兵到了！原来江小桃早就有防范，知道自己的男人在大辫子家喝酒，这么晚了没回家，怕是有人不安好心。所以她带着两个小叔子，一路骂着打上了大辫子家门。

“江小桃救夫”的事迹很快传开了，而“憨书记”的名号也同时传开了。不过在双远看来，憨书记这个名号没啥不好的，这正说明了牛老大是个憨厚正直的大队领导。

双远还听说，江小桃从此为憨书记立了“廉政”规矩：不准到大辫子及此类人家去喝酒——除非得到江小桃的亲自批准!

今天来到水利工地，是江小桃主动选择与米双远合作的。

这一期水利工程，是要把山前那个峡谷里的一条河拦起来，横断峡谷垒起一座三百米高的大堤。而垒起大堤的成千上万吨的石块和土方，全靠社员们用独轮车一车一车推上去。

话说，泰安城东乡的老百姓都知道兴修水利的重要性，因为那是用鲜血和生命换来的惨痛教训。

那一年，就因为忽视了水利工程的重要性，致使一场毫无征兆的暴雨洪水，夺走了乡民六十条鲜活的生命。

那是一个炎热的下午，太阳烤焦了树干。一台柴油抽水机狂躁地叫嚣着，水龙头伸向白龙湾。这湾从来没有干涸过，据老人们世代相传，这白龙湾之所以千年不干涸，就因住着白龙一家，且和泰山黑龙潭黑龙同属一族，都来自东海龙王家族。听说清朝乾隆年间大旱，人们来此祈雨，那晚感动了白龙，夜间一场大雨使干渴的庄稼喝了个够，秋天玉米大丰收，使泰安人民渡过了难关。

在文化水平低下，更谈不上普及科学知识的旧社会，泰山百姓的心中，对于古物，对于生灵，特别是长寿的生灵，有一种敬畏。岱庙里有秦槐汉柏，生物中也有“千年王八万年龟”之说。在文盲占绝大多数的老百姓眼里，即便一只貔子、一只狐狸，百年之后也都可以成精，身上会有仙气、灵气。因此对这类生灵要加以保护，要敬而远之。像白龙湾和黑龙潭从尧舜时代就有，里边的生灵也过了千年万年。黑龙潭之所以从未干涸，传说是里边的生灵呼风唤雨，遇到千年一遇的旱灾，可以从东海借水补救。龙王借水不必像引黄济京那样劳民伤财，据说只需一片云，就把水带来了。龙王借水先把海水化作蒸汽，升到空中冷却后变成云，吹一股大风，随风飘来，由胶州湾到泰山直线距离只有六百里，八级风的时速每小时百里以上，仅用半天光阴东海水已补入黑龙潭。

说起这黑龙潭、白龙湾，相传是泰山前麓的两只天眼，和济南府趵突泉实为一脉相承。此地流行着一个神乎其神的传说：清代乾隆年间，著名风水师刘神仙，与山东巡抚打赌，说这黑龙潭、白龙湾和济南趵突泉地下相连，在黑龙潭撒上麦壳，十二个时辰，也就是一个对时后就会在趵突泉冒出来。试验开始，这边厢泰安知府监督投入麦糠，那边厢骑马传令，山东巡抚坐镇。结果，一个对时后，连麦糠的影子也没见着。军中无戏言，午时三刻问斩。刘神仙的人头刚一落地，麦糠出现了。原来是这日湾底下刮北风，麦糠逆行漂流，慢了一个时辰。所以，这黑龙潭和白龙湾是姊妹湾，底下又连着山后济南的趵突泉。这是泰山的两只眼，是泰山老奶奶恩泽泰莱平原的源泉，每当大旱的年份，黑龙潭和白龙湾的泉水像甘露一样滋润着大汶河两岸的人民。

1958年6月27日。白日，艳阳高照，只是东北方向一块形似乌龟的黑云罩在空中。

六月的骄阳光芒四射，红艳艳的，一直挂在人们的头顶上。没有一丝风的天上，云彩在骄阳的烧烤下跑得远远的。极目望去，汶河平原上空万里无云，天空湛蓝得近乎透明。树上的知了声嘶力竭，公社社员们正在开山造田，大干快上的红旗漫山遍野。

入夜，刚刚过了端午节六天，夏至后第五天，农历五月十一，本不是最热的日子，可今夜出奇闷热；怕热的人们逃出帐篷，赤着膀子在这沟坡和河滩上横七竖八地躺着。

米家庄的帐篷原搭在河道里，可就在上个星期天，适逢学校放假，米大老爷大儿子文水替父亲出工，正好也在开山造田的工地上。文水发现这帐篷搭在沟底河滩上，马上提醒大伙说，水往低处流，三国演义惯用的战术就是水淹和火攻！万一今夜下一场暴雨，这河上游的水灌下来，人根本来不及逃跑！

“人家都说今年年景主旱，都近半月没下雨了，难道偏偏今夜就会下？”说这话的是出了名的“牛三邪子”，最爱和人抬杠，因在家里兄弟们排行老三，人称“三邪子”。

“俗话说，物极必反，正因为旱了这么些天了，才有可能下雨。”文水争辩说。

入夜，炎热丝毫没有消退，河道里的农民社员们被蒸烤得无法入睡。终于，进入下半夜，一阵凉风袭来，人们渐渐进入了梦乡。此时，晴朗的天空发生了变化，先是自西南东平湖方向压来一片黑云，不时，东海方向层层白云滚滚而来，没有雷鸣，也没有电闪。

当东平湖的淡云和东海海水的咸云交汇后，迅速缠作一团，覆盖在白龙湾的上方。突然，爆发了！当河道上空一片晴朗时，上游却漫山遍野下起瓢泼大雨，无声也无息，就那么悄悄地轰然成流，打一个鼾的时间，雨水汇成洪流，咆哮着冲向河道！雨越来越大！当熟睡的人们发现身体浸满水时，周边已成沼泽！

顿时，喊声哭声混成一片，鬼哭狼嚎一般。因为头顶上没有落雨，仍然是晴朗的天空，号叫声格外清晰，更增加了人们的恐惧。由于连日的干旱，万里晴空，人们根本不会想到会下雨。这来自泰安城东坡上百个村寨的几千农民弟兄，几乎全部在河滩沟坡上安营扎寨。洪水突然袭来，人们才从睡梦中惊醒。懵懵懂懂，乱了阵脚，有人吓得顺着水势跑，有人慌得往山上攀，整个河滩乱作一团。此时，连夜回到工地不久的米大老爷点燃了一只马灯，手拿上工的哨子，一边顺着坡往高处爬，一边吹着哨子招呼河滩里的人群。终于，大部分人清醒了，人们开始朝着米大老爷哨音的方向，集中向河滩边的高坡攀爬。可是，已有近百号人被洪水冲了下去。滚滚洪水中，有的人抓住了一根搭棚子的竹竿，有的人抱着一块床板……

洪水咆哮着，沿途呼啸而去，顺着芝田河，直奔大汶河。沿河两岸的人们都被河里的惨叫声吓愣了。他们感到愕然，天上晴空万里，哪儿来的山洪？但眼前的景象又迫使他们清醒过来，是洪水来了，河里边大喊救命的声音是在洪水中挣扎的人们发出的求救的哀嚎！

当米家庄清点出工的人数时，竟发现本大队出工的社员全都安然无恙。大伙突然意识到，这是文水的功劳啊，要不是他提醒，今晚的后果不堪设想。

这时，突然有个声音喊道：“老黑呢，老黑怎么不见了？”喊话的是生产队饲养员米三哥。老黑是米三哥带着入社的自家养的小黑牛，一直感情很深，因为不是农耕季节，所以米三哥牵老黑来这儿帮忙拉车。当时周围的人们都安全，米三哥自然想到了老黑。大家都着急起来，自觉地四散去寻找，可这河滩一片狼藉，洪水还未退去，最后毫无结果。米三哥也只好噙着泪水回家了。因为米三哥就是来照料老黑的，老黑丢了，米三哥也该回去了。那时，从开山造田工地回家的路，大都是山间崎岖小路，米三哥又五十多岁了，走得也慢，几十里地的路，快黑天了才赶到家。米三哥放心不下饲养院里的牛和驴。除老黑外，还有大黄、小花等几头牛驴，所以他并未回家，而是先去了饲养院。当米三哥进门一看，惊人的一幕出现了，只听一阵熟悉的牛叫声扑面而来。三哥抬头一看："哎呀！这不是老黑吗？你不是被冲走了吗？你是牛还是牛鬼啊？"老黑眼里噙着泪直直地望着三哥，好像在说："我是老黑啊！你怎么不认识我了？"

原来，这牛都会凫水。当洪水来临时，老黑随着激流被冲到了芝田河桥，当水流漫过桥时，老黑借机逃出了旋涡，顺着新开启的泰莱公路自己一步一步慢慢走回了家。俗话说，狗记千，猫记万。说的是猫狗这些生灵能记住上千里路程。看来这老黑也不差，凭着记忆自己回到了饲养院。

这大千世界里，不仅人类需要家，老黑也恋着自己的家啊！

当人们不抱希望时，老黑竟然顺着河道回来了。米三哥满眼噙泪，激动地说："老黑真是个忠臣啊。"

昨夜的洪水是泰安城东乡人后来多年的噩梦。由于事前没有预兆，白日里晴空万里，最可怕的是这雨下在后半夜。民夫们白日里太累，躺在地铺上沉睡，叫也叫不醒。确实，开山造田，那是一种耗尽人力气的艰苦劳动。推着装满泥沙上千斤的小车向高坡上攀爬，身体里热能很快被消耗殆尽。而且连续夜战，人们疲劳到了极点。所以，当洪水来临时，绝大部分民夫都睡得像死了一样。直到睡梦中洪水涌进帐篷，人们才突然发现灾难临头，瞬间到了鬼门关。

从刘家庄到芝田河桥，不到十里路的河道成了地狱之门。洪水过后，大量的抢救挖掘工作开始，人们为各种惨象所折磨！有的遗体紧抓着河岸边一根裸露的柳树根，眼睛圆睁着，始终没有放弃求生的欲望，再看那双手的手指几乎抓进树根里头去，弯曲的手指扒都扒不开；有的遗体半个身子被埋在了泥沙里，只有脑袋裸露着……

十几年前的灾难给人们留下了不可磨灭的记忆，所以，这一次上面决定大力兴修兴建碧霞水库，得到了空前积极的响应。

本来江小桃完全可以和一个壮实的推车手合作，因为推土是要爬坡的，坡越爬越高，路越来越陡。当驾起小车仰面向上推时，似乎小车里边近千斤的土方都压在了两个肩上。一般一个男社员推车，一个女社员拉车，当然谁都愿意与一个壮实有劲的人合作。而江小桃之所以选择与米双远合作，主要是江小桃好学上进。自己就上了个小学，一直羡慕有文化的人，而米双远在九十中“神童”的名声早已传遍城东乡，米家庄的人自然也知道身边出了个秀才。江小桃从心里想和文化人打交道，自己也长长见识。不过，米双远虽说拔骨碌出了名，但这推小车和拔骨碌根本就是两码事，那一车重达千斤的黄土通过肩膀上的攀绳和手握的两根车把传导到肩上和腰上，最后压在腿上，聚焦在双脚上。特别是推车上坡时，随着斜度越来越陡，压在肩上的重力越来越大，每爬一步，都要付出更多的力气与汗水，两条腿像灌了铅一样，越来越沉重。终于，双远撑不住了，双腿一软，车轱辘在向后逆转的同时向一边歪去，前边拉绳的江小桃正在弯着腰低着头拼命向前拉，人几乎匍匐在地，小车突然向后倒，江小桃猝不及防，直接被向后拉倒，沿着陡坡滚了下来，一直滚到下边的河沟里。双远吓坏了，放下车子连滚带爬跑下去救人。双远赶到时，江小桃试着站起来，刚刚坐起来，就一只手捂着右侧脑袋。双远一看，她头上起了个大包，幸亏没有出血。众人也都赶到了，七手八脚，把江小桃扶上车，刚才还在运土的小推车变成了临时救护车，由双远推着，江小桃的妯娌也就是憨书记的弟媳妇帮衬着，先去了工地指挥部卫生室，包扎一下，医生见没出血，就说无大碍，双远就推着江小桃和她妯娌回家了。憨书记早已听到信了，已在家做了一锅鸡蛋汤，他认为这是最好的补品。双远很诚恳地向憨书记赔不是，说自己不中用，才连累了牛嫂子。憨书记挺大度，说：“没事儿，以后加强劳动锻炼，早点成为一个顶得上用的庄稼汉。”双远听出了言下之意，等于说他现在还不够格当一个好社员。

连续几日，双远晚饭后都要来看望江小桃，总觉着心里对不起人家，如果自己真的有力气，车子也不会倒遂，也不至于伤了江小桃。再说了，她还是憨书记的媳妇，如果为这事得罪了憨书记，自己一辈子的前程就要完了。所以，双远格外地上心，甚至把自己家里新攒的八个鸡蛋也拿来了。虽说江小桃一再推让，双远还是放下了。江小桃有些头晕，到大队卫生室看了几次赤脚医生，拿了些药，服后也不见好。双远凭借为小黄河针灸的经验，毛遂自荐，要为江小桃针灸治疗，没想到江小桃竟然愿意试试，憨书记从来就是听媳妇的，试就试。为此双远专门跑到县中医院请教了那个常为爷爷看病的老大夫。回来后就试着扎了百会穴、太阳穴等，第一次往江小桃脑袋上扎，自然也是提心吊胆，没想到症状见好。其间江小桃也不断找医生开中药，连续两个疗程后，江小桃的头晕症状几乎消失了。双远自己也不敢肯定是针灸的效果大还是中药的疗效好。皆大欢喜的是江小桃再也不用愁眉不展了。

天天往牛老大家跑，经常见到牛老大的三弟，不由得又让米双远想起了往事。

双远记得小时候到牛老大家串门，他三弟弟小萝卜头和两个妹妹都瘦得只剩下一把骨头。特别是小萝卜头，长到十五六岁了，整整比双远大了五岁，可发育不良，个子只有一点点。个子不高不说，还特别单薄，那胳膊和麻秆一样细。有一次他和双远约好一起进城去看电影。那张电影票的价钱和他爹牛三邪子给他买铅笔和本子的钱一样多，他家里太穷了。所以，双远为他付了电影票钱。但就是那次看电影，差点送了小萝卜头的命。

话说，那是一个夏天，两个孩子看完电影后热得满身冒汗，所以决定去南湖洗澡冲凉。来到南湖，打眼一看，赤裸裸一大片大人孩子都在水里泡着呢。两个小伙伴二话不说，脱光衣服就下了水。双远在前，小萝卜头在后。俗话说，近怕鬼，远怕水。因为对南湖水深不摸底，双远就沿着北岸边由东向西蹚水向前走，因为是在岸边，水深仅及胸部。可是走着走着，突然双远前脚踏空，人往水下沉，已经到了脖颈，仍未见底。双远冷静地双脚轮番踩水，双手配合继续往前走。因为小双远每年夏天都在明堂河洪水过后大浪冲击出的深水坑里嬉戏，自然就无师自通学会了游泳。所以，这次遇到深水，双远把踏湖底行走变为踏水继续前行。原来，这深水坑的北边正是从黑龙潭流下来的奈河，深坑就是奈河水冲击而成的。可后边跟过来的小萝卜头并不知情。当他也走到深水坑时一脚踏空沉了下去，然后冒了上来，正好双远在回头看看他是否跟了上来。因为玩得开心，双远竟然忘了小萝卜头不会游泳，是个旱鸭子。上上下下几次后，小萝卜头在水里拼命挣扎，一边呛水，一边翻着白眼。可双远才是个十岁的孩子，哪有力气水里救人？只好拼命大喊："救命啊！救命啊！"危急之时，只见北岸有个中年人一边向湖里跑，一边脱衣服，跑到湖边一个鱼跃扎进水里，伸手抓住了小萝卜头。此时的小萝卜头已经口吐白沫，没有了挣扎的力气。只见那个救人的叔叔右手紧紧抓住小萝卜头，左手划水，很快来到岸边。上岸后，救人英雄抓住小萝卜头双脚脚脖子提起来，人整个倒过来，然后轻轻一晃，只听"哇"的一声，一大口水从他嘴里吐出。反复几次，小萝卜头清醒了过来。双远还没来得及打听一下英雄叔叔的名字和家里地址呢，人家就穿上衣服走了。

这次遇险，米双远进一步意识到："一个男人要有担当，要有真本事。"回到家，两个人谁都没有和家长提起小萝卜头差点淹死的事。

又一个冬日下午，太阳还剩下一竿子高了，双远到小萝卜头家找他玩，他们家正在吃二顿饭，也是一天的最后一餐。双远看到，摆在小萝卜头面前的是一碗能照出人影的玉米薄粥，里面有一大块胡萝卜，外加一碗白菜帮子加点玉米渣蒸出来的小豆腐。对于一个十五六岁正在长身体的小伙子来说，怎么能够吃饱呢？可这就是现实，这就是那个年代泰山脚下农村的真实状况。

在那个年代，不少人家都会生育十几个孩子，成活六七个。孩子们长大了，都到了男大当婚女大当嫁的年纪，往往是来给女孩子提亲的多，不愁嫁。可做父母首先想的是传宗接代，先给儿子娶上媳妇，闺女要等一等。有些人家实在穷，儿子又没长出个人样来，等到二十好几了还打光棍。父母最后的办法，就是拿闺女去换亲，这叫"三转"。就是说甲乙丙三个光棍，甲的姐妹嫁给乙，乙的姐妹嫁给丙，丙的姐妹再嫁给甲。这三方的婚约相对稳定，因为甲的姐妹要离婚，乙的姐妹即便两口子有感情也要离婚，丙的姐妹也是如此，因为每个姐妹都要以自身的婚姻保证兄弟的婚姻。当然也有一个姐妹离婚了，其他两个没有离的现象，但很少很少。平日里两口子闹矛盾，甲的姐妹跑回娘家，乙的姐妹肯定也会回娘家，丙的姐妹自然效法。这等于说女方就是保证婚姻的"人质"。

第十四章

说到“男大当婚女大当嫁”，米双远想起了爷爷给他讲过的一个故事。这故事很悲惨，主人公是到了“男大当婚”年龄的米家一个“小表叔”。

据爷爷说，小表叔是双远姑奶奶的儿子，在“十年动乱”开始不久，出身地主家庭的一家人就因为“历史问题”，被从长白山大学“遣返”回了农村老家。

有一次，已经成了木匠的小表叔来双远家帮打家具，晚上爷爷招待他吃饭，因为喝多了酒，他突然抱着爷爷号啕大哭道：“老舅啊，我下辈子要是有机会转世，一定要先伸出头来看看！如果托生在地主家，我就抽头回去，不出来了！”小表叔的奇怪举动和胡言乱语，把陪着吃饭的小双远给吓坏了。

小表叔家姓伍，伍家祖上是出了名的“伍善人”。每年春天，青黄不接的时候，“伍善人”就会在自己家大门口支起一个大锅，锅边摆着十来个粗瓷大碗，另有一袋子玉米面和半袋子地瓜干。家里的老长工伍二罗锅，在一边伺候着，每天上下午各煮一锅玉米糊糊外加地瓜干，村子里断粮揭不开锅的人家，过往的乞丐，赶脚没带够饭的行人，都可以免费领取。虽说饭糙了点，但对于腹中空空、饥肠辘辘的人来说，可能这玉米糊糊外加地瓜干就能救一条命。伍家原是粮商，到了姑姥爷这一辈，家业大了，就出关去东北开了粮庄，专门为山东运送东北玉米。新中国成立后公私合营，粮店最后成了国家的。姑姥爷因经营管理有方，算账清楚，被派到长白山大学后勤处当了总会计。到了“十年动乱”初期，因为曾经在旧社会当过大粮商，姑姥爷一家被赶回泰安伍家庄。不到半年，姑姥爷被迫害致死。父亲一死，就剩了儿子和老母相依为命。家中顶梁柱倒了，经济来源也断了，六十多岁的寡母连续遭受打击，身体每况愈下，要不是挂着没成家的儿子，早就随丈夫去了。

小表叔作为 1966 年应届高中毕业生，眼看就要成为一名大学生，可转眼之间，年轻学子的理想化为泡影！自从降生人世就是父母的掌上明珠，从未见过庄稼地的小表叔，回到老家就住进了马棚，这简直就是从天堂跌落到了地狱。刚刚能适应这儿的生活环境，父亲又撒手而去。

然而，父亲的离去反而促使小表叔像一个男子汉一样站了起来。

因为，疾病缠身的母亲需要他坚强。这是责任，是担当！

转眼间小表叔二十多岁了，在农村这个年纪一般都结了婚甚至做了父亲。那个年代，农村的婚姻很少有自由恋爱，绝大多数都是靠媒婆牵线，有亲戚相互看上的，也有双方父母相约指腹为婚的。“男大当婚，女大当嫁”，小表叔一表人才，识文断字又学了手艺，成了十里八乡闻名的“巧木匠”，相依为命的母亲更是希望他早日成家。所以，小表叔很自然就成了媒婆们的目标。

小表叔本来在中学时有个对象，两人相约报考同一所大学——山东大学历史系。因为两人祖籍都是山东，而且都对古文化痴迷，立志挖掘中华文明的精华。不料，“十年浩劫”改变了他们的命运。先是姑娘作为知青去了生产建设兵团，接着小表叔随父母被“遣返”回原籍农村，再后来，姑娘在劳动时遭遇山洪暴发，死于意外。小表叔听到噩耗后，哭了整整三夜。这一突发变故让老寡母意识到，伍家要断香火了！这可不行，因为小表叔是延续伍家血脉的唯一的希望了。母亲当即下了决心，得抓紧给儿子娶个媳妇，不论丑的俊的，还是瞎的瘸的，只要能生娃，生出儿子，为伍家传个后，她这一辈子死也能合眼了！想到这，她赶紧找媒婆给儿子张罗说媳妇。可是，此刻的小表叔还沉浸在悲痛中，哪有心思找对象啊。这当娘的苦口婆心，最后拉着儿子到了祖坟，跪下求老祖宗显灵说服儿子。

那是一个月黑风高的深夜，回到村里就成了“黑五类分子”的母子俩岂敢明目张胆祭拜祖坟呢？为了不闹出新的麻烦，同时为了满足老人家的心愿，小表叔虽然万般无奈，可还是决定挑起传承伍家香火的重担。从此，他改变了态度，配合媒婆相亲。

小表叔仪表堂堂，有文化，心灵手巧，如果是贫下中农的后代，那肯定是满世界姑娘的“抢手货”。可在那个唯成分论的年代，一个“黑五类”的后代，能找到媳妇就已经是烧了高香了。一开始，小表叔只向命运低了半个头，提出的条件是：可以找对象，但要自己谈。对象起码不能是文盲，身体要健康。

小表叔谈的第一个对象是本村的李二妮，说起来还算是自己谈的。二妮姑娘自从小表叔回到伍家庄就看上了他，仰慕小表叔人长得帅，又有一肚子文化。姑娘在村里一看到小表叔，就频频暗送秋波。小表叔原先心里挂着原来的对象，所以装作看不见；而当小表叔用眼神收下了这份爱慕时，两人就好上了。纸里包不住火，没几天二妮父母发现了他俩的秘密，老两口是老实巴交的农民，觉悟也不高，觉着有这么个有文化的小伙当女婿也不错，再说还是个木匠，又是一个村，一个女婿半个儿，家里的活还能帮上忙。不料，同村一直暗恋二妮的“牛二球”可不干了！这些年牛二球一直盯着李二妮想要与她耍朋友，可李二妮从来都没正眼看过他。这家伙听说二妮跟小表叔好上后，邪火顿生，提着斧子到小表叔的马棚威胁说：“李二妮是我挖下的媳妇，你一个‘地主羔子’，不能谈！”小表叔从小就练武术，对付这外强中干的家伙，只要出手，不伤他条腿也会揍掉几颗门牙。可身为“黑五类”，就只能规规矩矩。牛二球还不罢休，找到小学孟老师，让他帮着给李二妮哥哥李大头写信。因为李大头前年参了军，表现积极，据说已填了入党志愿书，很快就要宣誓入党了。如果在这个节骨眼上，妹妹嫁了“地主羔子”，复杂的社会关系就会成为入党的障碍。李大头接到信，马上请了探亲假，急急赶回家来，把妹妹锁在屋里教育了十多天。不久，李二妮就嫁给了东北一个林场工人。这是小表叔第一次找对象的经历。

第二次谈对象，又使得小表叔成了“坏分子”。那时候，小表叔所在的伍家庄大队跟别的地方一样，成立有一支文艺宣传队。因为小表叔这个读高中时的文艺爱好者既能识简谱又会编剧本。虽然身为“黑五类”分子，但属于“可教育好的”，就被大队伍主任指定进了文艺宣传队“限制使用”。作为一个背负“黑包袱”的“地主羔子”，平日里你就是怎么努力干活，哪怕累弯了腰，出干了汗，你的政治身份也不会改变。而这次大队革委会主任亲自布置任务，小表叔受宠若惊，暗下决心，一定要干出个样来！小表叔使出浑身解数，在文艺宣传队里既当导演，又是乐队指挥，还是声乐指导加编剧，投入全身心组织演了两场样板戏《红灯记》的折子戏，没想到在管区汇报演出中大获成功。

小表叔的多才多艺，立刻吸引了大队到公社的一帮年轻人，其中当数扮演李铁梅的蒋小妹对他最为痴迷。蒋小妹家出身也不好，小学上完后，没资格被推荐上初中，也就没学过简谱。可小妹心灵嗓子甜，打小就喜欢唱歌，老家流行的吕剧《李二嫂改嫁》《杨三姐告状》等唱段，她竟能张口就来。在小表叔的指导下，小妹进步神速，优美的歌喉加上少女的天然清纯，简直就是舞台上的天使。哪个姑娘不怀春，哪个小伙不钟情！这一对年轻人，在艺术的牵引下，自然彼此有了好感，又演化成爱情。正当两个人享受这种甜蜜的时候，噩运来了，一只黑爪已经暗暗向他扑来。小表叔忘了，一个“黑五类”“地主羔子”，是没有资格品尝爱情的！一天晚上，当他又一次送小妹回家时，两个人终于没有压住青春的萌动，在小妹家门口紧紧地拥抱在一起。突然，有人大喝一声：“抓流氓！”刹那间，周边冒出四个民兵，四个民兵在民兵连长带领下，把两人捆起来，扭送大队部，说是抓了流氓和“破鞋”，当晚就在大队部的广播喇叭上开批判会。

蒋小妹又羞又臊、又惊又吓，先是躲到邻县她姨家住了大半年，后来听说就地出嫁了。小表叔被戴上了“流氓坏分子”的帽子，每次开批斗大会，都和地主富农“反革命”站在一起，号称“地富反坏右”。从此，小表叔像换了一个人似的。他的“革命热情”虽然被打压了，可顽强的生命力却没有被打压下去。活下去，一定活下去！在这样的乱世里，生命的延续是保护自我最好的武器！

跟蒋小妹的甜蜜关系虽然短暂，却激发了小表叔青春的蓬勃活力。小表叔心里激起了“生”的欲望——不但要生存下去，还要生育繁衍后代！所以，小表叔把被动变为主动，让娘求媒婆给他找对象。

当娘的看到儿子的变化，当然高兴。拎着家里仅存的一坛子鸡蛋到了村头“焦二舌头”家。这焦二舌头是十里八乡有名的媒婆，巧舌如簧，死人都能让她说活。二舌头并没有客气推辞那一坛子鸡蛋，因为她心里清楚，像小表叔这种出身不好的男孩，离开媒婆是找不到对象的。

二舌头介绍的第一个对象——也算小表叔第三次找的对象，是约好在二舌头家见的面。那个年月，农村找对象一般是三部曲：第一步，把双方家长及本人基本情况做个相互介绍。第二步，双方家长如果有意，就安排两个年轻人见一次面，见面一般是在媒人和双方父母见证下，作短时间交谈，增进了解。那时还没有什么茶馆、咖啡馆之类供约会的地方，最多是在媒人家见面。第三步，两个年轻人可以单独到城里，然后男方为女方买点衣服，算是定亲。

那是深秋的一天，玉米地里的棒子已经饱满，玉米叶子开始发黄，再有半个月应该是掰玉米的时候了。这当儿不是太忙，这天又下了一阵急雨，急雨后的毛毛细雨并未停下。早就说好了，待下雨天，小表叔可到二舌头家去相亲。因为在那个年代农民天天下地干活，高呼的口号是："干了初一干初五，生产队里的活儿天天有，一直干到腊月二十九，吃完了饺子就下手。"只有老天爷下雨、下雪算是给农民们放个假。所以这雨天自然也就是相亲的日子。这天到了下午，大概是午饭后一个时辰吧，二舌头的小儿子跑来送信，说是人家"闺女"来了，正在二舌头家等着呢。小表叔本来趁着没下地，正在家鼓捣一下锤子、斧子和锯等木匠用的家伙什。接到信，小表叔赶紧洗把脸，拢了拢头，换了一身已经洗得发白的、在学校时穿的中山装，蹬上平日里舍不得穿的解放鞋，直奔二舌头家去了。这二舌头还真是个热心肠的人，笑盈盈地在大门口迎接小表叔："大兄弟，你咋才来呢，人家闺女快等不耐烦了！""我给你赔礼了，二嫂子，刚才换了身衣裳，有点迂磨，对不住了。"小表叔道歉。

进了家门，小表叔紧跟二舌头穿过天井，进了屋。屋子有点暗，那时农村虽然有了电灯，可时不时地停电。再说了，大白天谁舍得开电灯呢？又阴天下雨，正是临近落太阳的时候，房间里确实较暗。小表叔拿眼扫视了一圈，阴暗处凳子上坐着一个姑娘，正朝自己微笑。她怎么不起来呢，真没礼貌！无论如何，初次见面，总得有些礼数吧？小表叔心里有点不满。二舌头赶紧打圆场道："快坐下，大兄弟，让我慢慢介绍：这是浑家庄的崔秋香，家里出身好，他爹和他爷爷解放前年年要饭，是真正的贫雇农！人家闺女也不嫌咱家庭出身，只要看好了人，就领结婚证。你俩拉拉呱吧，我去烧点水。”说完，二舌头提着壶就去了饭屋。此时的小花闺女有些不好意思，低下了头。别看小表叔平日里能歌善舞，从不怵头，可面对一个陌生姑娘单独在一起，也有点拘谨。两人都低着头，偶尔瞄对方一眼，问了几句家长里短，生产队工分值多少钱，家里姊妹兄弟多少之类。不到一袋烟的工夫，二舌头提着壶回来了：“来来来，快喝茶，你看我丢前落后的，慢待你们了。”一边说一边去找茶壶，那是博山瓷制成的白色小圆肚形壶，颜色早被茶锈覆盖变成了花脸，估计已经传了三代。找到茶壶了，却找不到茶叶，二舌头显得有些尴尬。在那个年代，一两最便宜的茶叶“老干烘”也要两毛钱；那时候要卖四个鸡蛋才能换一斤半食盐。所以大部分人家谁还舍得买茶叶呢？除了婚丧嫁娶、红白喜事，为了面子勒紧了腰带也得把门面撑起来，大部分人家一般情况下也想不到去买什么茶叶。像二舌头家算是村上的富裕户，因为给人说媒，不断有人送些“仨核桃俩枣”的小礼品，遇到稍为富裕的人家要说媳妇，自然会加大礼品的分量，甚至会送上四两半斤的老干烘。“哦，哦，想起来了，前天老五家济南来客了，刚把茶叶盒子借了去，我去要回来。”二舌头说罢，放下壶抬步就要往外走。“甭价了，又不是外人，喝点白开水就行了。”小表叔说完，脸更红了——嗨，人家闺女不是“外人”吗？幸亏姑娘接了一句：“我不渴，不麻烦了。”“那好吧，就凑合着喝碗白开水吧。”二舌头借坡下驴，总算圆了场。

正在二舌头为姑娘端水时，小表叔发现这闺女怎么还是没站起来，咋这么不懂礼节呢？再一看，突然像遭了电击一样，小表叔浑身发冷：确实没看错！姑娘一直站在破椅子上。闹了半天，这姑娘原来是个侏儒！小表叔对残疾人并无歧视，但因对自己身分的敏感，一股委屈涌上心头。蒙了，真的蒙了！血液先是凝固，紧接着喷发；表现在脸上，由煞白变成猪肝色！大概有三分钟，小表叔终于冷静下来，将脸转向二舌头，冷冷地说道：“我坡里还有点急事，先走了。”说完，扭头快步走向门外。这二舌头不愧久经江湖，即便这种形势还是能稳住阵脚：“大兄弟，你慢点走。”二舌头一边回应小表叔，一边给姑娘赔笑脸说：“这小子是生产队里的壮劳力，队长找他有个急活要干呢。”对于身高一米多点的姑娘来说，相亲遇到臊人的事也不止一次了，好歹这个小伙并未当面羞辱自己，算是挺有家教的了。

回到家，小表叔一头倒在枕头上，半天一句话也不说。这可吓坏了当娘的。直到晚饭，娘心疼儿，摘了几根丝瓜，拿出坛子里仅有的一个鸡蛋做了鸡蛋汤，还煮了三碗地瓜干玉米面糊粥，自己一碗，儿子两碗。按理说对于正是壮劳力的儿子来说，煮半锅都不够，可今天是下雨天，粮食就得省点吃。“起来吃饭吧，儿子，天塌了有地接着，人是铁饭是钢，咱不能把身子骨糟蹋了。”娘招呼他。尽管一肚子的委屈和愤怒，但可怜的老娘就好受吗？娘已经承受得太多太多，父亲去世，姐姐又不在身边，只有自己才是娘的希望。不能让娘伤心，要振作起来！小表叔暗想了一番之后冷静下来，这才和娘说了原委，娘并没有生多大的气，而是安慰儿子道：“谁叫咱是‘黑五类’呢！‘黑五类’就跟大麻风一样，谁敢碰谁敢招呢？儿啊，你别发火，二舌头能帮咱忙，已经够仁义了。别着急，总有那不嫌咱的好闺女，人都是命呢！”

说起这“大麻风”，曾经只有四岁的双远就知道了这可怕的疾病，因为周边村子里有几家人得过麻风病。说是先烂眼睛鼻子，后烂手脚，什么药都治不了，而且还传染。大人都警告小孩，千万不能和麻风病人握手！双远去泰安城要经过的黄台村就有一家姓吕的得了这病，先是家里的闺女不知怎的得了病，到河边割草，弄湿了衣裳，回家又没有换洗的衣服，家里人多，闺女晚上和娘睡在饭屋里；家里穷，也没个床，就在柴火堆上和衣而卧。赶上六月里“连阴天”雨水多，天天这样潮湿而卧，一个夏天下来，她娘也传染上病了。不到三年，他爹和两个哥哥，也都成了大麻风。最可怕的是他们家就住在村当央大街北侧，那是双远进城的必经之路！每次走到这儿，双远都要瞅一眼路北边，如果没人出来，那就加快脚步甚至是小跑穿过去；如果有人出来，就绕道村南边穿过去。其实，不仅是双远，那时的人们，普遍见了麻风病人唯恐避之不及。一是这病会传染，二是在人们眼里这就是不治之症，即便不死，也会留下满脸的千疮百孔，惨不忍睹！所以，麻风病是人人嫌恶，生怕把自己传染上了。同样，在那个动乱的年代，“地富反坏右”“黑五类”就相当于得了政治上的麻风病，一来没听说谁能改造好；二来也是更可怕的，它有着不可医治的“遗传性”。你是“黑五类”子女，就会世世代代“黑”下去。这对于最重视光宗耀祖的中国人来说，简直就是灭顶之灾啊！

母亲明事理、晓大义，心中明白，在这样的年月，能够保证伍家把根传下来，儿子娶上媳妇，生个孙子，这就对得起死去的丈夫，对得起列祖列宗，自己死也瞑目了！所以娘好言相劝儿子："人在屋檐下，不能不低头。无论如何，要找个媳妇，只要能生个孙子，就是希望，伍家早晚会有出头之日！"小表叔听了娘的话，心里也暗暗打定了主意，要活下去，要把后代传下去，没有过不去的火焰山。

第二天，又是阴雨，二舌头不请自来。进了这住人的马棚，先是扫视了一圈，然后说道："大婶子真是爽利，就这么个窝也能收拾得恁么利索。"接着又说："婶子你别怪我，我光想着人家闺女家里成分好，不嫌乎咱，忘了俺兄弟这么俊的小伙，肯定看不上人家！都是我不周全，直心眼，没想那么多。"老太太答："哪能呢？怎么说也得谢好你，能有闺女不嫌咱家庭出身，和你兄弟见面，也得谢天谢地了。"

"快坐下，我去烧壶水。"老太太接着说道。

"怎么没看见大兄弟呢？"二舌头问道。

"哦，他去西头老臻家帮个忙，说是屋门坏了。"

"老婶子，我今天来就是想问问，以后大兄弟的事，还用我操心吗？"二舌头说道。

"那敢情好了，谁都知道侄媳妇你是菩萨心肠，促成了多少对鸳鸯啊！不请你帮忙，还能请谁呢？不过，话又说回来，你兄弟怎么说也是个活蹦乱跳的棒小伙。怎么说，找个对象，这身条子也得般配吧。"娘委婉地表达了意思。

"那是，那是。一定找个个头上说得过去的！"二舌头的回答算是俩人达成了一致。

临末了，娘又拿出了多少年留下来预备感冒发烧发汗用的半包红糖递到二舌头手里，算是表达谢意。

转眼间过了三秋，这三秋即是秋收、秋耕和秋种。在泰安农村，一年种两季庄稼，一是初夏收割的小麦，二是秋天收割的玉米；由于人多地少，总不能让地闲着。一年四季农民也就在大田里劳作。而这三秋，持续时间长，也是最忙的一段日子，待把玉米收到场里，把耕地犁一遍，再种上小麦，过了霜降，临近立冬，农民总算可以喘口气了。一般这个时候，也是安排青年男女相亲见面的日子。

二舌头说话算数，又为小表叔张罗了一个相亲的姑娘。这次姑娘是镇上人，离这儿有几里地，人家姑娘害羞不愿意出远门相亲，递过话来，要是男方愿意见面的话，可以到她家里去。二舌头问小表叔愿不愿意去？这时老太太搭腔了："去吧去吧，反正怎么也要赶趟集，家里的三盆子裂了口，要找锔锅的锔锔；还有就是买点干姜回来。"小表叔也没拒绝，想着锔盆子要紧，和姑娘见个面算是捎带着办了。

这天，小表叔跟着二舌头到了集上，先把裂了口的三盆子寄放在锔锅摊那儿修补，然后拐弯就去了姑娘家。姑娘姓胡，她父亲是这一带出了名的"胡啰啰"，说句话着三不着四，有东没有西，反正就是不靠谱，所以人送外号——胡啰啰。今儿个逢集，本来胡啰啰要到集上溜达溜达，看看有什么便宜捡；可闺女今儿要相亲，他就在家候着没出门。待二舌头和小表叔进了家门，胡啰啰笑脸相迎，早已沏了一壶茶，先把二舌头让到主客位，小表叔紧挨着坐在凳子上。

说来这泰安是古圣贤惠泽之地，虽经历了那么多折腾，但民间起码的礼仪还是要讲的。一般人家，不论破的旧的，总有一张八仙桌，桌子呈方形，紧靠在堂屋的北墙上，左右手靠墙各摆一把椅子，左手的主人坐，右手为主要的客人。主客右前方摆一个或几个高凳子，那是留给其他客人坐的。

众人坐定，胡啰啰亲自给客人满上茶，自己拿起旱烟袋点上。先是谢了二舌头，接着说："小伙子有精神头，是块过日子的料。"而姑娘胡小丫坐在胡啰啰一边靠东墙的凳子上，微微含羞，一声不吭。这次小表叔长了经验，在与胡啰啰寒暄中不时瞄一眼胡小丫的举止。农村的窗户是木棂子隔开，且面积小，虽说是上午，光线也只能稀稀落落透进来，实在是难以看清楚人的真貌，好在小表叔身体倍儿棒，双眼裸视 1.5+，两眼扫视下来，就基本看清了胡小丫的轮廓比例和五官。应该说姑娘还算周正，但奇怪的是，她怎么不主动起来倒水满茶？闲谈了一刻钟，直到二舌头说要走了，姑娘才站了起来。就这一刹那，小表叔发现，怎么两只脚上的鞋新旧不一样，再仔细看，发现只有左脚着力，右脚是虚步——啊！明白了，是个瘸腿！有了上次的打击历练，小表叔只是瞬间脸一红，很快平复下来，一直到离开胡家，并未失礼。而胡啰啰一肚子的高兴都表现在脸上，很热情很期盼地送别了来相亲的客人。

拾掇完三盆子，又买了点干姜，时间临近中午。为了感谢二舌头的人情，小表叔咬咬牙买了一斤六个烧饼，那可是三毛钱呢，能买二斤盐——够吃一个冬天的了。小表叔拿出三个烧饼谢好了二舌头，自己吃了一个，留两个带回去给娘吃。二舌头也顺便买点针线，完事后两人一块回村。由于集上人多熟人也多，尽管二舌头问，小表叔也没接茬说说对胡小丫印象如何。

出了大集，路上人也少了，小表叔不问自说，开门见山地和二舌头倒出心里话："二嫂子，你说咱也是个精干人，总得找一个四肢健全、五官周正的对象吧！"二舌头接话说："大兄弟你还真不能怨我，这次真的不知道姑娘是个瘸腿，只听说小时候摔了一下有些不得劲。""好吧，都是嫂子了解得不周到，就算我的不是吧。"二舌头接着说，"不过呢，我既然答应了老婶子，一定给你张罗个满意的。"小表叔未置可否，算是默许吧。

小表叔经历了两次相亲，虽说感到委屈，但并未被击倒。因为相对于从大都市被赶回农村的马棚里，相对于和蒋小妹姑娘好而被打成"坏分子"拉上台批斗，这点委屈实在不算什么。反正他坚信，黑夜总有被打破的时候！我们这些地下的"爬虫"也终会看到属于自己阳光的一天。

转眼过了新年，正月里是走亲戚串门的日子，也是年轻人相亲的日子。俗话说，不出正月都是年。春夏秋冬，一年四季，人们总是忙，因为人多地少，粮食产量不高，只好不让地闲着。收完小麦种玉米，玉米收了再种小麦，还要穿插种上白菜。这样周而复始，人也被绑在了土地上，农民没什么星期天休息这一说的。法律安排的星期天，那是专门留给城里人用的。只有阴天下雨，最好是大雨，农民才能歇歇脚。不过，这一年一度的"春节"还是要过的，老百姓心里都装着老祖宗呢。除夕夜，过了子时，八仙桌上摆上了祖宗的牌位，把一年都舍不得吃的鸡、鱼、豆腐和红肉摆到一整年用不了几次的盘子上，满上几盅地瓜烧，桌前摆上蒲墩，由男主人带头，向老祖宗虔诚地叩头问安，并祈求保佑全家新年里平平安安。过年也是亲人相互看望走动最重要的日子，那时候除了一个大队有一部电话，寻常百姓的联络感情主要靠以步当车、上门问候，而正月里是最普遍"走动"交流的日子。由于过年时在外边工作的人也要回家团聚，所以，这是家庭大团圆的日子。

过年也是农村最重要的亲戚——“姻亲”来往的日子。说白了，就是嫁出去的闺女，一定要领着丈夫回娘家，一来是看望父母家人，二来是也向娘家人唠叨唠叨在婆家的家长里短。对于娘家来说，上门的“女婿”是“贵客”。特别是闺女刚出嫁前三年，村里大闺女小媳妇都有到村口“看女婿”的习俗，看看谁家姑爷长得富态，谁家姑爷带来的礼物多。所谓礼物，最贵重的就是“四升礼”——肉、鱼、饼干和挂面。当然，作为新女婿要备足为丈人家小孩子们的“磕头钱”。每家新媳妇的侄子、侄女及未成年的弟弟妹妹，要给新女婿作揖磕头，讨要“磕头钱”。一般人家有个五毛、一块钱，算是拿得出手了，如果能出两块钱，那这女婿很快就出名了——“你看人家谁谁谁家的女婿多大方啊，人家的闺女真有福气！”娘家对于“贵客”，一定要陪好、伺候好，因为你把闺女都交给他了，把他招待好，自然对媳妇好，关键是自家闺女也有面子——“你看，我娘家多棒啊，让你喝的是兰陵大曲。不像隔壁王家，只能喝地瓜烧，所以，你要对我好点，以后还给你多吃猪头肉。”伺候姑爷，不仅酒菜好，还要酒喝足、喝好、喝得痛快，拉呱拉得惬意，这就需要找个过硬的“陪客”。这选好“陪客”是挺大的事。一般来说，庄户人家谈婚论嫁，鱼找鱼，虾找虾，青蛙抱个大蛤蟆。伍家村的闺女识字的不多，嫁的女婿也大都识不了几个字。可是巧了，小表叔家原来的长工“铁二木头”的大闺女嫁了个文化人，说是初中毕业在村小学当老师。这文化人来了，就得找文化人去陪。娘家人思来想去，只有老东家的儿子有文化。说来这铁二木头，脑子慢，反应迟钝，人称“二木头”，可从心眼里属于老实人。自从老东家下放回到村里住进马棚时起，自己心里就疙疙瘩瘩，好歹人家富贵的时候没亏待过咱，如今我住了人家的大堂屋，东家却住了马棚。心里这么想，嘴里也不敢说什么，只是有时瞅着街上没人的晚上偷偷去看看，拉几句呱，也算是一种善良的表示吧。这天地真是翻过来了，老东家文化人下放回来种地，自己一个大文盲，闺女却嫁了个文化人。真是没想到！今天要请这“黑五类”当“陪客”，虽然也有些担心会不会惹事，又一想，自己家三代长工，腰杆子硬，不必怕别人说什么。那个年代，越穷越光荣，越穷越革命，像铁二木头这样的赤贫雇农，成分就是保护伞。

铁二木头家女婿胡老师是初中毕业，一听说小表叔是高中生，还是大城市中学的，心里先有了几分尊敬，酒桌上也谈得来，这陪客倒像是“贵客”了。话虽这么说，小表叔总知道自己的出身，绝不敢过分表现。没想到这做了一回“陪客”，却有了意外收获。

原来，这胡老师在家里兄弟姐妹六个中排行老大，排行第二的妹妹也老大不小了，虚岁都二十三了，在农村那可是大龄青年了！今儿看到小表叔相貌堂堂，谈吐不凡，而且博闻含蓄，心中早自生了几分敬意。小表叔压抑这么多年，也难得一知己，胡老师虽说只是初中毕业，但谈起唐诗宋词，竟也能朗朗上口，特别是借着酒劲当堂吟诵李清照的“生当作人杰，死亦为鬼雄”借以彰显英雄之大志。两人很是投机，相约等农闲了再叙些诗词歌赋的闲情逸致。

回到家，小表叔有些醉意，竟然吟诵起《水浒传》里山东“及时雨”宋江的诗来：“自幼曾攻经史，长成也有权谋。恰如猛虎卧荒丘，潜伏爪牙忍受。不幸刺文双颊，那堪配在江州。他年若得报冤仇，血染浔阳江口。”

话说这小表叔现在的家是原先自家的马棚，紧挨着就是自家老宅子——如今换了主人，有老长工铁二木头和大队长、妇女队长几家分住。小表叔喝了酒，醉眼蒙胧，高声吟唱，简直是忘乎所以了。幸亏这过年时节小孩子满街放鞭炮，遮掩了这可能引起杀头的“反诗”！这可把老母亲吓坏了，赶紧手拿毛巾，一边给儿子擦汗，一边轻轻捂住他的嘴，防止墙外有耳，同时又给儿子端来一碗水。这水喝下去，小表叔慢慢也就醒了，突然回忆起刚刚自己忘情的高声吟诵，自是惊出一身冷汗！

隔了两天，铁二木头晚上来串门子，先喝了口茶，直接就把话挑明了。说是他女婿胡老师和小表叔谈得来，觉着小表叔有文化、有涵养，人还忠厚老实，想把自己的妹妹许给他当媳妇。这话一出口，自是把小表叔娘俩惊了一惊！人家可是贫雇农啊！能看上咱这“地主羔子”？铁二木匠是个直肠子，看到这娘俩惊愕的表情，又加了一句：“人家不嫌乎咱家的成分。”这一个“咱”字使母子俩更加惊愕，也带来一股只有他们才能感受到的暖流。是的，已经三代长工了，铁二木头的家就是伍家的家。几辈以来，伍家从没把铁家当外人，虽说是长工，住下房，但也是冬可御寒，夏能避暑。平日里铁家女人负责厨房，也是一样的饭菜。赶到收麦子季节，跟老天抢粮食时长工出了大力，每天晚上还会多几个菜，加一壶酒，保证劳累了一天的长工补足能量休息好。说来，那是新中国成立前的老账了。如今，人家根壮苗红，是贫农中的赤贫，而我们伍家是“黑五类”，今天铁二木头不仅不嫌弃咱，还迈进家门来提亲。如果说上几辈伍家对铁家有恩，那么这一次，铁家对伍家来说倒真的是“恩重如山”！感谢的话没有多说，双方约定，三天后，姑娘来铁家和小表叔见面。

三日后的下午，姑娘如约来到铁家。小表叔又一次踏进铁家大门——不，二十年前这是自家大门。不过，小表叔出生在白山市，在那儿度过了童年和少年，从来也不曾踏过这个“自家”的门！不管怎么说，他心里有一种莫名的感觉。

“哎呀，大兄弟，快进屋吧，人家闺女晌午头就到了，就等你了。”说话的是铁二木匠媳妇，铁二木匠到地里忙活去了，再说这种事他在家也不得劲。一进堂屋，铁二木匠出嫁的闺女迎了上来，她是陪小姑子来相亲：“大叔，你先坐，我给你端茶去。”小表叔被让到大桌子旁的右手，说起这张雕龙刻凤的桌子，也是“打土豪分田地”时铁二木匠从伍家分到的胜利果实，虽说旧了些，但还是显得很气派。尽管以前没见过这桌子，凭小表叔的智商也会想到这桌子原来的主人是谁。不过，这已经不重要了。今天，一踏进这个门，小表叔还是有一些知足，因为铁二木头家不嫌乎咱这“地富反坏右”出身的“下等人”，还帮助张罗对象，已经是难得的好心眼！当小表叔在右侧椅子主客位置上落定，铁家大闺女随即端来了一碗茶，虽说这茶叶可能放了两年了，泡出的颜色有些发污，但丝毫不影响对小表叔的礼遇。要知道，铁家一年到头泡不了三次茶：第一次是闺女女婿大年初三上门；第二次是过了年请大队干部上家里吃饭，这是必须有茶的；第三次，就是遇到什么大事了，比如，自家儿媳妇生了孩“吃面”请客。而小表叔作为一个邻居，而且是成分不好的邻居，能奉上茶，也真是破天荒了！喝了一口茶，他这才扭头向屋里一看，就在窗户边上炕沿边凳子上坐着一个姑娘，两人四目一对，姑娘轻轻站了起来，含笑点了一下头。四目相搭的一瞬间，小表叔突然感觉有一股暖流涌上心头！这是多少年来从没有过的感觉。眼睛是心灵的窗户，眼睛会说话，眼睛能传递爱和恨，眼睛射出的光可以是人参、灵芝、王母娘娘的仙桃，也可以是能直接杀死人的毒药！而今天小表叔从姑娘眼里感受到了这些年来从未有过的光——尊重、爱慕、体贴、赞许和疼爱！难道说小表叔中了丘比特之箭？是的，非常神奇！在那个年代，一个“黑五类”，一个走村串户的小木匠，谁把你正眼看过？谁又能真正把你当人看？更有谁能羡慕你的文采？多看你一眼英俊的面庞？而今日，小表叔从姑娘眼睛发出的光束中看到了这一切——尊敬和爱慕！够了，足矣！

小表叔激动了，主动和姑娘攀谈：“你看过小说吗，喜欢哪一本？”姑娘的面色开始红润，略显窘态，只是摇了摇头。“没关系，你要喜欢的话，我这儿有，你可以拿去看。”姑娘羞涩地点了一下头。此时，小表叔突然意识到哪儿不对劲了，有意识地多看了姑娘的脸，姑娘意欲张嘴说句什么，但终是没有发出音符。明白了，小表叔毕竟经历了那么多，应该说也有些思想准备，不过和以往相亲不同，小表叔仍然没有丢失热情，直到主动起身回家，脸上仍然挂着笑意。

晚上刚吃过饭，听到有人敲门，来者不是别人，正是铁二木头，脸憋得有些红，开门见山说道：“我可不是故意的，人家闺女有一百样好，不能说话也不碍事吧。再说了这不是天生的，是吃药打针给弄哑了，可脑袋瓜子挺好使，得病前还能背诵‘老三篇’呢！”小表叔还没接话，倒是老太太先赔笑脸道：“这是哪儿的话，你这是看得起俺，咱家这成分人家不嫌乎就不错了。”

其实小表叔回家就上了床，一个人躺在床上翻来覆去，当娘的知道儿子心情不好，并未多问，就让他一个人清静一会。小表叔往床上一趴，这是每遇打击挫折时的一贯动作。突然，他脑中一片光亮，银色耀眼的光充满空间，甚至挤走了世间万物，源源不断发出的光大约持续了一刻钟，然后就是脑海一片空白。也许这就是理想状态的真空，他感觉异常的清醒、放松！“事在人为，休言万般都是命；境由心造，退后一步自然宽”。他想通了，也想开了！就在这时，铁二木头门也不敲就闯进了他的房间。

“铁大哥，我还正想去找你呢，真巧，你就来了，坐吧，请坐。”没待铁二木头张嘴，小表叔就接着说了：“铁大哥，那姑娘挺好的，哪天叫她到我家来吧，只要不嫌咱穷，就算咱家烧了高香了。”

小表叔的经历是一堂活生生的教育课，给米双远留下了极其深刻的印象。同时，这也给双远今后的婚姻观产生了深远的影响。

不过眼下，刚刚高中毕业回乡的米双远，因为是父母的独生子，更是爷爷米岳堂寄予无限希望的掌上明珠，所以在家里并无即刻张罗婚配之类的忧虑。不过，现在，一件事情成了双远很大的烦恼。

最近，有消息传出来说，村学校面临升级，设立初中部，公社在物色人选，为村学校招聘一名教师，按理说，在米家庄，双远应该是当然的首选人才，双远自己也暗想，上大学没机会了，那么当个初中教师，应该是眼下最理想的去处了。于是，那几天，双远无论干活还是休息，都一直幻想着重返课堂的种种情景。

然而，一个令双远万万想不到的消息接踵而来，一下把双远打蒙了。

原来，憨书记的媳妇，那位曾经跟他在水利工地合作过又因他而受伤的江小桃，也想到村学校去当老师。并且，身为大队书记的媳妇，她自然比双远得到消息要早，所以，她第一时间找到了村学校校长老妖，表达了自己对教师这个职业的向往和尊重。老妖是何等机敏的人，俗话说，锣鼓听音，说话听声，他马上就明白了江小桃的想法。不过，江小桃要想当老师，却面临着一个实实在在的坎，因为她的文化程度只有小学毕业，要当教师，实在是不够格。憨书记大体上是个厚道人，虽说整天枕边风不断，却一直想打消媳妇这个近乎荒唐的想法。而且，书记的心里理想人选就是双远。为此他也跟村学校校长老妖交换过意见。老妖作为一个老资格的小学校长，他的学生们在中学的表现他都十分清楚。可是，在那个年代，选拔任何人才，首先要看政治面貌，是不是党员或团员，其次要看家庭背景，最后才是个人的能力。在农村，民办教师是一个受人尊重、有一定社会地位、令人向往羡慕的职业，所以，但凡觉得自己有一点机会的人都不会放过。

听到江小桃成了自己最强有力的竞争对手后，这天晚上，双远失眠了，躺在床上用被子蒙着头，狠狠地哭了一场。回想自己高中毕业三年了，这三年来，当兵、招工、推荐上大学，所有的“好事”都与自己擦肩而过。为什么？因为成分不好，因为上高中时得罪了大队盖主任……三年来的遭遇让双远深深地感到迷茫：路在何方？前途在哪儿？公平又在哪里？

这天晚上，双远一边伤心流泪，一边自己补鞋。本来双远有个习惯，每天晚上睡前都要看一会儿书。可这些日子几双鞋都坏了，已经没法应付艰苦的劳作。平日里下地，泥泞的庄稼地会把鞋子沤坏，特别是参加水利工地劳动，去山岭上推车子，母亲纳鞋底做成的布鞋底子，用不了三天就会被地面小石子磨坏。当一车石头的重量压在肩上再传导到两脚，足有上千斤的重力都集中到了鞋底上，鞋底很快就会磨穿。因此，干这种重体力活时，社员们一般都穿解放鞋。双远更幸运一些，叔叔经常带回部队里穿旧的军用鞋，但也经不住这种繁重体力劳动的负重超载，没几天，鞋底子就磨破了。现在，床底下已经堆了六七双穿烂了鞋底和鞋帮的球鞋、布鞋、解放鞋。明天就没有鞋穿了，必须加夜班修补。双远一边流着泪为这社会的不公而愤怒，一边把几副破手套找来作补丁，修补旧鞋。因为又气又累，手一直在哆嗦，不一会就弄坏了好几根钢针，有的用力过猛折断了，有的针鼻被拉破了，这一晚上虽说补好了几双鞋，可同时弄坏了十几根针。最可怜的是手上也扎了几个洞，鲜血染红了鞋帮子。

看着一双起了不少老茧又被扎破了的手，突然，双远想到“退避三舍”的典故。对，以退为进。想到这，双远破涕为笑。事情没有完全绝望，希望就在憨书记身上。自己上大学的梦只有他能帮助实现。今天，既然憨书记因为家属江小桃的缘故左右为难，那自己何不主动放弃村学校代课老师职位的竞争，把这个机会让给非常渴望当小学老师的江小桃？退一步进三步。下一个目标就是，让憨书记在推荐他上大学的事情上出一把大力气。

第二天，双远主动找到江小桃，跟她交流了一番学校选拔教师的消息。

双远直接戳破江小桃的心思，开门见山地问道：

“嫂子，听说学校里招教师？”

“是吗，好像有这么回事，双远你可以报名啊。”江小桃假装不清楚。

“不行啊，我还不是团员，政治觉悟忒低，嫂子你是共产党员，最合适。”“不过听说还要考试，我这数学还没入门呢，我都愁得头疼。”

“没事的，我可以帮你复习。”

“那可是只有一个名额呢，你可是文化高。”

“嫂子，我还小着呢，以后出路也多嘛。”

江小桃是聪明人，已经明白，双远不会和自己竞争，这心就放下了。

这一番谈话，让江小桃既感到意外又十分高兴。

学校招考教师只有两个人报名，江小桃和米双远，由于优先录用党员，江小桃实现了自己的梦想，一个小学毕业生华丽转身变成了米家庄学校的一名人民教师。

米双远很清楚，在决定他和江小桃谁去当代课老师这件事上，村学校校长盖老妖起了很关键的作用。双远对老妖不秉公办事、一味讨好领导的行为非常反感，为了教训老妖一下，双远给他来了一个无伤大雅的恶作剧。

说起来，双远家和老妖家老一辈子算是世交。老妖的爷爷和双远的爷爷是忘年交，两个人差了有三十岁。老妖的爷爷每次赶集都会顺路到双远家歇歇脚喝杯茶，特别是夏天，在杏树树荫下和双远爷爷喝茶拉家常。老妖只比双远父亲小两岁。可就是为了讨好憨书记夫妻，保住自己的校长位子不被威胁，他千方百计阻挡各方面条件最好的双远进学校当老师。

别看老妖是教书先生，算个文人，可他天生个子大，有两把子劲，曾经把擎天柱脑袋差点摔破。这是老妖最引以为豪的事迹了。老妖还到处吹牛自己胆子大，不怕鬼神。有一次在大队部和双远遇到了，说起队里准备整理坟地的事，老妖说："我从来就不怕鬼神，夜里到坟地上也没什么可怕的。"双远问道："盖校长，你敢半夜里到米家林吗？""怕什么！我要敢去你请我喝酒。"老妖答道。"那好啊。后天是初一，反正夜里没月亮，你要敢去我请你喝酒，至少摆四个菜。"双远笑着回应了老妖。憨书记、盖无法这时都在场。

米家林，也就是米家族人的墓地，那里沉睡着米家的先人。记得是十岁那年有一晚，双远跟小伙伴们藏老猫猴，小双远想来想去哪儿最不好找呢？有了，米家林。这地方一般孩子都害怕，谁也想不到。初冬的夜晚还不是很冷，皓月当空，双远在各坟头转了一下，感觉藏不住，继续转到墓碑后，还是不行。后来他干脆顺着树杈爬上了大柏树。树上一窝小鸟，因为大鸟飞走了，都不敢动，悄悄地观望着他。双远也静静地看着小鸟，想着自己的心事。渐渐地，把藏老猫猴的事忘到九霄云外去了。一阵困意袭来，他竟然对着小鸟窝睡着了。这林子里，白日里鸟儿们闹哄哄的，话最多的是喜鹊，喳喳叫个没完没了；其次是小麻雀，虽说嗓门不是很大，但最喜欢唠唠叨叨。到了晚上，一切归于平静。唯有猫头鹰会趁夜深人静时，出来捉老鼠。说来也怪，双远小时候老怕庄稼地里蹿出一只狼，可是进了米家林倒不害怕。他认为，这里安睡着的都是自家祖先，应该会全力保护自己吧。

那一晚，双远醒来时，已是深夜。爷爷和娘早已被吓坏了，全村的人都在找他。当他大摇大摆地从米家林走出时，在场的大人们都愣住了。

这一次，和老妖约定了，初一半夜到米家林正中那块墓碑旁砸下一个木橛子为记号。第二天早上来验证。这一晚十点过后，双远已经悄悄爬到了大柏树上。果然，十二点刚过，双远看到一个黑影疾步来到石碑旁，蹲下身子，拿出木橛子和锤子，开始紧张地砸橛子，这无疑就是老妖了。可他今晚穿了个军大衣避寒，转身时大衣下摆铺在了地上，橛子正好穿过大衣衣摆楔入地里。双远看他已经把橛子砸进去了，就学着猫头鹰“嘿、嘿、嘿”地笑了起来。老妖惊吓中起身就跑，可怎么也跑不动，原来大衣衣摆被橛子钉住了。最后他拼命一挣，大衣摆被撕开留在了原地，老妖拼命地逃回了家。第二天一大早，双远若无其事地和大海哥等几个伙伴一起，来到老妖家约他一块去验证橛子。进了屋门一看，老妖正躺在床上发高烧。他老婆说，昨天晚上老妖遇到鬼了，拼命挣扎才逃脱了。双远听后笑着说：“盖校长是糊涂了，不是有鬼，是把自己的军大衣楔在地上了。所以跑不动。”老妖半信半疑，经劝说后，双远扶着老妖到坟地一看。老妖的病一下子好了一半。

从此，老妖胆子大的神话破灭了。

米双远又熬过了一个不眠之夜。

白天双远跟盖无法吵了一架。起因是米家庄八个生产队的劳力集中到汉名堂水库修大坝，双远和大家一起，天还没亮就起身了，冬日的西北风迎面扑来，双远感冒已经一个多星期了，由于没有时间拿药，已转化成了气管炎，见风就咳嗽。当迎着凛冽的西北风赶到工地时，双手虽然戴着一副破损的手套，可他手面上冻裂的口子冒出的鲜红的血滴染红了手套。这天的大队带队领导是盖无法，虽然他也知道双远感冒了，但毫不手软，别人一天推四十车，他非要双远推四十五车。他给出的理由很堂皇：“你是入团积极分子，就要多出力，要以更高的标准要求自己。”说完之后开始运土，盖无法从早上开始就跟着监督双远，还对他横挑鼻子竖挑眼。忍无可忍的双远终于爆发了。一车土卸完后，双远推着空车下坡，故意扔了块石头砸向盖无法从不离左右的金毛狗。俗话说狗仗人势，有盖主任撑腰，这畜生对着双远狂吠，而且还追过来了。双远故意推着空车下坡快跑，金毛一路追来，拐一个九十度的弯后，盖无法已经看不到双远和金毛的影子了，新来的跟双远搭伙拉车的常家媳妇也被甩到了后边。双远把小车一扔，一侧身，眼看着金毛拐弯过来了，双远抬起右腿，一个弹踢，正中金毛腰部，只见阳光下黄澄澄一团物体飞向山涧。待双远推着满满一车土回来时，盖无法怒目圆睁，那只金毛也和双远眼睛对视。双远射出箭一般的两道目光，那狗垂下了头，再也没有往日的威风。“米双远，是你小子干的吧，金毛腿都断了。”盖无法喝道。“什么，金毛怎么了？他不是一直跟着你吗？”双远装作很无辜。毕竟，狗不会说话，盖无法和金毛算是吃了个哑巴亏。当然，这事没有完，今天双远已经推了四十五车，盖无法非说还差一车，因为他是监工也是记录员。双远终于忍不住了，直接跨前几步，手指着他鼻子大声喝道：“你小子比半夜鸡叫的周扒皮还狠，我们社员推了一天车，腰都弯了，你干的啥！谁让你在这指指画画？你那条狗凭什么吃食堂的饭菜，他有什么功？有种咱俩换换，你来推车，我来记录！”愤怒的双远几乎要出手了，围观的人们一看不好，纷纷过来拉住双远，生怕惹出大麻烦。

“我是‘造反派’，我们家解放前是要饭的，你这个奸商的孙子没资格和我换，你就得干活，就得接受我的再教育。”盖无法看人们越聚越多，就更加肆无忌惮，扬手就要打双远，其实双远的火气已经到了燃点，随时可能大爆发。此时，干四爷出面了，一手拦住双远，一手指着盖无法说道：“有事说事，不能拿成分压人，谁都是娘肚子里出来的，难道投生娘胎还能挑选？双远一个学生哥，能推这么多车土已经很不错了，你不能这样骂他。”盖主任听了干四爷一番道理，顿时语塞，众人也趁机把双远拉走了。为什么干四爷说话能管用呢？因为作为第一生产队的队长，干四爷为人正派公道。干家又是米家庄的大家族，人数上几乎能和盖姓匹敌，干姓家族但凡有大事都是干四爷拿主意，盖主任平时一些见不得人的事情，四爷都一清二楚。所以，每每遇到不平事，四爷都会站出来说话，久而久之，赢得了乡亲们的信任和尊重。

整整一夜，双远的思绪如滔滔江水无法停歇。千百年来，中国人都信奉“万般皆下品，唯有读书高”。读书才有未来，读书是每一个人的权利，无论你出生在王宫贵族之家，还是工人、农民和商人的孩子，你都可以通过读书走出一条光明的路子。可现时又怎么样呢？自己从上小学开始，一直到高中毕业，都是学习尖子，是品学兼优的好学生，中学毕业，上大学的路断了，回到农村，认真接受贫下中农的再教育，第一场拔麦子，就挣了十个鸡蛋，扶危济困，帮助乡邻，在劳累一天的状态下，晚上自费学习针灸为小黄河治疗尿床……

正在思绪翻滚之间，双远忽然被爷爷的呻吟声唤醒了，爷爷一定又是犯了肚子疼的老毛病。双远赶紧起来，把那块老砖放在炭炉子上，五分钟后，烤热了，用一块厚布缠绕，跑到爷爷床边，放到老人家的肚子上温烫。这是双远发明的为爷爷治疗肚子疼的土办法，非常有效，反复烫两三次，疼痛消失。因为双远从老中医处知道爷爷这是“老寒胃”，主要是自打年轻做买卖，到南方进茶叶，风餐露宿，吃不宜食，落下的老毛病，一旦受了凉就犯病。双远其实自己也在病着，咳嗽已经近半个月了，一直没顾得去大队卫生室。白日里上山修水库推土，回到家天已黑，除了忙完自留地的事，晚上要随时照看爷爷，最近又帮小黄河针灸治疗尿床，临睡前还要争取温习一点学过的数理化知识，根本无暇顾及自己的身体，也就仗着年轻底子好，没有酿成大病。爷爷常常教导，“人过留名，雁过留声，钱算什么，生不带来，死不带走。人这一辈子要仁义”，要做到“老者安之，朋友信之，少者怀之”。这几年在村里，双远孝敬老人，扶幼济弱，难道错了吗？为什么好人不得好报？像盖无法这样的坏人，横行乡里，专干缺德丧良心的事，却掌握着社员们的生杀大权，这世道公平吗？

鸡叫头遍，双远开始睡着了，不过睡得很不踏实。他做了一个梦，似乎是在山沟里遇到了几只狼，双远立在一块岩石前边，正在用“泰山十八跌”对付几只狼，突然，一阵急速的哨子声惊醒了，原来是队长又在召集社员们下地干活了。

第十五章

周六晚饭后，双远来到憨书记家。首先见到了憨书记三弟小萝卜头，这是双远的老朋友了。小萝卜头刚从公社鞋厂下班归来，他现在是亦工亦农的社办工厂工人，厂里每天有五毛钱补贴，生产队里还要记十分工，这是一个令双远羡慕的职业。在那个时代，他们村里来了好事，比如招工、当兵、推荐上学等，一般是村干部家属优先分配，然后是他们的亲朋好友，一句话，是根据权力分配。憨书记的弟弟小萝卜头招工进入公社鞋厂是天经地义的事，双远也只能是羡慕，跟小萝卜头仍然是好朋友。所以，每到周末双远总要见一下老朋友。不过，他来看老友还有一个很重要的原因，双远心目中那个未来的她——杜鸿雁，邻近毕业时被抽调到公社文艺宣传队，后来又分配到鞋厂，一边演出一边工作，有演出任务就去演出，没有演出就回鞋厂上班。双远每次见小萝卜头，都要从他这儿打探心上人的消息，而今天得到的消息，让双远燃起了希望：其一，杜鸿雁现在还没对象；其二，鸿雁正在积极为推荐上大学做准备。

毕业三年了，双远一直没有见到自己心上的人——不，应该说是没有说过一句话。就在两个月前，双远用地排车拉着爷爷去县中医院看病，出院门拐弯处一扭头，一个熟悉的身影骑着自行车从身边闪过，两个人有一个对视，应该没错，是她——杜鸿雁。可自行车上的人没有停下来，拉地排车的人也没有开口。双远心里一阵翻腾："是人家瞧不起自己吗？曾经关系密切的同学，难道认不出来吗？不会的，虽说自己变化大些，已从一个青涩少年变为一个男子汉，但只是轮廓的放大而已，没有变形。但是如果反过来讲，自己一个农民，能给人家幸福吗？杜鸿雁已经经历过两次打击，歌舞团和艺术学院都没有去成，难道一生就绑在这块黄土地上吗？”双远很快心就平静下来，却又更加翻腾不已：“苍天啊，这世道何时能变呢？”虽说，自己劝说自己，放下吧，一方面两人不在一个阶层上，自己是拿工分的，百分之百的纯农民；杜鸿雁亦工亦农，除工分外，还有每月十五元的工资。你忍心两个人一起，脸朝黄土背朝天一辈子吗？如果一个男人不能为心爱的人带来幸福，还有意义吗？一个双远和另一个双远在打架，这可能就是所谓的思想斗争。

杜鸿雁没对象的消息对双远是一个鼓舞，更重要的是杜鸿雁也要上大学。

双远和小萝卜头聊了一会儿，然后抬腿来到东院憨书记家。这是两个院子，为了安全，外部走一个大门，内部两院之间再开个小门。憨书记结婚后家里新盖了这个东院。这院子其实也住了三户，憨书记住北屋三间，憨书记的大爷——一个老实巴交的老光棍子住北屋东边一间，憨书记二弟牛老二住东厢房两间，东厢房另一间用作公共饭屋。书记开会还没回来，江小桃正在为儿子补衣服。

似乎是为了回报双远，江小桃主动地一口气告诉了他一个消息：“双远兄弟，这次学校只有一个名额，你让给我了，我谢谢你。我听说公社要成立计划生育小分队，我和你大哥说说，让你去。”

“谢谢嫂子，那真是太好了。”双远的谢意是由衷的。

一个月后，米双远加入了公社计划生育第三小分队，进驻文家屯大队，开展计划生育工作。

为了响应全国性的计划生育号召，公社迅速成立了八个计划生育小分队，文家屯管区所属第三小分队由公社卫生院彭医生任队长、宝山村党支部副书记章永声任副队长，双远被安排做小分队的统计员。文家屯为迎接公社计划生育小分队的到来，召开了计划生育启动大会，由党支部书记甘正敦主持，文家屯管区柳书记做了重要讲话，彭队长作了工作部署，小分队八位成员都坐在了大会主席台上。

双远异常地激动，这一夜翻来覆去睡不着觉。一个富裕中农家的孩子，一个“奸商”的孙子，一个入不了团的小社员，一个大队主任盖无法发誓一辈子也不让离开米家庄的小青年，竟然坐到了大会主席台上，而且和管区书记同坐一排，这是莫大的荣耀。又一次，米双远心中的希望之火被点燃了。双远暗暗下定决心，一定要在工作中好好表现，无论如何要抓住这难得的机会，干出成绩来，要争取被推荐上大学。

文家屯大队由三个村子组成：李家堡、马家庄和文家屯。大队总人口将近五千，其中文家屯最多，有三千多人。文姓是村里的大姓，男女老少接近两千人。工作队决定以文姓村子为突破口，打开工作局面。小分队驻村一个星期来，工作还算顺利。

双远是文家屯计划生育小分队唯一的未婚青年，除负责统计工作外，还被安排在驻点住宿，保管相关文件材料，并负责处理晚间应急大事。双远的临时住处是与民兵营部相邻的两间房子里，很自然地，双远就与晚上站岗值班的知识青年田雨心成了无话不谈的朋友。两个年轻人还有着一个共同的爱好——武术。

双远的“泰山十八跌”始终没有放下，每当夜深人静，他就一个人在院子里练功。在家的时候，他把那棵近百年的大槐树作为道具，而在文家屯大队部院子里，一棵枣树成了他的靶子。先是徒手攀爬，习练四肢的力量，上下蹿纵几十次，然后把树干作为假想敌，习练“采挒肘靠、掤捋挤按”的摔法。在一个月明寂静的晚上，双远正练到兴头上，突然听到有人发一声喝彩：“好！”原来小田今夜值班，听到院子里有响声，扭头一看，是双远在练功，不觉叫出一声“好”。双远见是小田，随即双手抱拳微微一笑，算是友好示意。没想到，小田迅速放下手中的冲锋枪，双手抱拳也还了一个礼——看来也是武林中人。相互各报自家门派，双远得知小田练的是“佛山跤”。一番攀谈之后双远得知，作为来自四大跤城之一济南的小田，偶有机会拜四里山一个老和尚为师，十岁始习练佛山跤。这门武艺属于外家，重点从筋骨练起，练法借鉴泰山挑夫，腿上绑沙袋每日爬山，所以，每个徒弟腿部肌肉发达，下盘稳固。因为摔跤就是使对手失去平衡，摔倒在地，而自身要保持重心平稳。

二位习武青年言语不多，就搭上了手，小田自恃下盘稳伸手便抓，双远这“泰山十八跌”本就是借力打力，并不惧对方发力，因而打算将计就计。不过二人都是试探，小田连续三次发力，双远随力跟步，一一化解。经过三次试探，小田心中有了底，认为双远实力稍欠，所以运足力气，先是声东击西，虚推实拉，反复几次，接着猛推，双远双臂绷住。突然，小田借双远反弹劲猛往右侧身后发力，并微微下蹲，将右腿伸出，意图来个横木绊虎。双远将计就计，顺势前冲，待右腿触及小田右脚时，轻轻抬起，滑过后迅速落地，右脚倚住对方右脚，身体加速顺时针旋转。此时，小田整个身体不由得仰面贴在双远后背上，双远马步踏实了，一弯腰，小田从肩上滑过，五米开外，小田连续踉跄几步，竟然又站稳了。双远哈哈一笑，抱拳打揖，喊了一声："好！"两人相视一笑，算是惺惺相惜。

小田是个腼腆的年轻人，在知青组朋友很少，自小养成了内向性格，除非你有过人之处，否则他都懒得搭理你。这一次交手，双远使出了"泰山十八跌"，可能是从内心上征服了小田，两人很快成了好朋友。虽说达不到无话不说，但也相互通报一些重大信息。比如，最近知青组小刘去青岛厨师学校上学去了，本来名额是给小田下拨的，但小田不喜欢，就让给小刘了。闲聊中双远得知，小田他爸在这个知青组的家长中，官最大，据说是个军长。在双远心目中，那可是统领千军万马的大将军，不过小田平时还是蛮低调的，如果小田自己不说，还真看不出来他爸的官职竟然这么大。

听小田讲，青岛厨师学校是专门为驻外使馆和钓鱼台国宾馆培养厨师的，优秀毕业生可以到国外大使馆工作。不过没过一个月，小刘却退学回来了，据说是因为吃不了那个苦。当听到这个消息后，双远又失眠了。这天下是多么的不公啊。厨师学校毕业，是中专生，吃国库粮，还可以到国外工作，那可是做梦都笑醒了的好事。可人家小田根本就瞧不上，小刘吃不了苦说回来就回来了。这可是双远做梦都碰不到的好事啊。凭什么呢？想不通的双远，又是一番感慨。

小田远离父母，缺少了家庭的温暖，但因为是军人子弟又有武功，被选为特勤民兵。由于经常要为各种活动二十四小时轮流值班，总是无法按时吃饭。为此，文家屯安排大队妇女副主任东兰负责照顾执勤人员的伙食。东兰是个热心姑娘，积极上进，是劳动模范、共产党员，由于自身条件好，老大不小了还没有对象，眼看过了年就虚岁三十了。小田管东兰叫"东姐"，东姐热情、开朗、细致，把十七八岁的小田当成亲弟弟，甚至还释放出女性特有的母爱。自打东姐来后，小田也变得开朗多了，双远经常听到他们的笑声。不仅是小田，其他几个作为特勤民兵的知青小伙子也感到了东姐带来的家庭般的温暖。几个月下来，东姐和小田认了干姐弟。

这年秋天，“三秋”大战开始后，小分队都回到原大队参与秋收、秋耕和秋种。经过一个多月的紧张劳动，新播种的小麦露出了嫩芽，小分队重新集合，回到文家屯大队。双远回来后直到第二天都没见到小田，同时协助小分队抓计划生育的妇女副主任东姐也没露面。双远正在纳闷呢，到了下午，小分队彭队长召集大家开会，宣布了几项纪律，同时通报了发生在文家屯的男女作风事件。

事情的发生真有些偶然性。

“三秋”时节要与老天抢时间，所以每个大队都有一个广播室，及时传达上级各种通知以及播报天气预报。文家屯的播音员小王是个复员军人，在部队时做过文书，而且是在北京当兵，学会了普通话。所以大队安排他做了播音员。小王同志也很珍惜这份工作，无论刮风下雨，从未误过事，特别是安排他晚上值班，也从无怨言。

那天晚上，小王忙活完自留地的活儿，匆匆吃完饭，已是月上柳梢，时间有点晚了。担心有紧急通知需要播报，小王抓了件厚衣服，边走边穿，一溜烟出了村，顺着玉米地间的小路向文家屯奔去。从李家堡去往大队部所在的文家屯要涉过流经米家庄的明堂河。秋天的河水并不深，小桥是用大石头垒砌来的，小王无暇聆听潺潺的流水声，匆匆走过小桥赶路。眼看小王过了河滩，就要进入青纱帐间的小路。突然，他听到草丛中有声响，小王是军人出身，对环境动静很敏感。他停下脚步侧耳细听。一阵急促的喘气声传来。不好，可能有人正在用麻袋背玉米！再细耳一听，似乎还是两个人的喘气声。不好，可能是团伙作案，必须抓住他们。小王顺手抓了两块鹅卵石，蹑手蹑脚，向声源处靠近。快到近前了，月光下看到两条人影横在地上叠在一起。再走近一步，大喊一声：“不许动！”只听“哇”的一声，上边的黑影跳起来，转瞬不见了。仔细一看，底下躺着的正是大队妇女副主任东姐。东姐吓坏了，整理好衣服就给小王跪下了，哀求千万不要说出去。小王未置可否，只是让东姐赶紧穿上衣服回家去。当晚，小王就向大队领导汇报了整个事情的经过。经大队领导反复做思想工作，东姐终于承认上边的黑影是小田。原来，两个人由姐弟情发展成了恋情。事发后不久，东姐的妇女副主任职务被免，而小田也被推荐到省印刷学校读书去了。

那年冬天，东姐家门前来了一辆挂着军牌的解放牌汽车，汽车还加挂着一个后斗，满满一车用来做饭取暖的木炭。据说，这是小田央求他爸安排部队送来的。这，也算是对东姐那颗受伤的心一点补偿吧。

为了发动群众响应计划生育号召，小分队除统一组织育龄夫妇办学习班外，还组成两三个人的小组，分头到育龄夫妇家中做思想工作，动员他们采取计划生育措施。因彭医生是兼职组长，大部分时间在公社卫生院当医生值班，所以没有编入小组，余下的人分成三个小组，双远和小程、老郝分在一个小组。小程是党员，又是张庄大队妇女副主任，所以任小组长；老郝四十出头，是高尚大队七队的妇女主任；小程二十八岁，却已有了三个子女，但你根本看不出她是三个孩子的母亲。与同龄未婚刚被免职的东姐相比，两个人倒要翻个个，东姐更像有几个孩子的妈妈，小程却像一个充满活力的未婚大闺女。双远称呼小程为小程姐，因为有东姐的前车之鉴，小程故意与双远拉开些距离，平日里跟双远一副公事公办的样子，就连一起走路也不并排。其实小程姐性格爽朗，和其他女队员总是谈笑风生的。双远始终搞不明白，小程姐似乎随时散发出一种磁场，而自己恰恰为这种磁场所吸引，似乎小程姐发出的是 S 型磁力线，而自己身体内蕴藏着强大的 N 型磁力线，随时都欲冲出去抓住那些发自小程姐身上的磁力线。这与杜鸿雁发出的光波不同，那束光波能搅得双远灵魂出窍，在太虚幻境中游走。也许，那时候双远还是个孩子，并没有身体的反应。但现在不同了，双远的情感世界可能已被杜鸿雁控制，容不下他人，而身体的反应却很明显。当小程姐朗朗的笑声在空间无所顾忌地传播时，对于其他人，也许就是一般般的物理波，可双远受不了这种刺激，每当此时，身体总是不受自己控制。双远很痛苦，生怕别人发现，自己默默地忍受着。这不亚于汉名堂水库大坝底部所承受的水压，特别是对神经阀门的冲击相当巨大。双远估计，每一个平方厘米足要承受上千斤的冲击力。俗话说，千里之堤溃于蚁穴。意志稍稍放松，哪怕出现一点点缝隙，水流就会喷薄而出。双远有些羞耻，也有些自责，自己为什么会有这种反应，而自己的精神世界是清白的，绝没有非分之想。多少年后，双远自己分析，之所以能够挺住，一个非常重要的因素不可忽略，那就是双远是个童子，从没有偷吃过禁果，根本不知道那种人世间的愉悦，也没有去探索的欲望。因为他心有所属——那一个眼神就能把他打晕的杜鸿雁。双远想到了泰安人的骄傲——坐怀不乱的柳下惠。和圣柳下惠的故事在泰安广为流传，小时候爷爷经常以此故事教育双远，面对女性要目不斜视。爷爷告诉他，柳下惠有次晚上在破庙打坐避雨，不久进来了一个妇人在对面坐下，也是避雨。大雨滂沱，半夜不停。初秋的天气渐冷，妇人连打喷嚏，受冷欲感冒的前兆。妇人央求坐入和圣怀中取暖，柳下惠不允，妇人说："我家中尚有老母欲赡养，如果我受冷伤寒不治，老母焉能续活？你见死不救，等于杀了两条人命。"和圣无奈将妇人拥入怀中取暖，一夜无事，后被传为千古佳话。这就是道德的力量。人不同于动物，性活动必须遵从人伦道德，一个真正的男人必须能完全掌控自己的身体，把其放到正确的位置，决不可越雷池半步。

多少年后，双远也深深地感谢小程姐。作为一个已经结婚生娃，早已尝过禁果之愉悦的女性，作为过来人，她肯定能感知双远身体的冲动，她却始终能守护着道德底线。很多次开会到晚上，作为队里的小伙子，双远都要护送小程姐回家，两个人骑着自行车，讨论当天的工作，始终是清白的。相比之下，东姐就没有把持住，也许东姐作为一个未婚大龄青年，急于品尝下禁果的味道，双远这样想。

文家屯小分队已经在公社八个计划生育工作队中遥遥领先。育龄男女只要家中有男孩的基本都去做了手术。

目前摆在小分队面前最大的困难是——生育了好几个女孩却没生男孩的家庭。新官上任三把火，米双远作为计划生育小分队副队长（宝山村支部副书记章永声因工作安排回村，米双远成绩突出升为副队长），带领小程姐、老韩和老郝，势在必得地赶往马家庄四队副队长马棋友家。说起这马棋友家，父母生养了四个儿子，但前三个都打了光棍。最后，家里集合了所有资源，给老四说上了媳妇。老四马棋友也很争气，改了他爹好玩的习性，为人忠厚踏实，劳动是块好料，入了党，当了副队长。媳妇娶来后，第二年就生了个闺女。马后炮和马老太，也破例对儿媳妇百般照顾，指望快生个大胖小子。可连续四个娃出来了，就没一个带把的。这事让马棋友他爹临终都没能闭上眼睛。“不孝有三，无后为大”，那时候，在泰安人心里传宗接代是头等大事。一家如果没有男孩，等于断了香火，叫作“绝户”家庭。这是人生最大的悲哀。马棋友他爹临死，攥着马老太的手说了最后三个字：“生孙子”，说完咽了气，可眼睛没闭上。

经过工作组连续两个星期狂轰滥炸般的思想工作，马棋友终于认同了“男女平等，生男生女都一样”。可马副队长是出了名的孝子，说这事必须他娘点了头，才能去做计划生育手术。于是，双远带领工作小组敲开了马棋友家的大门，开门的是一个五六岁的小女孩，腾愣着鼻子，头发乱哄哄的，能看到一些个小白点在阳光照射下，泛着白光，那是虱子的卵，因为人们发现它后都是用双手大拇指指甲盖对着一挤把它消灭掉，所以当地人管它叫作“挤子”。再一看门后头墙角里一个三四岁的女孩趴在地上用手抓着什么，还不断地往嘴里边填。双远眼疾手快，一把把孩子抱起来，只见孩子满嘴是土，正在津津有味地咀嚼。小程姐赶紧把孩子接过来，一边抹去孩子嘴上的土，一边扑哧扑哧掉眼泪，可怜天下父母心。当一行人抱着孩子进屋时，早知工作组来意的马老太愤怒而警惕的目光有所缓解。她礼貌地让大家坐下，跟大家拉起了家常，马老太说：“这孩子肚子里有蛔虫，喜欢吃土坷垃，平日里大人得随时盯着，一眼看不见，就去抓土吃。”老太太继续说道，自打嫁进马家的门就没享一天福，给马家生了四个儿子，也算是对得起老祖宗了，可是老了老了却没了指望，四个儿子，就这老四成了家，结果儿媳妇就是不甜欢人，一连四个女娃，哪怕生一个带把的呢，也算对得起咱老祖宗。老头子到死都没合上眼睛，真是命苦啊！说着说着，老太太眼圈就发红了。此时，老韩插话了：“现在是新社会了，男女都一样。”马老太脸色开始变阴了。嘟囔道：“女人能打种吗？”老韩不依不饶地说：“你都四个孙女了，是四朵金花。”老太太不吭声了。老郝插嘴道：“你儿子是共产党员，计划生育应该带头。”马老太的脸变青，嘴唇开始发紫。紧接着老韩提高了嗓门说道：“是省革委会派我们搞好计划生育！”终于马老太爆发了：

“省革委会的头头不是浑蛋，他不能叫我马家断子绝孙！”

马老太本来就因缺牙而说话漏风，现在因为生气，更是口齿不清。糟糕的是，在场所有的人，都把她说的“不是浑蛋”听成了“就是浑蛋”！

空气突然凝固了！所有人的脸都变黄了，老太太是气得发黄，小分队的人是吓得发黄，继而变白。

没人说话，大家你瞪着我、我瞪着你。

辱骂省革委会主任，这可是“反革命”罪啊！双远的脑子快速旋转，“惹下通天大祸了，怎么办?”米双远和小程姐使了下眼色，把大家叫出了门外，赶快研究对策。出大门找了一个柴火垛后，四个人抓紧商量怎么办。老韩毫不犹豫：“攻击省革委会主任是严重的“反革命”事件，必须立即汇报。否则，就是包庇罪。”

大家商量的结果是，一致同意立即向彭队长汇报，让彭队长向上级报告。

这时，双远也留了一个心眼，必须同时通知文家屯大队支部书记甘正敦。甘书记是老党员，在上面人脉广，双远希望依靠他力争把大事化小，绝不能眼看着马老太因为一句气话被抓走，甚至被枪毙。

正像双远所担心的，彭队长立刻报告了公社革委会，事情性质严重，层层上报，县革委会和地区革委会都先后获悉了。据说县革委接到报告后，已命令公安局下来抓人。同时，双远报告甘书记后，甘书记通过上边的关系也在做工作，争取按人民内部矛盾处理。很快，县革委会派来的公安同志就来到马家庄抓人。此时，甘书记已安排民兵携枪做好了警戒，表面上是协助抓人，实际上是争取时间。

文家屯是明星村，新中国成立前是共产党的地下根据地，曾经掩护过很多党的干部。现任大队党总支甘书记就是那时入党的革命青年，甘书记入党的时候才十五岁。甘书记向县革委会主任汇报，争取把人留下来，文家屯革委会自己组织批判大会。此时，马老太已被民兵押送到民兵营部看管。甘书记向民兵营长交代，没有我的命令不准放人，也不准任何人把人带走。县公安局来了一辆吉普车，由分管刑警的吕副局长带队，连司机共四个人。吉普车本来五个位子，留出一个位子押解犯人。县公安局吉普车直接开到了大队部门口，几个人提着枪急匆匆就进了大队部，没待他们进屋，大队文副书记笑脸迎接他们进了大队部，并让文书沏上茶。文副书记拿出一盒泉城烟招待客人。那时候一般老百姓能买九分钱的向阳牌烟卷就不错了，简装的一盒只有八分钱。一毛九一盒的菊花牌烟算是好烟，两毛四的泉城牌已经是高档烟了。吕副局长接过烟还没来得及点，就急匆匆问道：“‘反革命’在哪?

马上带走。”文副书记不急不慢地答：“正在审问，您先抽根烟。”其实，这当间甘书记正在给地革委主持工作的李副主任打电话。李副主任刚刚平反回到革命队伍中来，前几年被打成了叛徒，后来上边来人调查，弄清楚了李书记从来就没叛过党，在这期间还专门找当年的儿童团员甘书记了解情况作证明。所以甘书记和地革委李副主任算是患难之交。一根烟抽完了，吕副局长起身要带人走。文副书记赶紧赔笑脸说请再喝一杯茶。吕副局长发火了：“这是一起性质恶劣的‘反革命’案，光天化日之下竟敢辱骂省革委会主任，这样的案件必须从严从速处置，你文家屯要是影响了办案，负连带责任！难道你们还敢包庇‘反革命’吗？”眼看局面失控了，县里来的人已拔出手枪，准备强行到后院抓人。突然，一个洪亮的声音从后院传了过来：“是吕副局长吗，我马上过来。”甘书记一边说一边赔着笑脸急匆匆走了过来，只见他紧赶几步，伸出双手握住吕副局长的手：“欢迎欢迎，我刚刚接到地革委李副主任的电话，要求我们严肃处理，深刻批判！”吕副局长面露疑惑，问：“这事还惊动了地革委？县里直接逮捕就行了。”“李副主任非常重视，对这样的滔天罪行，地革委已经安排工作组赶来，一定要挖出这起反革命案件的幕后黑手，阶级敌人可能隐藏得很深。”甘书记答。吕副局长心有不甘，本想把人带走，可地革委又插一杠子，只好等着看地革委是否真的来人，来的是谁。过了没多久，地革委的工作组真的赶到了，带队的不是别人，正是吕副局长的老上级、地区公安处长商小虎。吕副局长看到老上级来了，有些尴尬，请示商处长后，赶紧带手下撤了。直到这时，甘书记心里一块石头才落了地。原来甘书记接到米双远的报告后，意识到事件重大，瞒是瞒不住的。可是，一个山村老农妇，一时糊涂说了不该说的话，稍微有点常识的人都应该知道她最多也就是不知天高地厚，没什么实质性的东西。可眼下她如果被抓走，就一定会判刑，说不定甚至会被枪毙。所以无论如何，一定要先把人留下来，争取大事化小小事化了。既然县里的人已经赶来，只有找更上一级的领导——地革委李副主任。甘书记在电话里，谈了自己的想法，请求领导让文家屯革委会自己处理。李副主任作为刚刚平反的老干部，深知斗争的残酷。而且，因为新中国成立前文家屯的老百姓掩护过地下党，他也曾经得到过保护，所以对文家屯人民怀有深厚的阶级感情。李副主任没有犹豫就同意了甘书记的请求。

待县局吕副局长走后，地区公安处商处长向甘书记当面转达了地革委的指示："公安局暂不抓人，但一定要召开批判大会，让马老太彻底坦白交代罪行，并要挖出藏在幕后的阶级敌人，根据认罪情况再作处理。"

根据地革委指示，文家屯组织召开了规模不小的批判大会，除文家屯大队全体社员和学生外，文家屯管区八个大队二十个村子都派了代表参加大会。

马老太七十多岁了，已属耄耋之年，由于精神压力大，茶饭不进，本来是三寸金莲，走路更加不稳，是由两个背枪的民兵押送上台的。老太太泣不成声："我对不起省革委会主任，但是我没骂省革委会主任！我们家在旧社会是要饭的，我娘要饭到马家庄得了重病，是马家收留了我，还给俺娘下了葬，我觉着要报答马家的祖宗，总得有个孙子把香火传下去，总不能看着马家就成了绝户。"突然，有人大喊："不许抵赖！不许胡说！不许宣扬'封资修'的东西！"老太太吓得直打哆嗦，不知道说什么好了，半天沉默之后，只好由民兵押下台去。接着小分队彭队长、妇女主任、计划生育积极分子先后作了批判发言。本来彭队长要米双远上台批斗，可米双远推说感冒了嗓子疼，躲过发言。

这次事件，彻底把一个热血青年米双元的内心世界搅乱了。此后很长一段时间，每当夜深人静时，双远都会陷入深深的忧虑：这个世界怎么了，难道人们精神错乱了吗？双远最不解的是，马老太太渴望生孙子，延续马家的香火难道有错吗？

文家屯经过对马老太的批判大会后，计划生育工作得到了长足发展，文家屯计划生育小分队成绩突出，很快引起了管区领导的注意。管区柳书记专门听取了小分队彭队长的工作汇报。由于米双远是统计员，涉及数字问题均由其回答并做出解释，结果令柳书记非常满意。适龄人数、育龄人数及子女情况、本人思想工作情况及家属情况，双远均一清二楚，文家屯上千人的资料，他简直是如数家珍。

柳书记高兴之余，点名米双远到其办公室做专门汇报。这次汇报从文家屯的计划生育情况问起，突然，柳书记话锋一转，问到米家庄大队领导班子情况，米双远虽然觉得有些莫名其妙，但还是如实把自己所了解的情况向书记做了汇报。

原来，柳书记最近下乡调研，了解到米家庄的领导班子工作很成问题，尤其是原来的民兵连长兼团支部书记李二狗，做了些违法乱纪的事情，群众意见很大。为此，柳书记请公社肖主任一起，亲自到米家庄召开了大队干部会议，宣布撤销李二狗的民兵连长和团支部书记职务，立案调查。在谈到调整大队领导班子时，柳书记明确说："要培养新生力量，我看米双远就不错，积极向上，革命热情高，有文化、有知识，脑子清楚。这样的年轻人应该吸收到团支部来！"

最后，会议决定任命复员军人、共产党员干联合为民兵连长兼团支部书记，吸收米双远加入共青团并提拔他为团支部宣传委员。

又是一个不眠之夜，米双远似乎看到天际又发出了一线亮光。出生在富裕中农家里的"奸商"的孙子，生来就低人一等，一种"贱民"的外衣一直裹在身上，这就像刺在武松脸上的文印，走到哪带到哪。今天，屡遭挫折却不懈努力的自己，终于被吸收为光荣的共青团员，终于能跟贫下中农一样参加革命了。

双远想到，好人总有好报。小时候爷爷总是教育自己要有善心，要懂得帮助别人。那年黄河决堤，淹了北岸的齐河县，记得是政府安排难民来双远家过冬，就住在早年逃荒大爷留下的破屋茬子里。这屋茬子年久失修，房顶早已露了天。米大老爷听说要安排难民居住，立即找人做了一番修补，让那难民哥俩安了身。过年了，在泰安，如果没吃上饺子就等于没有过年。爷爷就让双远端了一盆饺子给哥俩送了去。后来长大了，他也是在爷爷的教育督促下四处做好事帮助别人，才有了今天。看来，人行善积德做好事没有错。

祸不单行，福亦双至。双远不但成了大队团支部副书记，而且在计划生育小分队也得到了提升。小分队副队长章永生因为自己村里修水电站，工作任务重，离队回村工作去了。鉴于双远的良好表现，管区柳书记指定他为计划生育小分队副队长。俗话说新官上任三把火。 双远想到，自己已经是一名共青团员，而且成为了团支部领导，一定要大干一场，争取再加把劲，成为光荣的中国共产党党员，那就有足够的资格被推荐为工农兵大学生，就不会辜负爷爷"种杏为坛，文曲星繁"的期望。

文家屯的计划生育工作进展顺利，文家屯计划生育小分队在全公社八个管区中拔得头筹，采取了计划生育措施的人数在公社甚至管区里遥遥领先，因此，米双远所在的小分队被公社评为优秀团队，公社准备召开总结表彰大会，柳书记点名要米双远代表发言。

米双远积极准备发言稿。

这些天来，双远经历了太多太多，可以说自打进入计划生育小分队以来，似乎由一个成分高的社会地位低下的农民转而“咸鱼翻身。”不仅入了团，而且荣升为分管宣传的团支部委员。最值得荣幸的是自己的工作能力也被上级领导发现并获得了肯定。时至今日，双远身份变了，成了一个团干部。干部就要以身作则，就要为革命奋斗终生。双远志得意满，准备响应伟大领袖号召，在农村这块广阔天地里，大干一场。

双远回到米家庄，把将要代表小分队发言的好消息及时向憨书记做了汇报。

人都说憨书记“憨”，可憨书记身后有一个鬼精的老婆——江小桃。米双元向憨书记汇报时，坐在一旁的江小桃听得比憨书记还认真。双远注意到，当提到柳书记指定双远做大会发言时，江小桃瞪大了眼睛，而憨书记的目光则充满了赞许。

米双元向憨书记汇报工作后的第三天，接到了大队通知，要求他回米家庄大队部报到，工作另有安排，另派一个妇女队长接替米双元成为小分队的一员。

其实，双远向憨书记汇报后，那一晚，江小桃根本就没睡着。她感到了威胁，是对丈夫权力的威胁。

两口子的对话很有意思。双远走后，憨书记对老婆自豪地说：“小桃老师，我的眼力见儿不错吧，看人还挺准的，你看米双远干得真不错，都得到柳书记肯定了。”憨书记之所以称呼老婆为老师，这是江小桃要求的。江小桃虽然只上过小学，可当上小学教师后，她就要求憨书记在外称呼其江老师，在家里则要改为爱称：“小桃老师”。憨书记没想到，江小桃提高了嗓门喝道：“你这个老憨，柳书记看上了米双远，将来还有你的戏吗？”

这一夜，江小桃为憨书记上了一夜的“课”。她认真分析了米双远如果进步太快，肯定会威胁到她丈夫的书记位子。但是，目前米家庄的生产和工作，都还要依靠米双远这样的进步青年。所以，她强迫丈夫赶紧把双远调回来，放在他的眼皮底下——准确地说是放在她的眼皮底下监督着，时时处处防止他过于冒尖。

三天后，米双远接到通知，回米家庄大队部报到。这可能是米双远进入米家庄社会后遭遇的“第一次算计。”回到大队部的前天晚上，憨书记和米双远在家里进行了一次长谈。其实，对于米双远来说，这个时候离开计划生育小分队，很显然错过了一次在公社大会上典型发言的机会，这也意味着可能失去了快速“进步”的机会。但是，反过来想，能去计划生育小分队，也是人家憨书记给的机会，所以，必须服从命令。双远很平静地来到憨书记家。憨书记是个直肠子，开门见山，先是肯定了双远的小分队工作成绩，为米家庄争了光，同时为双远做了前途光明的工作安排。有三个职位供米双远选：一是去大队卫生所；二是代销店；三是科技队。憨书记很真诚地征求米双远的意见，这让米双远心里暖暖的。这么多年来，作为一个出身富裕中农家庭的“奸商”的孙子，尽管比“地富反坏右”的子女稍强一点，但在村里也属于“下等人”，什么好事都轮不到。不要说是大队书记亲自来关心自己的前途，以前连小队长也把你当作次品处理。应该说，米双远的命运还没那么惨，在人生道路上还是能遇到好人相助的。

第十六章

在米家庄，双远还有意无意间建立了一家“弹花房俱乐部”。双远的好哥们大海哥、志实哥是和双远打小学一直到文家屯农中都是同班同学，他俩后来都没能接着上高中。双远高中毕业后，那哥俩知道自己学历太低，没有文化，将来也没什么前途，所以希望双远能教给他们高中的数理化知识。正好志实被生产队安排弹棉花，并负责夜晚看护机房，而这弹花房是一个独立的院子，晚上大门上了栓，正好成为他们的学习俱乐部。哥几个自己将其命名为“弹花房俱乐部。”后来参加的人越来越多，因为人家都渴求知识。除了学习数理化，他们谈理想、谈未来，并由双远传授“泰山十八跌”武功，形成了以米双远和大海、志实为核心的一个不小的朋友圈。

如果说，双远十岁那年跟小银行进了“江湖”，那也只能算是在“江湖”边缘走了一圈。在双远心目中，真正的具有“江湖”属性的朋友圈，就是双远与大海、志实为核心组建的“弹花房俱乐部”。就是这个“俱乐部”，在双远最困难、最无助的时刻给予了他极大的帮助和支持，让他顺利跨过了那些人生的坎。

那一晚上，大队里放露天电影，应该是战斗故事片《渡江侦察记》。三个小学直到农中的老同学聚在了一起。自打双远上高中后，干大海、盖齐敏就从文家屯农中毕业回家种地了。因为他俩属于后米家庄，所以和双远两年多来就没见过几次面，偶尔路上碰着，打个招呼就过去了，各人都有自己的事。想不到今天因为看电影碰上了。三个人于是干脆找了个角落，一边看电影一边瞎聊。电影散场了，可话还没说够，盖齐敏就说："到弹花房再聊吧，反正我晚上就住在那儿。"

弹花房，是米家庄第一生产队的副业基地。那个年月，农民辛苦一年，收获甚微。一斤玉米就一毛钱，小麦也不过一毛二。可农民的孩子上学需要钱，穿衣穿鞋需要钱，生活必需品油盐酱醋柴都需要钱。生产队里如果仅靠种庄稼、粮食卖不了几个钱，工分也就不值钱。一般的纯农业生产队，十分工也就值两三毛钱。也就是说，一个大小伙子干了一天，才值三毛钱。而那时，猪肉七毛三分钱一斤，酱油一毛五分钱一斤，一双解放鞋差不多两块钱，也就是说，一个大小伙子一个月的工分买不了三双鞋。农民只能在家里养几只鸡、一两头猪换些零用钱。好歹这一块私有经济没有被绞杀。但是，靠几只鸡、一头猪，绝对不可能解决盖房子娶媳妇的大问题。所以，那些个灵活一点的生产队长，就会顶着压力想办法，搞点副业为社员们挣点灵活钱。干四爷因为为人正派，脑袋瓜子灵活，被社员们推选为第一生产队队长。为官一任，造福一方。四爷想法子为生产队建立了弹花房。生产队里东借西凑买了一台弹棉花机，让社员们收集破布旧棉花，经弹花机弹匀后，再分发到一家一户，家中大闺女小媳妇把它纺成线，生产队再收集起来，卖给纺织厂作为棉纱织成布。这个过程中，农民收集的破布烂棉花可以卖钱，棉花纺成纱也可以赚取加工费。双远西邻家的堂姐由于手脚麻利又勤快，一晚上加班纺纱还能挣到三毛钱，成了远近闻名的会过日子的好闺女。

弹花房确实造福米家庄及前后几个村子的乡亲们，有的勤快小媳妇光从弹花房一年就能拿到一百多元的纺纱费呢。在当时这可是个天文数字。改善乡亲们生活的同时，生产队也增加了一大块加工收入——当时叫作副业收入。这使得第一生产队的工分由十分值两毛八直接涨到四毛八分钱。所以，前后米家庄里，人人都说干四爷是个好队长。

盖齐敏因为打小机灵，被干四爷安排在弹花房开机器。双远比盖齐敏小一岁，管他叫齐敏哥。这个异姓哥为人平和、热心、真诚，从上小学一年级起就跟双远同一个班。从米家庄小学到马家庄高小再到文家屯农中，如果说双远考试都是第一，那么盖齐敏肯定就是第二。实际上齐敏的语文成绩比双远还稍微强一点，只不过双远的数学更好罢了。如果凭考试升高中，文家屯农中第一个当属米双远，那第二个一定是盖齐敏。可是，盖齐敏家成分比双远家更“高”，他干脆就是大资本家的外孙。所以，对于推荐上高中的事，他连想都不敢想。因此，农中毕业后盖齐敏和干大海一样，回到了生产队成为一名年轻的社员。

对于干大海来说，回村劳动那是宿命。世世代代的农民，到了爷爷辈，干家人丁兴旺，勤劳节俭。爷爷兄弟五个，自己又生下四个儿子。加上哥哥们生的儿子，足有十五六个，自然这干家就成了大家族。可是因为人口太多，又让干家跟“穷”字结了缘。

电影散场后，齐敏领着大海、双远回到了弹花房，然后就把大门一拴。那一晚上，可以说是米双远自打九十中毕业回到米家庄后最愉快的一个夜晚。

三个年轻人敞开了心扉谈论自己的理想。大家互相交心，说出自己最向往的未来生活。

干大海家里成分是中农，当兵肯定无望。那么，能当上工人成了人生最大的理想。一来，工人基本能够饱肚子，因为工人吃国库粮，国家保证给一个职工每个月发三十斤粮票，特殊工种还能加五斤。同时粮库还能供应食油、鸡蛋等副食品，再加上到集上买点议价粮，所以吃饭就不成问题。二来，工人是发工资的。虽说学徒工每月只有十八元，可转正后最低的二级工也有每月三十块钱。这相当于第一生产队两个多月的工分钱。第三，工厂里都给已婚职工分宿舍，这就免了在农村东借西凑盖房子。总之，一句话，相对于农民来说，城里的工人就是上等人。根据大海的理想，大家议论后，在圈内把他的名字由大海改为“工现”，也就是一定要让他当工人的愿望得以实现。

齐敏的理想类似。因为现在在弹花房里开机器，而他最向往的是在工厂里修理机器。齐敏尤其对汽车情有独钟。他心目中的一个理想镜头是：穿上一身工作服，躺在汽车底下，昂头拿着螺丝刀，修理汽车发动机，下班后，左手拿着铁饭盒，右手敲打着，奏出《智取威虎山》的曲子来。说到这儿，齐敏进入了忘我的状态，只见他站起来抓了一个杯子和小铁钉，就“叮叮当当”地敲了起来。大家不禁一阵哄笑。

大家议论后认为齐敏的志向一定能够实现。所以在圈内叫他“志实。”

至于米双远，在爷爷的教导影响下，他的理想一直就是“文武双远”。所以，他没有改名，就叫“双远”。

就在弹花房聚会后不到两个月，立志于“文武双远”的米双远就遇上了路见不平的事，如果自己没有“泰山十八跌”的功夫，恐怕不仅不能主持公道，自身也会受辱。

那天，双远一早急着赶到城里为爷爷买药，骑车路过“大叫驴”家门口，老远就听着吵闹声，走近一看不好，赶紧停下自行车。

原来是四大娘跑到大叫驴家要狗皮。大叫驴家的母狗叫春，而四大娘家牙狗发情，天天往大叫驴家跑。前几天怕出事，四大娘把狗拴了起来，昨天晚上喂狗时忘了拴上，今儿个一早四大娘就找了来，一进后米家庄，就闻到煮狗肉的香味，顺着味道就找到大叫驴家。四大娘知道惹不起他们，狗肉已经进了这帮家伙的肚子，能要回狗皮就不错了。

四大娘大声喊：“狗肉你们吃了，俺把狗皮拿回家还不行吗？”不料大叫驴没有二话，只大吼一声：“给我打！”话音未落，大叫驴的老婆、三弟一众人冲出大门，对着手无寸铁的四大娘一边推搡一边挥舞拳头。米双远见状，血往头上涌，扔下自行车紧走几步，指着大叫驴喊道：“干什么，像个男人吗，欺负女人家？”说话间，双远在路当中立了个虚步，做好了搏斗的准备。果不其然，大叫驴并未答话，直接冲了过来。他看到双远就一个人，很明显自己人多。紧跟着，大叫驴三弟也扑了上来。

没等大叫驴靠身，双远左虚步变实步，随即逆时针旋转，右腿先是微微收起，接着右脚一个侧踹，正中大叫驴前胸，只见瞬间大叫驴飞了起来，穿过大门贴在了迎门墙上。大家还没看清大叫驴的去处，其三弟一棍子劈头盖脸对着双远打了下来，说时迟那时快，双远一个滑步已贴近这老三，左臂架起，挒住那根握木棒的右臂，这一撞击，只见那根木棍脱手飞了出去，越过院墙，只听“咣”的一声，把大叫驴家的水瓮砸烂了。

人越聚越多，大叫驴的其他兄弟也赶来了，周边几乎都是盖家的人，眼看米双远撑不住了。正在危急当头，只听一个粗壮的声音从天而降："都给我住手！"双远用眼角余光一扫，是玉亭哥！只见他拨开人群，站在了双远前边，双臂松开，两个簸箕般大的手张开五指，随时准备抓住敢于向前冲的人。米家庄人都知道，玉亭哥曾经一发力把带犊子扔过了明堂河，此时那几个冲在前边向米双远扑来的盖家兄弟们害怕地止住了脚步，因为他们谁都不想做"空中飞人"。别看现在玉亭哥老了，如果让他抓住扔出去，那也得摔个半死。此时，骂喊的声音消停下来了，人们的目光集中在路当中的一老一少米家兄弟俩身上。正在僵持间，又见一个高大的身影拨开众人，冲了过来。来者不是别人，正是双远打小的玩伴小眼子。今日的小眼子已然变成了一个"黑铁塔"。

说来，这米姓家族每一辈都出一个壮汉。岳字辈的是那个死后满泰安城最大的棺材都装不下的六爷爷；宝字辈的是在营口扛大个的"米老大"——当年一肩扛起一千二百斤铁轨和豆包子；玉字辈的玉亭哥能把人扔过铁路路基；今日的小眼子成了洪字辈的壮汉。他在学校里是十项全能冠军，举重、铁饼都破了校纪录，身体素质好，空军征兵他体检过关了，却被盖无法压住了通知书没能走成。回到生产队，推起小车像飞一样，别人推车爬坡需要前边一个拉车的，还步步为艰，而小眼子一高兴，一溜小跑就推着满载的小车爬上坡。前几天他在水库上看见擎天柱欺负人，直接上前双手把个近两米的大个子举了起来，擎天柱两腿乱蹬惹得众人哄堂大笑。今天，他去窑上上工正好路过此地。这可真让米家庄的社员们开了眼界：一方是盖家兄弟及家族几十口子人围了上来，另一方是米双远拉开了"泰山十八跌"的架势，要充分检验一下这武功的实战性。再加上玉亭哥助阵，小眼子又及时赶来。此外，双远还有一层底气：无论盖姓、干姓、常姓或其他几个小姓，几乎都有自己的好朋友，就这看热闹的人，很多都站在了双远一边。

一场好戏就要开演。

突然，干四爷拨开众人也站在了路当中，大声喊道："有事说事，不能仗着人多欺负人。"再看外围，干大海兄弟、常家的人挤满了一圈，因为正是早上生产队召集出工的时间，人特别多。

大叫驴一看这阵势，明摆着对他们不利，不但打不过双远这边，而且自己偷杀四大娘的狗煮了吃，更是理亏。他只好止住了手下的喽啰，让他三弟回家把血淋淋的狗皮抱了出来，乖乖地还给了四大娘。

一场好戏刚开演，就草草收场了。

米双远也许受《水浒传》影响太深，总是向往四海之内皆弟兄的生活方式。《水浒传》中柴进柴大官人，迎天下客，即便服刑的武松来了，也是好酒好菜招待。这种兄弟情超越了姓氏宗族，超越了阶级。所以，弹花房俱乐部，几乎汇聚了米家庄各姓的有志青年。这也就是双远把爷爷的意思重新解读为“文武双远”的根本原因。双远非常认可“有朋自远方来，不亦乐乎”“四海之内皆弟兄也”的古训。

弹花房的一夜，三个年轻人可以说是有生以来第一次敞开心扉。他们神聊到天渐渐放明。志实比双远大一岁，大海比双远大三岁。也就是说他们都处在十六七岁情窦初开的年龄，每个人都有心中的一个“她”。双远第一次在他人面前谈及杜鸿雁，不知为什么，就这么把思念之情说出来，心里轻松了许多。志实的意中人是在弹花房认识的，姑娘兆邢翠还是九十中毕业的，这个同学高中毕业一直在生产队里劳动，说起来双远也知道她。兆邢翠来弹花房领了棉花回家纺纱，为家里赚点零花钱。来弹花房次数多了，一来二往志实就看上人家了。可志实始终不敢开口挑明相思之苦，就这么一直苦闷地思念着，这晚上也是向两个好友一吐为快。大海哥是看上了水利工地上的一个大辫子，到现在不知道人家姓啥名啥。说过了浪漫的事，大家开始谈论前途。虽然处在文化荒漠的时代，可大家都坚信“书中自有黄金屋，知识改变命运”。大海和志实非常羡慕双远读了高中。他们二位都知道，如果不趁着年轻多学点知识，就会被社会淘汰，就会一辈子圈在米家庄农田里。不甘心呢，真是不甘心！说到这儿，这二位一定要拜双远为师，学习中学数理化知识。双远也没有推辞，并且还主动提出，也可以把从老“右派”胃觉那儿学到的“泰山十八跌”拿出来一并交流。

从这天晚上开始，弹花房俱乐部正式成立了。

晚上只要有时间，三个好友一定会来弹花房学习交流。不久，三位又把各自要好的朋友引了进来。几乎米家庄各姓的小青年都来了。渐渐地，弹花房成了米家庄新生代力量的活动中心。甚至可以说，弹花房俱乐部成了米双远这伙年轻人的精神依托、精神之家。

有一个晚上，双远照例为大家讲解了自己在工厂实习时所学的柴油发动机的原理，进气、压缩、爆发、排气四个冲程，大家听得入迷，都觉得受益匪浅。听完双远讲课，大海哥有感而发，伤感地说："咱们这一辈子是完了，哪里还有什么奔头啊。生在农村，恐怕一辈子就和这倒罐、辘轳打交道了，可能连柴油机都没机会摸呢。老天爷怎么这么不公啊?"大家都陷入了沉默。夜，静得出奇。过了一会儿，大海哥扭头向着双远轻声补充："不过双远还有希望，要抓紧复习高中的知识，早晚有一天，还是会有机会凭本事考试上大学的。"众人都附和："是啊，天不能总是黑的，早晚有天明的时候。"听着大家关切和鼓励的话语，双远的脸上很难得地掠过一丝希望。

弹花房的学习俱乐部继续开展数理化的教学。双远也不怎么布置作业，主要是现场讨论。

和大海哥、志实的友谊其实就是兄弟情，是异姓的兄弟。每到遇到困难时，弟兄们总会站出来。大海哥力大无比，是米家庄出了名的壮汉。别人上山推石头推一千斤还要找个在前边拉车的帮忙，而大海推一千二百斤都不用帮忙的。那天双远和大叫驴搏斗时，大海哥就站在旁边助威，对大叫驴和盖家兄弟起到了无形的震慑作用。

相对来说，志实则文绉绉的。他娘原来是泰安城里大资本家的千金，高中毕业生。后来解放了，大资本家成了一般老百姓，志实他娘就嫁给了她家工厂的工人，也就是志实他大。志实的大舅是市工商联主席，亲自动员自己的妹妹带着孩子跟志实他大下放回乡安了家，成了米家庄的农民。回到农村，冬天房子里透风撒气，大资本家的千金，哪儿吃过这样的苦啊。没几年就折腾出一身的病来。肠胃不好外加得了气管炎，最后转成痨病，一到冬天就咳嗽。记得双远冬天里去找志实，看到他们家往往要点上两个炉子。幸亏志实他大后来到了电厂上班，挣的钱稍多些。如果是一般农民家，他娘早就熬不过漫长严寒的冬天了。志实他大是老三，所以双远称呼志实娘为三大娘。说来怪了，三大娘对双远比亲儿子还亲。也许她觉着自己的儿子高中都没上，而米双远是高中生，又是远近闻名的高才生，就很是喜欢儿子的这个好朋友。双远每次到他们家，三大娘除了嘘寒问暖，总忘不了叮嘱说："抽空还要学习啊，说不定哪一天又会凭本事考大学呢。"志实人文静、实在、乐于助人。记得高中毕业第二年，双远觉着在米家庄前途无望，想到东北闯一闯。离开家那晚上大海和志实去送站，到了火车站，志实从兜里拿出六个烧饼来，大海也把仅有的两毛钱递了过来。双远当时感动得一直从泰安流泪到济南站。

俗话说，未雨绸缪。想不到的是，双远的培训班还真发挥了作用。1974 年，米家庄大队憨书记要去县委党校参加学习班。村里由主任盖无法主持工作。恰好就在此时，米家庄大队得到了一个推荐上大学的名额。这盖无法上下左右斟酌一番，最后决定把推荐名额给了志实。按理说，志实仅是农中毕业，而优秀的高中毕业生米双远却直接被无视了。为什么呢？不用说，对米双远，盖无法是发了狠话的："一辈子也不让他走出米家庄。"可是，志实却并没把手里这份推荐表当回事。因为他觉着，自己只不过是农中的初中毕业，底子太差，根本不够条件上大学。他把推荐表随手装在衣兜里，差点就被他娘洗掉了。幸好三大娘洗衣服前都有检查衣兜的习惯，才发现了那张大学工农兵学员推荐表。跟志实他大商量后，他们一致决定竭尽全力也要让儿子上学。

听到志实获得推荐的机会，马上就要参加考试，作为好朋友的双远不仅不嫉妒，而且非常热心地第一时间跑来找到志实，提出帮助他温习功课。按理说，双远做梦都想上大学，心里能无动于衷吗？何况，就连正在家里为叔叔准备结婚家具的木匠常兆新都说："这盖主任也太不地道了，你是高中生又是学习尖子，为什么不让你去考试呢？"双远未置可否，只是苦笑了几声。兆新哪儿知道这里边的深浅呢？

双远对这事看得很明白，只要盖无法当权，就没有自己的好果子吃。志实好不容易得着这么个机会，一旦错过了恐怕今生今世要后悔一辈子。所以，双远全程投入，热切认真地帮志实复习了一个星期。志实果然没辜负大家的期望，真的经过推荐考试，去了曲阜畜牧学校读书，成了工农兵学员。

志实的大哥在一个铁矿打工，而他大又在电厂上班，每周才回家一次，志实走后，家里就没了男劳力。双远见状，又主动地去到他家，把他家里不少重活接了下来。后来双远考上大学，三大娘见人就夸说："我就没看错双远这孩子，早就说过他迟早一定会考上大学。"

弹花房的夜晚是美好的，帮助双远度过了那段灰暗的岁月。随着志实进了畜牧学校，这段岁月便化为了美好的记忆。

第十七章

憨书记把米双远从计划生育小分队撤回来后，提出了三个去处让双远选择：农业生产科技队、代销店、大队卫生室。双远对于憨书记能为自己的前途着想，有一种发自内心的感激。当然，对于当年被同学们誉为“数理化家”的九十中神童学霸，能到村学校初中教授数理化是他最理想的去处。可江小桃已经取代了他的位置。村代销店是“有油水”的地方，可米双远因为自小受的教育，把“油水”看得很淡：钱算什么？生不带来，死不带走。大队卫生室呢，米双远不是曾自费买书学针灸为小黄河和爷爷治病吗，应该是不错的选择吧？但是，卫生室现在的负责人是六奶奶。六奶奶尽管医术实在不怎么样，但她工作认真负责，对乡亲们满腔热情，要去把她换掉，双远做不出这种事。那么，剩下的选择就唯有科技队了。

没想到，作为管区书记钦点的积极分子，米双远进入科技队的第一天起，就遭到了队长“大叫驴”的各种刁难。原来，大叫驴坚信，领导把双远派到科技队来，就是为了替换他的队长职位的。于是，他就不停地给双远制造各种麻烦，百般提防双远的“进步”。

表面上，大叫驴对米双远加盟科技队表现得十分热情，专门召开了欢迎会。而就在会上，大叫驴宣布，把科技队分为三个组：肥料组、种子组和病虫害防治组。自己宣布兼任种子组组长，米双远担任肥料组组长，而病虫害组组长空位待选，也暂由队长大叫驴兼任。接下来分配工作，大叫驴的小阴谋就昭然若揭了。肥料组除了研究庄稼施肥的规律外，很重要的一项工作就是打扫米家庄学校和队办麻袋厂的公共厕所。其实，大叫驴是想用厕所、茅房里的屎尿作为武器把米双远赶跑。

肥料组除了双远，还有两位组员。

一位组员是大叫驴指定进一步改造思想的“黑五类”子女、“地主羔子”常思齐。“思齐”这名字是他爹请一个教书先生起的，意思是“见贤思齐”。常思齐这样的家庭出身本来是上不了中学的，可好人总有好报，泰安二十中的杨主任当年要饭要到他们家，是思齐他爹常光文收留了他，管吃管住，让他帮了一个夏收的工。后来杨主任当了二十中主任，不忘旧恩，把常思齐补录到二十中，才使得他拿到一个毕业证书。作为要求进步接受贫下中农再教育的“黑五类”子女，无论心里怎么想，但一定会表现出勇于吃苦不怕脏、不怕累的积极态度。

另一位组员是主动要求加入肥料组的姑娘甘樱子。樱子属于这块土地上鲜美的花，是无数小伙子心中的女神。她毫无保留地表达了对米双远这颗未来之星的崇拜，并千方百计去接近他。这就是她加入肥料组的原因。可米双远心里早有所属。他虽然在慢慢黑夜中行走，似乎看不到光明，但是，在他心里有一个也许很遥远的一个灿烂的世界，他把自己归属于那个世界，也许内心深处，他就认定那是他和杜鸿雁的世界。冥冥中双远似乎总能看到一个镜头，他站在天街，打眼向南望去，透过云雾缭绕，遥远缥缈处有一幅美丽的画卷，很远很远，很美很美。那画卷里有自由，有欢乐。杜鸿雁似乎就在画卷里向他招手。“爱是排他的，爱是独享的，爱的空间只能容留一个人。”这可能是米双远对爱情的解读。樱子在爱的力量的驱动下，主动请缨加入肥料组，其他人的眼睛都瞪得老大。他们当然是觉得不可理解。

作为肥料组组长，米双远一眼就看穿了大叫驴的“阴谋”。无非是用粪水把一个“怕脏怕累”的人赶走，让其知难而退。可米双远偏偏不信那个邪。这苦他是吃定了，这脏更没什么可怕的。突然米双远想到了越王勾践卧薪尝胆的故事，吃得苦中苦，方为人上人，人生没有过不去的坎。米双远很清楚，这是大叫驴拙劣的“毒计”。当被施计方看透了施计者的险恶用心后，反而显得轻松自如。

自此，在米家庄学校到科技队育种基地的大路上，冒出了一道亮丽的风景线，相对于冬日，夏日阳光下更显得耀眼。三人组成了一个小分队，米双远在前，甘樱子紧随其后，接着是常思齐。村子里小孩子调皮，唱起了顺口溜：“你挑屎，我担尿，罐子里盛着都是宝。一头一个帅小伙，当中的燕子飞出了窝。”大叫驴没想到，他不仅没有吓走米双远，反而提高了米双远在群众中的威信。人们都说，这么优秀的青年，还吃苦耐劳，这才是米家庄的未来啊。

说起不怕脏，其实米双远自幼就学会了“拾粪”。这也归功于米大老爷对孙子的“苦教”。米大老爷虽说是买卖人，和人合伙的茶叶公司几乎占了泰安城的一半市场，但对后代的教育上，从来没有娇生惯养，而是“立德为先，苦中作乐，文以致远。”米大老爷常说的一句话：“吃得苦中苦，方为人上人。”这吃苦不仅是苦读书，更是能吃得人间之苦。要让子孙后代磨炼出吃苦耐劳的品格，为未来的人间磨砺打好基础。所以，自打八岁开始，冬天放了寒假，每天早上，米大老爷就要把孙子从被窝里叫起来。双远还眯着眼就被爷爷叫醒了，起床后穿上棉衣棉鞋，戴上棉帽子，爷爷嘱咐别忘了戴上口罩。三九寒天的早上一出门，西北风怒吼着包围过来。米家庄在泰山之阳，虽坐卧泰山的怀抱，但来自西伯利亚的朔风并未缺席，冬日里十日有八天在刮西北风。那个时候的三九天格外冷，冷至零下十五六度。如果加上狂傲的西北风劈头卷来，感觉就像掉进了冰窖。这样的早上即便最勤快的农民也很少早出门。所以，双远早早出现在被冻裂的麦田里时，总是孤零零的一个人。突然，他眼睛一亮，是一堆牛粪，看来是昨儿晚上拉的，因为拿粪叉子一杵，它已经冻住了，和大地连在了一起。每当捡起一坨粪，双远就增添一份成就感。

这天早上，双远的粪筐已经盖满了底，再努一把力，就有可能挣到两个工分。学生们把捡到的粪都送到生产队饲养院去，一个框底记一个工分，框底上再覆盖一层，记两个工分。那时的十岁儿童米双远，每天清早走在寒冷的田埂上，总巴不得多发现几坨粪，让他多挣点工分。

现在，谁都想不到，米双远、甘樱子和常思齐组成的科技队肥料组，反而成了米家庄从学校到试验田大路上一道亮丽的风景线。特别是每到过桥时，河边洗衣裳的娘们儿品头论足。这个说，多俊的闺女，多么帅的小伙子，可惜了，怎么也和咱庄户人一样挑大粪呢？不过，倒是挺般配的一对儿。说者有意，听者也有心，特别是在甘樱子和常思齐心里，搅起了不小的涟漪。甘樱子红了脸，心里想，说的就是我和米双远。一想到这儿，脸更红了。常思齐虽说出身不好，可还是渴望爱情的，特别是甘樱子那双眼睛，似乎总是望着自己。因为他知道，米双远的心里只有杜鸿雁，那么，我和甘樱子应该是一对了，洗衣妇们说的就是我俩吧。其实，只有米双远最清静，因为他心里只能容下杜鸿雁。为了不让粪便溅在衣服上，双远穿的是裤衩子，脚上蹬着透孔的塑料凉鞋。对米双远来说，此刻，最大的幸福是秋日里挑完粪，卸下那套家伙什，来到这流水潺潺的明堂河里洗个澡。孟子曰，“天将降大任于是人也，必先苦其心志，劳其筋骨，饿其体肤，空乏其身，行拂乱其所为，所以动心忍性，曾益其所不能。”每当想到这儿，似乎粪臭变成了花香。双远找个拐弯处柳荫下脱个精光，跳入河里，简直就是凤凰涅槃的感觉。

大叫驴第一个阴谋破产了，米双远没有被粪水吓住，没有被臭味熏跑，反而带领着肥料组赢得了广大社员的赞誉。米双远还领着思齐和樱子，改造了大队麻袋厂公共厕所的化粪池，建造了一个崭新的沼气池，为广大社员做饭取暖开发了新能源。因为此举，双远成为公社学习毛主席著作积极分子，肥料组也被选为米家庄大队抓革命促生产标兵。

大叫驴见自己一计未成，又生一计。就在米双远继续带领肥料组进行科学的攻关时，这一天，常思齐病了。按计划，肥料组要到西河沣第一生产队一块用作实验的玉米地检测施肥效果，这块地东边施硫酸铵，西边施碳酸氢铵，根据说明，两者含氮量差距大约为 50%。肥料组的任务是检测两种肥料对玉米棒子大小的影响。本来是三个人的活，现在两个人干。不知不觉太阳落山了，双远准备再过几分钟收工。此时，甘樱子却恋恋不舍，意犹未尽。因为今天只有他们俩在一起，这是一个难得的机会。一整天甘樱子都在想办法引入一个话题，“双远，对今后是怎么打算的?”对于这句话，双远也非常敏感，作为青春男女讨论这个问题无疑是有其他想法。前述讲过，米双远早已心有所属。自打中学毕业后杜鸿雁的影子就没有离开过那个属于自己的四维空间，也许这就叫“相思”，不过，更多的却只能是“单相思”。因为杜鸿雁从来没有向双远直面表白过。但米双远总是把问题往好处想——也许杜鸿雁心中和自己想的一样，要待有出头之日再确定。米双远对待爱情是严肃的、排他的。所以，除了杜鸿雁，米双远关闭了爱情的闸门，屏蔽了自己，这一点双远最好的朋友大海哥和志实哥是最了解的。

太阳落山了，天麻麻黑。终于，检测结束了。此时，米双远心里有点发急，因为孤男寡女在这庄稼地里，万一有人做文章，就说也说不清了。突然，甘樱子紧走几步，来到双远面前，先是羞红了脸，两只明亮的眼睛紧盯着双远，嘴唇嚅动，眼看那些字符喷薄欲出。米双远灵机一动，突然说道："哎呀，我怎么忘了呢！今天是俺娘生日，我得回家炒几个鸡蛋。"说毕，扭头大步流星逃跑似的顺着田埂疾步往回赶。突然，影影绰绰从玉米叶子后边闪过一个黑影。原来，大叫驴一直在这儿等着捕捉米双远"乱搞男女关系"的材料呢。可惜，这一次他的小阴谋又破产了。

大叫驴最后栽在了大海哥手里。

双远发现，科技队粮库的钥匙本来是两把，大叫驴和大队会计各拿一把。可有天晚上，双远从弹花房俱乐部出来回家，突然想到自己忘了锁科技队办公室的门，虽说屋里没值钱的东西，可那些育种日记也是宝贝啊。所以他匆匆拐弯去了科技队。还离得老远，就看到有个影子在开仓库的门，双远赶紧找个墙角遮住自己。因为是半夜了，天又黑，也看不清是什么人。双远想到来者肯定是一伙，必须再找个帮手捉贼。拐个弯跑到大海哥家，刚好他正待关大门呢。双远说明情况，又把邻近的光会叫上，三个人迅速跑向科技队仓库。此时看到一个身影正从仓库里向外背粮食。外面一辆地排车接应。只听大海哥大喊一声，"抓贼了！"屋外的两个黑影拼命逃窜，屋里还有一个仓皇跑出来。结果，大海哥一把抓住了从屋里跑出来这个的衣领子，提了起来，手电筒一照，不是别人，正是大叫驴。

没什么客气的，大海哥和光会看住这小子，双远跑去叫来了憨书记，后来又叫来了新上任的民兵连长。当盖无法最后也闻讯赶来时，形势已经无法发生变化。大叫驴交代说，这是盖无法让他拉粮食去县里倒卖。盖无法在一旁吭吭唧唧，也无法洗白。

就这样，大叫驴被免了职，米双远从此开始了科技队队长的新征程。

说起这科技队，这可能是那个年代在泰安城东乡可圈可点的一个为农民们办好事的单位。说来泰安人还算有福气，虽然时值混乱年代，但农学院那些个被诬为"黑教授"的专家们，依然成功培育出了优良小麦品种——泰山一号，一下子把亩产突破了一千斤，这可是一般产量的三倍啊！公社肖继业书记抓住了这个机遇，要求全社七十三个大队都成立“农业科技生产队”，把泰山一号等优良品种引进到每个生产队，并指导广大农民科学种田，提高产量，夺取粮食丰收。就是在这种背景下，双远肩负起了指导全大队从事施肥、防虫、灭虫和育种等科技生产方面的任务。应该说，这是一个光荣而艰巨的任务。

双远上任后的第一个麦收季，米家庄大队的小麦喜获丰收，平均每亩地增产一百斤，这可是多产了近二十万斤粮食呢。

米双远得到了广大社员的赞誉认可，被评为公社“学习毛著积极分子”。经过大队党支部讨论，憨书记让米双远填写了入党申请书。

这一夜，双远又整夜失眠了，他心里盘算着：“如果入了党，就有足够的资格被推荐为工农兵大学生，看来，我离大学的大门越来越近了。”

第十八章

米双远在米家庄这个像池塘一般大的村子里出生，但不仅仅属于这个池塘。就像出生在阿拉斯加的鲑鱼，一等季节来临，终究会游向大海——那儿也是他们的家。

在公平自由的竞争条件下，米双远自然会跃过龙门，游向远方。

可是眼下，时局混乱，高考制度被废除，米双远被牢牢困在了这池塘里。

可米家人并不甘心，始终在寻求那一丝丝突破的机会。一旦时机来临，米家人会倾全部力量，把他们的新生代送往属于自己的天空。

米家人就像圈在那白龙湾深处的虬，始终等待着暴风雨的降临。

不错，他们是生于斯长于斯，深深热爱着这片热土。但这池塘终究不够大，难以容下驰骋的空间。每年雨季，随着山洪暴发，长大的虬引领着洪水浪头扑滚冲向南面的汶河，大汶河那片平日里碧波荡漾、雨季里洪浪滔天的巨流运渡它们一路向西，汇入《水浒传》里阮氏三雄的家园东平湖。这儿并不是他们的终点。稍做栖息，它们又随波冲入黄河，奔腾向东，穿过山东半岛，奔向大海——它们明日的家园。

米家的男人坚守“种杏为坛，文曲星繁”的家训。一旦机会来临，他们将不遗余力，倾合家之力把家中子孙推向“读书成才”的光明大道。当华夏大地晴空沃野，那一架传承数千年的高考“天梯”再次架起时，米家人绝不会错过这上天赐予的良机。

米家人的家风浸润着中华文明的滋养，她是以家庭为链条世世代代传承的。

1977 年 10 月，恢复高考的消息，像秋日上空突然一声惊雷！这惊雷随着电磁波瞬间在神州九百六十万平方公里的大地上传播。

米家庄的第一个信使，是弹花房三兄弟之一的志实。此时，作为工农兵学员的志实哥已经毕业，分配到泰安畜牧学校，而且进了教务处。尽管是一个打杂的小秘书，可上头的文件他第一眼就能看到。这天晚上，也就是 1977 年 10 月 17 日，星期一，志实刚刚回到城里上班。他是上周六晚回米家庄，周日返校的。虽然昨晚才离开家返校，可今天无论如何都必须再次返回米家庄，因为一个天大的喜讯来了，他要第一时间告诉双远。

此时的双远正准备吃晚饭，突然听到有人急促闯进门来，回头看时，一个影子闪身从大门几步就蹦到了堂屋门。黑暗中来人的脸上放出光彩，一双眼睛射出两道光芒。双远太熟悉这张面孔了——是志实哥。“双远，好事，好事来了！恢复高考了！今年上大学要凭真本事了，主要看数理化成绩。双远，你赶紧准备吧！”

志实简短的几句话，深深刺激了双远，他竟然睁大了眼睛半天没说出话来。“什么，要凭考试上大学了？”过了一会，双远才张嘴吐出这几个字。“是真的，今天学校传达了教育部的文件。”志实说。“老天有眼，这世道终于看见光明了！”双远感叹。“快坐，志实哥，今晚咱哥俩喝两盅。你详细给我说一说！”

俗话说，美酒配佳肴。可在那个年代，哪来什么佳肴？“寒露”刚过，家里自留地上，只有那篱笆上还盘绕着几个残剩的丝瓜。说来，这三棵丝瓜几乎成了全村人的菜篮子，特别是进入八月底九月初，一场秋雨过后，几十个瓜纽子争相而出，双远家根本吃不完，也不值得拿到集市上去卖。因为要去赶集就耽误了挣工分，一天十分工那也值几毛钱呢，得不偿失。所以，当瓜纽子长大了，双远就把自家吃的留下，其余的放在路边，分成七八份，谁喜欢谁就拿走。因为这些鲜瓜你如果不摘掉，它会长成巨无霸，把养分吸走，影响新的瓜纽子成长。今晚，双远把剩下的七八个瓜纽子都摘来了，坛子里还有两个鸡蛋，本来打算攒够一斤拿到代销店卖了换油盐酱醋的。今天大方一把，把它们炒了跟志实哥喝酒。这么多年的兄弟了，包括大海哥在内，三兄弟极少聚一起喝点酒，那日子穷啊。凑巧的是家里还有半瓶子泰山老白干，那是前几天小表叔来走亲戚时，没舍得多喝剩下的。

这一晚，双远似乎突然“失重”了，感觉轻飘飘的。夜里做了个梦，周边都是水，自己从一个水湾底部慢慢漂浮，然后跃出水面，驾入云中。不远处，爷爷在招手：“双远，你快复习，赶紧考大学。你要是考上大学，我得多么风光啊。儿子是大学生，孙子也是大学生！”双远很久不见爷爷了，赶紧烧水泡上茶，刚刚把茶端过去，转眼爷爷在云端处消失了。双远醒了：“哦，我最敬爱的爷爷已经离开一年多了……”

屋内一片漆黑，但双远心中似乎点亮了一盏明灯。这灯唤醒了米家的基因。米家人祖上跟随汉高祖打过匈奴，从来就不服输，米家杏坛的杏树是孔子杏坛杏树的子孙。米家人秉承“朝闻道，夕死可矣”的圣训，视文如命，“文以致远，德昭馨香”。老天将不负勤奋的米家人，泰山老奶奶一直庇佑着自己的童子，出头之日终于要来临。双远回想起，从自己两岁记事起，爷爷就给他画了一幅蓝图——上大学！这么多年来，这幅蓝图已经镌刻在自己的脑海屏幕上。是梦，是幻想，也是他的终极目标。

虽然爷爷一年前走了。但爷爷对孙子上大学的期望还在，它就像弥漫在天空的电磁场那样环绕在米家的上空，反复震荡。

当幸福将要来临时，双远突然冷静下来了。是啊，泰山脚下，明堂河边，家乡多美啊。米家庄简直就是桃园仙境。可这些年来，自己咋就没有发现呢？是的，马上就要离开生于斯长于斯的米家庄仙境，是应该品味一下家乡的美，放松一下了。想到这，一个计划浮现脑海，趁现在明堂河河水尚充足，鱼儿都没有离开，夜晚的螃蟹忙着出来觅食，何不抓点螃蟹捞点鱼享受一下明堂河的河鲜？说干就干！双远很自信，这次一定会跳出农门，一定能上大学，也许不久就会离家乡越来越远，再难有机会享受明堂河的河鲜了。而且，这也是大战前的偷闲。一旦进入复习状态，再也不会有这等空闲了。

第二天晚上，双远约了常思齐、小黄河和刚刚复员退伍回来参加科技队的小根，晚饭后集合到双远家，带上手电筒，镰刀和水桶等家伙什，一行人出发了。正是寒露到霜降的深秋季节，小麦已经种上，一年最长最忙的三秋已经收尾。天气转凉，但还不算太冷，虽然上身披了棉袄，但挽起裤腿还可以下水。秋日的夜晚，旷野静得出奇，明堂河流水潺潺，只能听到河水“哗啦哗啦”的稍显急躁的赶路声，那是由于河床的落差形成的激流。激流不断冲刷，使得岸边河沿下形成一个大洞，而螃蟹们就是在这大洞的壁上借势掏个小洞，在里边栖息。双远过去经常和其他孩子们一起，夏日里来掏螃蟹，有一次一只大螃蟹毫不客气地用两个“钳子”使劲夹住了双远的小手，双远忍着痛擒获了那个大家伙。之所以流水冲了那么大的洞，河堤依然坐在那儿，那是因为米家庄人沿着河堤种下了一排排柳树，是柳树顽强的根系保护了河堤，让它不至于被冲垮。今天晚上，那种儿时捉螃蟹的笨办法不再适用，而是加入了智慧和机械的成分。双远左手握着手电筒，右手握着一根竹竿，竹竿的底部绑紧了一根硕大的缝衣针。螃蟹夜晚出来觅食，拿手电筒一照，螃蟹就向着光爬来了，这时，右手攥紧竹竿对准了蟹盖的正中央，照直了迅速插下去，螃蟹就会被刺个透心凉。不到一个时辰，带来的小桶已装了大半桶，螃蟹们争先恐后沿着桶壁向上爬。可怜的横行霸道者，垂直爬行在滑溜溜的桶壁上，想要重新获得自由，简直比登天还难。平日里自由自在徜徉在溪水里捕食小鱼小虾的家伙们，被囚禁在直径一尺的小小圆柱体里，是何等悲哀。双远想到自己中学毕业五年来，不正是像这螃蟹一样，天天拼命挣扎，渴望爬出这米家庄吗？今天，双远终于看到了希望，一架世纪“天梯”就要架起来了！

眼看着水桶里的螃蟹已过七八成，再多的话，他们就会搭蟹梯逃跑了。那么接下来，目标就是河里的鱼儿了。

对于双远来说，河里的鱼儿已经有些陌生了。下河摸鱼、钓鱼，那还是童年的记忆。记得小时候，爷爷喜欢钓鱼，双远就跟着找鱼饵。说到这鱼饵，那可是有讲究的，如果是小雨之后，明堂河河水是清清的，就用苍蝇作诱饵。水中冒出的鱼饵，很像天上飞来的昆虫等食物，鱼儿兴奋地扑过去，就此上钩了。对于下过大雨后的河水则又不同，山洪带来的泥土使河水变混，即便洪水过后，一段时间内湍急的河水仍是混沌状的。此时，如果用黑色的苍蝇作诱饵，鱼儿是看不见的，因而要改用红黄相间的蚯蚓作饵，鱼儿的视觉系统刚好能够辨别蚯蚓的存在。每当晚餐前，将要落日的时刻，也正是鱼儿忙于进餐的重要时段。每每看到一个诱饵，鱼儿们都会奋不顾身地抢过去。最令双远难忘的是在一个雨前的下午到傍晚之间，天似乎有些闷热，河水是清澈的，一群鱼儿焦急地在河里上下窜动，显得非常饥饿。双远备足了鱼饵——满满一火柴盒新抓的苍蝇。那时，玻璃瓶子很珍贵，只好用空了的火柴盒盛装鱼饵。双远记得很清楚，那一群鱼是一个混合编队，共有十一条——八条花叉和三条白条。领头的是一条英俊的花叉，在这群鱼里，它个头最大，是个领队。花叉眼睛红亮，冲锋在前边，带领鱼儿们在一片花水之间上下窜动，身上的鱼鳞红黄相间，在落日的余晖映衬下闪着金光，好一副黄金盔甲。双远临时为它命名——“金钱豹”。双远把鱼竿一甩，正好就在它眼前一拃处，它一个鱼跃扑上去，先是用尾巴一打，妄图把食物打沉后再去一口咬住进食。双远随即一提鱼竿，鱼饵顺势顺着花水向上窜动，很快鱼饵来到花水上端进入平静的水体，此时，追逐了半天的英俊花叉终于得口，又一个鱼跃直接张开大嘴吞了进去。双远顺势向斜上方轻轻拉紧，可怜的“金钱豹”，鱼鳃被鱼钩紧紧锁住了。因为这鱼钩具有倒锁机制，钢制的鱼钩钩上的圆柱钩身被砍了一刀，竖起一个小钢片斜刺，恰好把鱼嘴锁住。然后，双远轻轻借力把鱼儿甩在岸上的草丛中。不甘就范的“金钱豹”连续跳跃，双远抓过来，摘下鱼钩，把“金钱豹”轻轻丢入有半桶水的小水筲里。紧接着，双远如法炮制，八条花叉，三个白条，一个不落的钓了上来。可怜的一群鱼为了“一口饭”被“一网打尽”。

说到抓鱼，当过兵的小根经验丰富，对双远说，他要布下个“青纱阵”。

当过兵的人就是不一样，也许他们在野营拉练中，饥饿磨炼了自己，掌握了许多荒野求生的技能。按照小根的布置，一行人迅速行动起来，就在一片花水的上沿建起了“青纱堤坝”，不过这堤坝是透水的，让水流过，只是把鱼儿留下。其实所谓花水，就是由河床的落差造成的。水往低处流经大批的鹅卵石时，就会起伏跌宕，溅起浪花，所以称作花水。有句话说，秋日的鱼儿七上八下。意思是，阴历七月里鱼儿是顺着河水往上游，而到了阴历八月后，也许是河水小了，鱼儿希望回到河水充足的大汶河，甚至东平湖，所以往下游。眼下正是鱼儿“八下”的时光。这青纱阵就是要拦住“八下”的鱼儿。鱼儿一旦进了青纱阵，既下不去也上不来，只好等着被捉拿。青纱阵的构成材料有三种，一是大中型鹅卵石，大的三五十斤，小的五至十斤，让它们排成水上“长城”，在花水的上沿，然后用小碎石填充“长城”的空隙，接着把河边的柳树条子和紫槐条子等塞在空隙里，最后再加一层碎石。这样的“青纱阵”，当上游下来的鱼儿穿越时，被卡在了柳条和紫槐条中间，上天无路，入地无门，无法挣脱。

第二天早上，双远被第一遍雄鸡叫声闹醒，赶紧穿上衣服，蹬上鞋子，拿了个水桶急急赶向东河沿。哇！果然是“秋水一夜不断流，小鱼小虾满枝头”。在紫槐柳枝搭成的青纱阵里，挤满了逃不脱的小鱼小虾。双远迅速打扫战场，拎着满满一桶战利品，满载而归。

那一晚，双远拿出那个酒瓶子，就是和志实哥刚刚品尝过的，还剩了个瓶子底。他还拿出平日里舍不得吃的花生油、破天荒的来了一锅又一锅的油炸螃蟹，还有最后剩下的一个丝瓜纽子，放上一个鸡蛋，做了半锅鸡蛋汤。夜幕降临之后，双远跟几个伙伴悄没声地喝了起来，生怕惊醒已进入梦乡的母亲。

当然了，最大的几个螃蟹已经扣在碗里，待娘明儿早上吃。

那一晚是值得纪念的一晚。双远就着醉意很快进入了梦乡。在梦中，中学毕业五年多来的一幕幕再次重演：当兵、当民办教师、当工农兵学员，甚至去社办工厂上班都落了空。双远吼叫着，为什么命运如此不公?!

醒来时，枕头已被泪水打湿。

米家庄生产队长的哨子又响了。这哨子一般要吹三遍，第一遍天蒙蒙亮，这是要把被窝里的人们叫醒；大约一刻钟后第二遍哨子响了，比第一遍来得急些，主要是召集社员迅速到村西南角湾崖边的小柏树林子集合。这一遍后，大部分社员会赶来集合，听候队长安排活儿。但也有极少数懒汉还未来到，这时队长就紧急再吹几声哨子。如果大家安排完活都下坡了，谁还没有来，那队长首先是口头批评，严重的话干脆今天就不安排活了。要知道，对于一个社员来说，一天不干活就没有工分，就分不到粮食，总不能喝西北风吧。可就是有那好吃懒做的人，经常安排不到活，游手好闲。本来勤奋的人日子都不好过，何况这类主呢？没办法。饿得难受了，要么偷，要么拿个篮子拄根棍子去要饭。

双远穿过第四生产队的集合点，第一个赶到后米家庄科技队的集合处，作为队长，他要为社员安排今日的农活。大家发现，米队长今天脸上始终挂满了笑容，这可是以前从来没见过的。

劳动了一天之后，又是一个不眠之夜。这天晚上双远翻来覆去睡不着，开始历数从中学毕业回到米家庄后，自己人生路途上的风风雨雨。一阵哭一阵笑；一阵欢悦一阵忧伤；一阵温暖一阵战栗……

就这样，在半醒半梦之间，双远被鸡叫声惊醒了。

第十九章

1977年10月20日　父亲来信

双远：

好久没有来信了，也不知家中的近况，你现在在干什么？来信告诉我。

全国高等学校招生即将进行。

据说，今年是自由报名考试，不知农村情况如何？我的意思是在尽可能的情况下报名考试。我想农村也不能拒绝招考，如果有 线希望，也要争取报考。假如能允许报考，就积极准备功课，要下大力气抓紧复习。今年是择优录取，这就要看你的考试成绩如何，主要是加强基本概念的学习。我已抄了一份数学复习题，再抄一份物理和化学复习题，等抄完后给你寄去。

如能报考，对学校要选择适当。不要报得太高，我看报考山东矿业学院就可以了，或者报考华东石油学院。当然也可以报山东工学院，不要报北京上海的学校，因为报的人太多，不易录取，情况就是这样，快回信。

抓紧时间复习数理化。

父　10.20

信是双远自打出生以来，第一次真正感觉到了来自父亲的温暖。

突然，双远想哭。

小的时候，是爷爷天天念叨让孙子上大学，叔叔当兵后时时刻刻关心着双远的未来，而父亲似乎一直忙着离婚，几乎没有真正坐下来过问一下孩子的未来，而今天，一切都变了，在人生的重大关口，父亲出现了。

1977 年 10 月 21 日　父亲来信

双远：

报纸上已发表，工农均可报考大学，不过是择优录取。主要是看考试成绩，要积极准备，我已来信说明，不要报的过高，一般大学就可以；我看山东矿业学院就不错，如果报的过高，不容易录取。这是一份数学复习提纲，物理、化学提纲还没拿到，弄到后就寄去。

要积极准备。

父 10.21

父亲寄来一大卷高考复习资料，这些资料就像抢救病人用的输血袋，只有输得多才能挽救生命，只有做得习题多，才能考上大学。

连续两天来信，这就是父子情。这是米家人的家训——“种杏为坛，文曲星繁。”也许父亲感觉亏欠这个儿子，因为双远陪着爷爷度过了最后的日子，而父亲和叔叔只是在爷爷弥留之时回家待了一个星期，便急着赶回去忙自己的事业去了。

双远和爷爷感情最深。是爷爷为他指明了方向——上大学。又是爷爷在最困难的时候，自己闯关东省出粮食来让孙子吃。最重要的是，爷爷在米家庄排除了各种人为障碍，让双远得以读上了高中。所以，打小，双远脑海里就有个心愿：考上大学后，领着爷爷到自己大学的校园里好好逛一圈。

爷爷老来体弱多病，是孙子双远冬夜里煎熬中药，为爷爷治疗气管炎、肺气肿。爷爷病重直到弥留之际，双远成了爷爷的依靠和最大的精神安慰。

有一次，双远上工回到家，已经卧床不起的爷爷使劲嚷嚷着要换床，说有两个黑衣人要来拉他走，一看到双远回来了，他们就走了。所以，爷爷不敢待在原来睡了多年的那张床上了。

这是双远自打记事以来第一次看到爷爷害怕。双远为爷爷在墙边另安了一个床铺，而自己则睡到爷爷原来的床上。爷爷虚弱到拉不出大便来，双远是用手帮着爷爷一粒粒抠出来，双远从没有想到嫌脏。双远唯一想的是，尽量让爷爷少受罪。到了最后的日子，爷爷失声了。为了方便爷爷夜里能随时叫醒孙子，双远准备了一个铁盆子和一根小竹竿，让爷爷不舒服时就敲盆子。结果爷爷孤独寂寞，一晚上要敲几十次。疲惫的双远白天还要下地干活，由此就累晕在了地头上。对于这一切，匆匆赶回家又匆匆离开的父亲和叔叔嘴上并没说什么，但是心里都有数。

在爷爷生命的最后一个月，双远把父亲和叔叔寄来的钱买成了各种罐头，有肉罐头、鱼罐头，还有梨罐头。罐头是那个时代最高档的食品了。双远每天喂爷爷一个罐头，而自己始终舍不得尝上一口……

1977 年 10 月 25 日 父亲来信

双远：

志实的来信已收到。所谈尽知，现在是集中精力复习功课的时候，其他不要考虑。你看一下人民日报的报考章程就会知道，关键是学习成绩。我寄去了三份（分三次寄去）复习提纲，要认真复习。

关于报考的学校，不要太高，据说今年是五十人录取一个（辽宁省），所以不要报考太高的学校；泰安的学校外地来的少，特别是济南、青岛的学生报考的少，这是个冷门。因为城市的学生学习基础比农村好，学习时间长，毕业生很多，都坚持复习，所以不要报考济南、青岛的学校，就报考泰安的学校。山东矿业学院和山东农学院的农机专业都可以。也要报上中专的学校。依我看，报泰安水校也不错，因为中专容易录取，大学不宜录取。你自己再酌量一下，不管是什么学校，有工作做就可以。泰安有几个中等专业学校，最好是全报中专，千万不要报全国其他地方的学校，因为不可能录取上（全国学校在山东招生不会超过两千人）。

关于劳动，是否和支部讲一下，这段时间最好是在家复习功课。全国统一考试，是十二月一两天内考完。所以只能在泰安考试。要下大功夫，现在城市的学生都在积极准备，有些学生已经准备了两三年，基础都比较好。要知己知彼，所以要报考较差一点的学校，特别是泰安的学校，因为外地很少愿意到这里来学习，要考虑这一点。

主要是概念弄清楚，如果学校统一复习，可回校去复习，也可以找志实帮助复习一下，情况就是这样。还有一个月的复习时间，要抓紧。

父 10.25

其实，父亲说道，辽宁五十个考生录取一个，这倒是激发了双远的斗志。双远想，我在九十中三百人中名列第一，那五十个取一个，看来大有希望，一定要有必胜的信心去拼搏。

曾经的“弹花俱乐部”成员、双远的好友志实，为了鼓励和帮助他参加高考，悄悄给双远父亲和叔叔都写了信，请他们在城里搜集高考复习资料，提供给双远做考试准备。双远是从父亲和叔叔的信里才知道这事的，他打心底里感谢志实——这才是真正的好兄弟啊！

1977 年 10 月 26 日　叔叔来信

双远：

来信收到，近况尽知。近段时间出去拉练刚回来，你的两封来信和志实的来信均收到，现在马上给憨书记一信。

关于报考问题，我完全同意。而且应加倍地努力，现在形势急转直上。和前几年大不相同，看来温习功课很必要，应努力报考。关于这方面信息很少，据讲今年可能十一月份就考试，也有说十二月的。准备十一月份考试，现在要加倍努力复习。

首先要有自信精神。一定能考上，要有这种信心，否则就没动力。考试题可能全省统一出，据讲，应届毕业生直接升大学的人数占录取总数的 30%，还有 70% 是你这种情况的。只要二十五岁以下都可以考，你要下决心，非考不可。

你不要悲观，除今年毕业的可能成绩好些，其他人成绩也不一定比你高，他们有什么了不起的。我准备马上给你婶子去信，让她问一下考试题。据讲有考试复习题，有的弄到了，不知真假。我让你婶子给你寄去，问题是谁弄到不一定。让你婶子去打听一下，如果打听到，一定让她寄来。

看来今年很好考，因为今年大都是些往届毕业生，他们的学习都不行，只要你拼命努力，还是有希望的。

今年考试就是看成绩，其他不是主要的，所以你应在功课上下功夫。

你马上写信给你父亲，让他打听复习题。你要下功夫，要注意以下几点：

1. 和憨书记搞好关系，和他讲明情况；不要弄得又考不上又得罪了憨书记。

2. 学习时，要设法弄点学习资料，打听一下有没有也参加考试的考生，一块研究。

3. 学习时间要以夜间为主。学习要分析，抓住主要的，不需要同等用力。你认为主要的就拼命用力，其他可以简单复习。

4. 学习时一定一次解决一个问题，不要同时解决几个，那样效果不好，一次学一个，弄懂道理记住。

5. 学习时要嘟念，而且手里拿着笔，边记边画边背，不要坐在那里背。

6. 如果有近处也要考大学的年轻人，可以一块商量一块研究，但不要天天这样，提出几个问题来一块研究。

7. 不要完全相信小道消息，有些小道消息不可靠。我让你婶子打听一下，如弄到就寄来。你父亲那里也是这样，但不要完全相信，弄会就行了。

8. 每天要背点东西，又要注意应用。从道理上解决，从道理上说明，这个最难，要一个一个解决。在分析和弄清道理时，一定要注意联系，抓主要矛盾、原因等等。

我不讲了，主要是吃了晚饭开始学，或者是早上两点起床起来学都可以。有志者事竟成，先苦后甜。

77 年 10 月 26 日

附页：

双远：我已给一个叫邹道远的人写信，他也考大学，是今年毕业的，我也让他给你信，他如收到信，可能给你寄信和材料。

你收到信写封感谢的信，并提出一些问题，表示以后去看他。

邹道远这人对我很好，今年毕业要考大学，本人学习成绩不很好，但是他想考，他认识些人，他舅舅是教师。

你关键是自己努力，不要把希望寄托在小道消息上，在没有接到材料之前，自己努力复习。千万,千万。

1977年10月29日邹道远来信

米双远同志：我们没有见过面，是米北斗叔叔来信让我寄点材料给你。听说你要准备考大学，我虽在济南，也想考大学，可也没有提纲，只是复习中学的课本。这是一份高中复习题，仅做参考。如今后有材料，我就寄给你。如有什么问题需要我去办你来信好了。

双远，要考理工科的题目是：物理、数学、化学、政治、语文；文科的题目是：政治、语文、数学等。

考哪科请根据个人的情况自己定，一定要抓紧时间复习，不能误了时间，以后有事来信好了。

地址是，济南市经五路纬六路香榭里311号。

叔叔的来信给了米双远莫大的鼓舞，回忆这许多年来，双远在米家庄这个“池塘”里奋勇挣扎，始终感到前方有着光明的未来。这不竭的精神源泉就来自于叔叔的关心和鼓励，那一封封来信，每一次谈话，都拨亮了双远心中那盏希望之灯。双远深刻感受到：爷爷就是希望孙子上大学；可怜的母亲之所以没有离开这个家，就是认为儿子将来一定会有出息，一定会孝顺；父亲对双远就是尽那份责任；唯独叔叔——总是希望双远好——学习好、工作好、有出息、有前途——那是一种大爱。

叔叔的来信应了那句话——在战略上藐视敌人，在战术上重视敌人。如果说父亲是用反话——“其他人厉害”，来促使双远多用功，那么叔叔就是正面激励——“你比他们强”。其实，双远完全明白父辈的良苦用心，双远知道，必须冷静地面对现实的不足和困难。双远很清楚，自己那一年的农中加上两年的高中，有一半的时间在学工学农，所学的那点文化知识还不及考试范围的三分之一。所以，只有奋斗，才有希望。

叔叔发动一切可能的资源包括邻居邹道远来给双远提供复习资料，这无疑更激发了双远的学习劲头。

1977年10月30日 父亲来信

双远：

我已连续寄去五份复习资料，其中有1950到1965年数学高考试题。从历年试卷中看出：代数联立方程、等差级数、等比级数、对数运算、三角形的边角关系、多角形的外接圆等几乎历年都有。概念要清楚，要牢记。数学算作一门，物理化学合算一门，要积极准备。现在辽宁大张旗鼓地宣传高考活动，积极支持青年参加报考，农村亦是这样。不知山东情况如何？

要和大队支部讲好，争取支持。在此期间，如能不参加劳动最好。因为辽宁农村是照顾报考者的，当然不要和支部硬讲，要争取给予方便。寄去的化学试题可能较难，主要是以书为准，弄清概念，不要去死啃一道题。考试时不要慌，考上就念书，考不上再找其他路子，不要太紧张。最好能回学校去复习，因为接触面广，对复习有好处。现在奉天的孩子劲头十足，看来城市的孩子准备较好，因为是白天加黑夜地准备。所以不要报考济南、青岛的学校，更不要报考外地的学校，因为那是全国人才云集的地方，不易录取。

有两条报考路子：其一是报考一至两个大学（泰安的），再报一个中专（今年允许这样报考），我看报山东矿业学院就挺好，当然报工矿电气化类的专业，不要报采掘，再报个水利学校。你自己考虑一下；其二是全报中专，因为报中专录取的可能性较大，主要是作为生活的一条路子，所以不一定报大学。我已说过，城市学生基础较好，尽量不要报大城市的学校，因为城市孩子不愿报农村的学校，所以山东矿业学院较宜。

志实的来信已收到，你可以找他帮助复习一下功课，总之要积极准备，抱着胜利的信心去报考。

在此期间精力要集中，临阵磨枪不快也光。

积极准备吧。

你叔也来信，表示积极支持你升学。

父　10.30

来信中，父亲把爷爷要双远考大学的期望不自觉地打了折——全报中专也可以。可能父亲认为，只要儿子能重新踏入校园，一步一步走下去，分阶段实现目标就好。也可能是那些年政策多变，父亲担心儿子万一这次考不上，明年政策变了怎么办，所以希望儿子无论如何这次一定考上。但是，对米双远来说，既然高考的“天梯”重新架起——那就要爬到最高。

1977 年 11 月 10 号 叔叔的信

双远：

我才来过一封挂号信，现又来信，我今天给你父亲去一电报，让他回泰安一趟。如果能回去，大概在 12 到 15 号到家，据讲 11 月下旬开始试考，12 月 5 到 7 号正式考试。由于时间短，复习要有重点，把难的攻下来。

你现在一分钟也不能浪费，任何与考试“无关的朋友”不准见，不准闲谈。不管来什么客人，你一律不理他，只是复习。

你父亲如回来，你除了谈考学外，其他不要谈。不要去干点炉子等活，这些活让你父亲去干，你主要是复习。家里活你母亲干。

从现在开始，夜里学习，白天睡觉。夜里吃顿饭，弄一瓶开水吃点饭，再复习。天亮时睡觉。如给你寄来济南二十二中的复习题收到后，要好好看看，因为这是权威学校。我已告诉别人弄二十二中的复习题。你母亲白天要去干活，让她锁上大门，你白天在家睡觉，不要你做饭。

关于报考什么学校问题，这是当前大问题。我的意思是这样，第一是山东师范学院，第二是山东农学院，第三是中专。为什么？因为山东的学生济南市成绩最好，但城市人都不去上师范学院，都不愿意当老师，所以城市人很少报考山东师范学院。如果城市孩子不报考，农村的考生报考就容易些了。你也是农村的，但比一般的人强得多，所以有可能被录取。农村里学习好的，不愿考师范学院，学习差的还不敢考，所以山东师范学院可能好考，而且教员还缺，所以更好考了。为什么不让你第一个报山东农学院？因为现在考大学的人，都认为自己不行，特别是农村的学生，都很自卑，觉着自己不行，他们都不敢报大城市的学校，弄不好，报山东农学院的人很多很多，报的多了，就不好考了。农村的人对济南的大学，想都不敢想，城里的人又不考山东师范学院，所以弄不好，山东师范学院最好考。你报考大学，要抓住人们的心理状态。听说外语学院好考可是不能考，因为你没基础。据我了解，济南学生都不愿当老师。而且我很希望你到济南上学，离我那里也近，也方便。我是很希望你第一个报山东师范学院。今年报山东农学院的一定很多，因为这些农村学生都不敢高攀，只是想离开农村，不敢报好学校，因此你应大胆地报山东师范学院。

你父亲让你报中专，我反复考虑，以你的条件，上中专让我觉得不大甘心。我的建议是：（1）今年考不上，明年还可以考，国家政策肯定不会变。如果今年考不上，明年拼了命也要学好，还要报考大学，如果明年考不上大学，后年就报中专，因为政策不会变，这是根本的条件。（2）咱家人学习都可以，我觉得报中专太可惜，而且你的条件比一般农村的要好，加上你很刻苦，照这样学法，明年肯定能考上大学。（3）如果报中专，虽然有可能考上，但考上也就定局了，不理想。根据我的理由，第一是山东师范学院，第二是农学院或煤矿学院（弄不好煤矿学院还可能更好考），第三是报中专或者干脆不报中专。你今年十九周岁，明年后年还可考三五年，你自己考虑一下。

双远，你觉着这些考试题和复习题难不难？如果感到很简单，你就听我的，豁出去了，就按我说的报。如果你感到很难，那就你自己决定，因为你的学习我不了解，如果你确实感到不行，报中专也可以，但是，现在95%的学生都感到自己不行。

你要是考上师范学院，如何当老师那个你放心，教学方法我懂些，一定有发展前途。

双远，我让你这样报，你感到如何？你就是考不上，准备78年奋斗三百六十天，豁出一条命也要明年考上。可是你如果考上中专，虽然也出去了，可是也定局了，你说呢？只能一辈子光挣三四十元钱了，我觉得我们比一般人高明，今年你考上的概率是 80%，明年可以 100%。

你要是真感到很吃力——你就自己定，不要听我的。

在考试时不要心慌，他们教员（监考）有何了不起，考试时不要紧张，没什么，将来我们可以领导他们——要自信。

叔　北斗

1977 年 11 月 10 号 叔叔给父亲的信

哥哥：

我于 8 号发一电报，可能使你诧异，原因是这样的，我 7 号给你一信，让你无论如何设法回家，可是等你收到信，再犹豫一下，那就到 20 号了。而我听说，本月 20 号之后，要初考（试考），那你就回得太晚了，所以我发一电报。

只要有可能，你就应回家一趟。双远的升学实在是至关他一生前途命运，这要比给他做一身衣服重要得多。一身衣服和一生的前途能比拟吗？你又是内行，对考学、考试，选择学习内容，复习考试方法等是内行，你的回家是有价值的。不管他能否录取，你的回家是完全必要的。如果说坏处的话，无非是经济上的损失。可是经济上损失几十元和双远的前途相比，不是太渺小了吗？他如能升上大学，几十元钱算什么？这个账应能算得过来，你回家起到的作用，在他关键的时刻，哪怕起到 1% 的作用，都是十分重要的。至于我为什么发电报，就是这个意思。

你回家后，绝对不能像客人一样。你应该替双远做一些他应做的活，家务事不能让双远干；你不要拿出时间来和他聊天，不能闲说，说就是考试的事，浪费双远一分钟都是绝对的错误。你回家后，人家来玩，双远一律不见他们，什么礼节？不管那些，双远在小屋里复习，谁也不准见，最好双远夜里学习，白天睡觉。你到家后马上去为双远了解情况，考试时间、方法，考哪几门功课，是不是政治、历史也考？你了解清楚，你给我姐夫打一个电话，让他来一趟，通过他了解一些，还有那些考学的其他人，通过人托人的办法了解。

双远的疑难问题不懂得，你记下来，去为双远跑一跑。考试复习题弄得很多，我还在让人弄，济南二十二中是山东的权威学校，二十二中的材料来了后要复习一下，我已让人寄了。

总之，你是回去为双远解决问题的，你千万不要给双远造成麻烦，不能让他给你烧水做饭，他的时间是绝对不能浪费一分钟的。

双远绝对不能再干一天活，要命也不干了。但不要和人家吵，用软办法，不要用硬办法。

双远的复习材料留着，万一考不上，明年再考。你现在一切放在双远身上。你应认真考虑。

弟　北斗

对双远来说，叔叔就像他的名字一样——北斗星。始终指引着双远前进的方向。这封给他哥哥文水的信，是寄到双远处的，准备父亲回来后由双远转交。此时的叔叔，在部队里已经升任营长，从信里看出，他对自己的哥哥下了命令。谁能想到，弟弟竟然下命令让哥哥帮助侄子。确实，拥有这样的叔叔，米双远三生有幸，这就是“大爱”。

1977 年 11 月底 叔叔来信

双远：

好长时间未来信，前段时间工作忙，这次再来信讲几点。

第一是讲你复习问题：

1. 快考了，你现在是否心情很紧张？首先你不要怕。我这次走了五个县，潍县、莒县、临朐、安丘和沂水县，接触了大量的下乡知青，他们根本就不行。我共接触了一百多个知青，只有二十多人敢考，而且根本没把握，都想着碰碰看。我们团家属的孩子有十五个知青，下乡一年了，他们只有五个考大学，五个考中专，五个不敢考。这十五个人一个也考不上，他们不刻苦，而且也无人辅导，这些人都是碰碰看。所以从我了解的情况看，全省可能有一百二十万个报考大学、中专的，全省可能招四万个，三十个人左右取一个。其中 80% 的人是碰碰看。据我了解，像你这样的很少很少。他们复习题也少，他们从 11 月中旬之后才弄到复习题，所以你不要怕。我估计你问题不大。如果万一考不上，明年你去奉天复习，我和你父亲千方百计让你复习，明年绝对考上。所以你不要担心——你注意——你如果天天怕——这就是精神压力。所以你千万要解放思想，历史上——胆小鬼——绝不会成大事。

2. 你报的什么学校？如果是报大学，你可以按照计划复习；如果报的是中专，千万要注意，中专主要是考初中课本；你要是报的大专，就按计划复习；如果报的中专，集中力量复习几天初中的课本。

3. 你如果考大学（报的是大专），我考虑你复习要注意几点：现在要考试了，不能集中力量攻难题了。现在不要突出复习一项，而是全面复习，千万不要把时间和精力用在难题上。如果弄不通的难题就不要弄了。你现在主要是背，特别是化学题，主要是背。有些公式、原理、定律现在就是要背。千万不要把精力用到解题上，解题是可以的，但不要很难，如果很难，就不要钻下去了。

4. 如何背？你接到信，可能还有七天左右。这七天左右，要计划一下，半天复习一样，边看、边记、边背，背时合上书本仰起头来背。千万要记住，为了背，可以边背边写。必要时，你把理化、数学有些公式、原理、定律和必要的重点论文抄下来，边抄边记，背时可以联系实际，分分类，这样来记忆。

5. 关于考试题问题。可能是先基础理论，然后是应用题或综合题。所以，你复习时可以背点东西，也要解点题，但不能全部精力都解题了，特别是化学题，很多是背。

6. 关于政治、语文的复习。政治题主要是批“四人帮”及十一次路线斗争，推动四个现代化等东西内容，其他也要看点。这些也是要背一点，但不要用很大精力。因为政治、语文比分可能少，据说语文估计主要可能是一篇作文或者是让你说明段落大意。可能还有点名词解释。你只要练一练，一篇作文就行了。

7. 关于复习问题要抓紧，一定不要干活了。你只要不和大队里吵架就行，坚决不干活了。将来录取时，大队里可能也写意见，但这不是主要的，人家主要是看成绩。所以你成绩好就行。关系尽量处理好，千万不要吵架，不要和领导顶了，光说好的。但不能干活，全部时间用于学习。

第二是如何参加考试的问题：

1. 首先你进入考场后不要怕，你千万不要怕，你如果没把握，别人心里更虚——你不是学心理学了吗？心理上要战胜他们。你不要慌，不要怕，这就是心理学原理。哲学上的精神之反作用，就是不要怕。

2. 考试题发下后，首先是理解了题之后再开始答题。你要是解答一个题，一定要首先把一个题理解好，千万不要理解错了意思，你看两遍之后再解答。

3. 如果在解题中有很难的，不会做的，怎么办？这时你先不要管它，先解答其他题。你如果遇上难题，不要害怕，不要认为这下可完了。你要了解其他人的心理，他（她）们更心虚。这时你在心理上要高出人一筹。心理上不怕，先解容易的，后解难的，最后有时间就解难的。你如果两个题答不上来，其他人可能三个答不上来。估计可能有一两个难题，可能有应用题，就是应用到实践中去的题，如物理学和电机，化学和化肥，数学和计算机的一些方法，等等。这叫应用题——更要注意结合实际，但是必须注意，这些难题放在最后答。

4. 你如果感到题很简单，也不要早交卷。要等到最后几分钟交卷。一定不要理解错了题，要看两三遍之后再解答。如果很难，你这时要镇静。楚霸王八岁立誓，八岁时他就不怕秦始皇，你怕什么？题难点有什么？周瑜二十多岁指挥全国的军队。你马上二十岁了，题难就把你吓坏了吗？这时先把会做的做出来然后再做难题。难题——不要怕，因为别的考生更怕，他（她）心里一怕更不行了，本来会的也答错了。所以你这时首先像一个军事家一样，就是不慌，镇静，在战场上不管多么危险，首先是镇静。

5. 在考试前的一两天不要吃过多东西，不要拉肚子。因为在考场上不让上厕所，如果拉肚子就不好办了。6 号、7 号、8 号、9 号和 10 号这几天一定要把饭吃好。不要喝凉水。在 9 号、10 号这两天，不要喝许多水，因为人家不让出来上厕所。你一定不要早交卷，一定要反复地检查，不要出错。

6. 一定不能违犯考场纪律。千万不要作弊，不要看人家的。不要向两边看，不要交头接耳，不要和别人讲话。讲话前先报告。如果人家看你的，你不要说话，把卷子向另一边拿拿，让他看不到。但不要看人家的，千万要遵守考场纪律。

7. 在考前的一两天就不要用功了。7 号、8 号这两天可以少复习一点，这两天主要是休息。

第三，要注意的事项：

1. 你如果有许多同学，可以一块设想会出什么题，监考员想什么？每个学生想什么？可能有什么情况，可以和有些同学研究一下。必要时找一下九十中的老师。

2. 在考试时不要太急，想好再写。千万不要把卷子弄脏了，要写得很清楚，很端正。

3. 要不要准备一点白纸，例如做错了怎么办？用白纸再重做是否可以？要问一下老师。

4. 考试前问一下老师，到了交卷时再交，算不算超过时间，千万不要交晚了，问清楚，不要让人家扣分。

第四，关于复习问题我再讲几点：

1. 可以综合分析。你如果复习的东西多，混起来了，怎么办？你要做综合分析，就是要把一门课程按类分一分。例如，数学包括代数，代数包括什么，按类分一分。这样系统分类，使脑子都有数。

2. 如果你没有混起来，可以把重点放在自己的薄弱环节上，自己哪里薄弱就复习哪里。

3. 要背一些有代表性的例题，你找一下哪一个例题有代表性，综合例题，这样的例题要背下来。

4. 背的时候可以边背边写，做比较，联系实际。

关于考场经验的问题我再讲一下（这些经验我是请教一些大学生得来的）：

1. 一定要理解题意，军事上知己知彼，就是这个意思。你如果不理解题意，必定是答非所问。所以老师在讲卷子注意事项时，你一定好好听。在答以前，一定先看两遍，必要时小声嘟念（这是符合心理学的），作文时尤其要注意题意。

2. 当老师允许问时，你不明白就大胆地问。不要怕老师，他有何了不起？还要巧妙地问老师，往往老师理解可能好些（不过也不一定）。

3. 在解答一个问题或是作文时，要打开思路，用几种方法，深刻来解答，多想几种，想清楚了再下笔。千万不要人家一交卷你就着急！

4. 完了之后千万不要早交卷，认真检查几遍，一直检查到交卷，到了时间再交卷，不要提前交卷。

5. 不要东张西望。你如果弄到了手表，也可戴手表，据说，12 月 9 号、10 号上午九点到十一点，每次考两个小时（下午可能也是两个小时）——不管怎样，理解好题意再动笔——这是诀窍。

6. 要不要带点白纸？作为草稿纸，人家是否发，如发就不要带。口袋里是否可以放白纸，可以问老师。不让看书就不能看，因为人家发现你看书或交头接耳就记下你的号码来。

7. 千万不要慌。顶了天就是考不上，明年再考。明年拼命也要考上。你要是有几个题错了，也不要紧，其他人可能更错，下一次要考好。千万不能泄气，考不好怕什么？反正明年再考。如果有问题很难，这时不要慌。在难题面前要镇静，要像战场上的英雄一样临危不惧。这时一遇难题，谁沉着谁胜利。你感到难，其他人更感到难。

我今天又到了一个公社，他们回乡知青、往届毕业生更不行，远远不如你。你的复习题比较全，这次考试题是省里统一出的，这次是靠真本事，听说很严，考题在保密箱里，保密箱的钥匙让别人拿。所以很严，不能想邪门歪道，就是真本事。

考试的前一两天好好休息，好好睡觉，什么也不想。如果老是想一个事，可以再想另一个事，这样就睡着了。

不要紧张，心里想着几个英雄，像楚霸王八岁就不怕秦始皇，周瑜二十岁就是大都督，数学家陈景润 1977 年证明了哥德巴赫猜想，两百年前的一个猜想，世界上第一流的。人家办到，我也能办到。

心胸要宽。今年顶了天考不上，也没什么。明年我和你父亲千方百计替你想办法，千方百计让你考上，你放心，明年我要千方百计为你想办法。

注意身体，不要感冒了。不要拉肚子。考试的一两天，不要喝多水，考试期间不让上厕所。

注意在7、8号两天主要是休息，一定睡好觉。我和一个管文教的谈过，这个公社报大专的五十个，报中专（技校）的二百五十个，其他公社也差不了多少，大部分报中专。据了解，普遍的是化学差，物理差。你还要在化学上下点功夫。全国都是化学差，其次是物理差。你要在这几天攻下薄弱环节。看来大专也不过是十到二十个取一个，你报大专有希望。下乡知青大都报的技校，70%是往届的。所以有希望，我这些消息是可靠的（你如报中专，应按中专内容复习）。

附：

双远：

12月9日考试还有十多天时间，一定要抓紧，我了解了很多学生，都害怕，都说怕考不上，而且他们复习是完全靠课余，我觉得你有希望，你如果已经报考，那就不考虑了，如未报名，可以考虑一定考最好考的。你一定要有最大的决心，最大的努力，要像数学家陈景润那样，每天早上三点就起床。你也要学会休息：一种是洗头洗脑，一种是数学、物理交替学，还有要以数理化为主，政治、语文不计主要分数。当前考试可能难些，但是90%的人都害怕，你在这一点上要自信，自信人生二百年。这一点上要高于别人。另外和大队关系也要搞好，可能也要单位的意见，不要搞坏了关系，人家还听单位的意见。

白天可以和同学研究或找老师，晚上自己研究，人类连中子弹都研究出来了，难道复习功课就这么难？

叔　北斗

从考生心理上讲，在考试中无非三种表现：一是畏惧，低估了自己；二是骄傲，高估了自己；三是正确客观地评价自己。可对于中断了十多年的高考来说，谁又能知道深浅呢？毕竟大家一样，都多少年没有考试测验了。在这种情况下，唯有把考生的潜能都挖掘出来，使得考场发挥极大化。叔叔就是通过心理引导力求双远能够最大程度地发挥自己的潜能。

双远是幸运的，生在这样一个“商读之家”。在高考的“天梯”架起时，根本不用犹豫。父亲、叔叔集洪荒之力支持自己复习备考。这对于一个考生来说无疑是最大的宽慰和精神激励，双远满怀信心迈入了考场。

然而，现实是残酷的。

尽管1977年的考题并不难，但对于初高中三年有一半时间学工学农的米双远来说，中学那点知识，远不及考试内容的一半。

落榜是必然的结果。

1978年1月16日　父亲来信

双远：

今天接到了你的来信，你的落榜是我预料之中的，你已经找出问题的关键，就是基础太差了。确切地讲，你整个基础都是差的，没有语言文字功夫，不仅写作水平低，字体也太不工整。作为判卷者，不愿意看你写的字，因为太费解。不过也没办法，只能加紧练习，不要低估语文成绩，这也是平均成绩的基础。如果字写得漂亮，文章写得好，语法关系清楚，语文分就会提高，这是不能忽略的。政治水平也要提高，因为都计成绩，所以复习功课是全面的。你的数学成绩的确太差，连那两道几何题都证不出来，所以我早已预料到你不容易被录取。你谈到“如果我冷静一下是可以证出来的”，但问题不那么简单，有很多考生一出考场就会做了，但这也没用。必须训练有当场解题的能力，这就是所谓基础。因为平时做题时间充裕，而考试是在规定的时间内解出题来，这就要特别熟练。或者说，基础特别好，像1加1等于2那样的熟练才行，这就要看你自己的“功夫”。平时加强训练和培养解题能力。关于理化也是如此，必须在吃透课本的基础上解题。掌握解题的方法。总之，要客观地估计自己，千万不要过高。这次有很多考生都感到自己答得不很好，但结果竟被录取，原因是他们心中有数，知道自己对在哪里，错在哪里。另一些考生感到自己考得很好，但却落榜，原因是他们糊涂，对错不清楚，认为自己答上就满分了。实际上一道题满分是很不容易的，如同你的理化，绝对不是六道题全对，只能说做完了，能对多少，你自己没有真正判断出来。一句话，还是糊涂。趁热打铁，自己抓紧复习，要把书全面地看一遍，自己心中一定要有数，到底明白不明白，是真明白还是假明白。不服气是对的，应该有这股劲。但要知己知彼，了解一下那些被录取的人，自己和人家到底有多大的差距，在脑子里回忆一下，自己能掌握哪些，而哪些未能掌握。

春节后，你来奉天，等我的电报。我准备在2月15日左右给你去电报，一定要和大队搞好关系，来奉天复习绝对不能影响报考。我去电报的理由是来奉天护理我，千万不要向外透露。来时，带五十斤白面，也可带点肉，姜少点，不要带粮票。

抓紧复习，一定要争取下次考试被录取，这是最后的一次希望。

过几天寄点钱过春节。

父 1月16日

批评是尖锐的，父爱又是感人的。父亲决定利用“苦肉计”——拍电报回家，谎称自己被车撞伤，需要儿子来奉天护理。因为只有如此，双远才能请假来奉天集中全部精力复习。

1978年1月19日　叔叔来信

双远：

你的来信已到了，你落榜了，这事我也不生气。但是我问你，你失败的原因找到了没有？为什么考不上？客观上是你中学学校的教学质量太差了，应当有人辅导你，用辅导来弥补学校教学的质量，这一点你也应该认识到。可是主观原因你找到了没有？你的学习方法对头不对头？以前是怎样学的？现应如何学法？你时间上抓紧了没有？你以前每天学几个小时？在考试前如何复习的？考试中有何教训？你和人家比，你有哪些短处、长处？你研究过考试题目吗？为什么不难而答不好？1977年考题和1965年以前的考题有何相同处、不同处？你应如何复习？我不多说了，你已经二十岁了，邓小平当师政委才二十岁左右，诸葛亮当军师才二十七岁，你仔细研究一下为什么考不上？别人笑话也是次要的，想想未来吧。一次考不上不要紧，可是1978年再考不上就不好办了。你要集中力量复习，一个题一个题弄通，公式、原理、例题，复习什么就练什么，在做复习题时，要一门一门的，要做数学，就光做数学，解完了去找书，对不对，看看例题。参考资料都要看，比如，解三元一次方程，就光解这个，所有这方面的复习题考试题全部做，边做边找书，带着问题去找书。在复习重要原理公式时，再去找例题、复习题、考题。不要一会学这个，一会又学那个。还有你的作文也不行，也要托人找本好的文学书，你作几篇让人家改，像“麦假记事”“最有意义的一天”“难忘的一天”“暑假记事”等，要做几篇，做完了让人家改。要和人家的课本上的比较。比较一下到底哪里不如人家，我不多说了。

说到家，其余是小事，而你的前途你自己应最关心。我教的方法，解数学的有了；作文，边嘟囔边学习，边写边看，好动，像马克思那样脚不停动，集中精力（几天）解决一个问题。学习形式多样，结合实际，画图抄书找原因，从道理上找，等等。你自己好好想一下我教的方法，你父亲教的方法，你结合一下。要有“头悬梁锥刺股”的精神，要有卧薪尝胆的精神，要有岳飞月下雪上练字的精神，要有陈景润每天早上三点多起床的精神！

我春节有可能去济南，但不一定，我还没请假，就是去济南，只住两天，来回才四天，不能去泰安了。我这里太忙了，马上过春节，这里要有大演习，我以后来信很少，寄来 1962 年数学试题解。

努力努力努力。

关于去沈问题，我已给你父亲去信。

1978 年比去年还要难考——胜利属于勤奋者。

叔　北斗　1.19

对于一个落榜生来说，最需要的并不是批评，而是鼓励。叔叔的信中尽管有些失望，但更多的是鼓励，这促使双远更加倍努力，拿出背水一战、绝地逢生的勇气。

第二十章

1978年农历正月初九，虽说立春已过去十天，天照样寒气逼人。

米家庄农业科技队长米双远，安排好社员的工作后，急急赶往大队部汇报工作，名义上是向牛书记汇报春季施肥浇水的工作计划，实际上，只有自己内心最清楚，他是去大队部等着迎接一份可以说决定他今生命运的电报。

父亲前些日来信已经约定，今天拍电报来。按平日的习惯，邮递员每天送一次信，一般下午三四点钟到大队部。而在此之前，双远已经暗暗买好了今晚十点钟去奉天的火车票，生怕误了火车。

双远上午就赶到大队部，期盼邮递员早点送来电报。很扫兴，不仅邮递员没到，让人焦急的是，牛书记一早接到公社电话，骑车去公社开会了。牛书记如果回来晚，事就难办了。因为，作为科技队长，必须向书记请假，获得批准后才可以离开米家庄。这是纪律。双远当然很清楚这一点。所以，双远强装镇静，在大队部里，先找到大队主任盖无法汇报工作。

直到中午，邮递员依然没有来，牛书记也没回来。本该是回家吃午饭的时候，可双远没有一点饿意。就这样在大队部里苦等着。直到下午四点半，太阳将要落山了，双远终于在大队部门口看到那身着一身绿色的邮递员。此时此刻，在双远眼里那简直就是个绿色天使！双远差点就兴奋得蹦起来。不过，他旋即冷静下来，对了，不能太激动，不能喜怒形于色。对于双远内心来说，当然是期盼着这封电报到来的，但电报的内容又应该是让人“伤心”的，因为它带来了父亲受伤的消息。如果你掩饰不住内心的喜悦，这怎么能瞒过众人？如果太过于期盼，那么你早就知道这封电报的到来？一句话，一定要掩饰住内心的激动，只能旁若无事地对待。邮递员小王算是熟客了。在那个年代，邮递通信是米家庄唯一通向外部甚至通向世界的驿站，而这个驿站的钥匙就掌握在小王手中。在双远心里，小王不是亲人胜似亲人。因为叔叔的信、父亲的信、舅舅的信和志实的信，等等，都是小王送来的。今天小王显得更为亲切，因为他即将送来的电报，将是把双远从田间劳动中解脱出来，他带来的是让米双远脱产复习考大学的“假条”，甚至可以说是步入天堂的“钥匙”。同时，双远心脏也加剧了抖动，生怕小王不是为送电报而来。时间就是金钱，晚复习一天，离大学校门就远一步。虽然，从逻辑上讲，这电报从奉天发出来，泰安邮局接收，不应该出什么问题。但事关重大，万一出差错呢？双远的心提到了嗓子眼上。思绪间，“咔嚓”一声，那辆绿色自行车停到了双远面前，小王郑重其事地抽出一个电报信封，递过来说道：“小米队长，你的电报。”声音既严肃也有些沉重。因为富有经验的老邮递员小王知道，那个年代，若非突发重大事件，人们一般不会给家里发电报。双远的表情也很紧张，沉重的双手接过电报，当着小王的面把封皮打开了。然后，转身面向盖主任，手有些抖，眼眶红了，颤抖着声音说：“盖主任，我父亲出车祸了。”小王和盖无法同时“啊”了一声。小王紧接着说道：“你还不赶紧去伺候你大！”双远抬起头来对着盖主任，目光里透露的全是恳求。没等双远开口，盖无法答道：“这事我做不了主，要等牛书记回来定。”恰巧，这时电话铃声响了，来电话的正是牛书记，他通知盖无法，说自己现在管区开会，吃完晚饭回来，马上召集大队部成员及各生产队长开会。双远本想提出向牛书记请个假，可接电话的盖无法却把电话挂了。

双远那个急啊。火车票早已经买好，是今天晚上十点发车，从家里到火车站即便骑自行车，加上检票时间，最快也要五十分钟。而现在眼看就六点了，书记还不知道几点能回来。怎么办？双远也还没吃中午饭，心发慌，手发抖，其实这就是低血糖的表现。扭头一看盖无法幸灾乐祸的样子，双远知道再这样干等也是白搭，不如先回家吃饭。想到此，双远打了个招呼就回家了。其实，因早有准备，大海哥已经在家里等着送行。匆匆吃过晚饭，为了赶时间，大海把双远要带的十斤猪肉、五十斤面粉都放在自行车上，早早到屋后那条废弃的大道上等候。之所以在这儿，主要是掩人耳目，因为正常情况，应该一路向南经过窑场再行二百米，经泰莱公路去往火车站。走废弃的大路，要西行五百米后再向南通往泰莱公路，虽说大方向没错，可要多花至少十分钟。但为了掩人耳目，只好如此了。时间一分一分地溜走了。终于，八点刚过，憨书记回到了大队部，跑到会场的双远立马向牛书记请假。来参加会议的众人都表示同情，异口同声说，快点买票吧，救人要紧。

辞别了众人，双远先回到家，紧接着出来，赶到大路时，大海哥已经冻得发抖了。两个人顾不上说话，急匆匆推着自行车向西赶去，大路坎坷不平无法骑行，直到上了公路，大海驮着双远疾速骑行，奔向火车站。双远怀里还抱着五十斤面粉。屋漏偏遇连阴雨，由于用力太猛，车链子突然“咔”一声断了，眼看时间就要到了，两个人顾不得修车，只好一路推着车子飞跑。到了车站，早已开始检票了，双远左手提着肉，右臂夹着五十斤面粉，飞也似的奔向检票口，没等检票员检票，就已经冲到火车门口了。后边的检票员正待追赶，被赶上来的大海一把拉住。双远刚刚登上车，火车两头的信号员摇摆着绿旗，告诉火车可以开行了，“咣当”一声火车门关闭了，当火车徐徐启动时，大海还和检票员纠缠在一起。

火车刚刚驶出站台，双远突然心中一种飞翔的感觉，虽然眼睛还在盯着站台，寻找大海哥，但此时思绪已进入了冥想状态。双远感觉身体突然腾空，飘了起来，慢慢地，越过了宝正大爷家那棵平日里只能仰视的大榆树，身体越来越高，米家庄逐渐远去，眨眼是中天门，然后是南天门。哎呀，这不是望府山吗？听爷爷说，天气好的夜晚，站在泰山天街右边的望府山，可以看到济南府的灯光，今天果然看到了。

突然，双远清醒了，只听列车员正在广播：“旅客同志们，现在是济南站，有在济南下车的乘客请下车。”火车已经来到济南站，这是济宁至三棵树的快车，从泰安到济南一个小时五分钟。泰安到济南共有十站，慢车是站站停，快车一站到济南。双远太熟悉了，大河、界首、万德、青杨、张夏、崮山、炒米店、党家庄、白马山、济南。

双远记得第一次乘火车时大概只有三岁，那是大姨得了重病，泰安治不了，转院到济南省立医院。母亲带着刚满三岁的小双远前往探望。到今天，双远只记得医院里躺在病床上的大姨和穿白大褂的大夫和护士。第二次是爷爷带着十来岁的双远去海城看望当兵的叔叔，在济南转车，顺便看望舅老爷一家。以后又有多少次来到济南？记不清了。这次不一样，双远觉得这是奔向彼岸的一次，或者说，他已感觉自己飞离了米家庄那片“池塘”。

早春的夜静得出奇，唯有这条绿色的长龙在华北大地上全速飞奔。这长龙似乎在告诉熟睡的人们：“我来了，你看我有多牛。谁也不是我的对手。即便你们把神行太保戴宗请出来，也不在话下。”双远望一眼窗外黑漆漆的夜，细听着“咣当当、咣当当”的火车有节奏碾压铁轨形成的敲击声。突然从心底里产生了些许浪漫情感，能把这击打声当作美好的音乐来欣赏。他闭起眼睛假寐，心中细数着路过的每一个车站，禹城、平原、德州……很快，火车驶出了山东大地，进入了广袤的河北平原。

……天津东站到了，灯火辉煌。天津，中国当时的三大直辖市之一。双远的心突然涌现热潮。天际上的大城市，对于作为一个农民的米双远，是那么遥远。而眼前的灯火竟然又那么近，令人有一种即将融入进去的感觉。双远有一种预感，这次奉天之行，他一定会拿到“路条”，进入这个梦中才能见到的大都市。在那一瞬间，米双远这个青年农民，对这个大都市产生了亲近感。

双远的思绪没有断，不知不觉，是秦皇岛站了。双远又开始兴奋，因为下一站就是山海关。对米家人来说，山海关不是“关”而是“福门”。1942 年，大老爷一家走过福门，闯入关东，活了下来，一大家人兴旺起来。1960 年，爷爷走过福门，到大老爷家住了半年，省下了半年的口粮，小孙子双远没有饿死。1964 年，双远的父亲米文水大学毕业出关，被分配到奉天工作。1973 年，米双远曾经作为“盲流”，出关去东北寻求生路。而今晚——双远通过这“福门”，将开启凤凰涅槃之旅。

也许，走出去的是一个米家庄的农民，返回来时，他将成为“天之骄子”——

令人羡慕的大学生。

双远对此充满了自信。

米家，和很多山东人家一样，与东北这块黑土地有着血脉一般的联系。山海关是“闯关东”的必经之门。在中国这块大地上，人们在与自然的抗争中，总是走向希望，走向更广阔的天地。每当遇到天灾人祸，家乡难以生存时，就会背井离乡，向生而走。广东、福建人——下南洋，山西、河南人——走西口，而山东人选择了——闯关东。

山东人闯关东大都因为自然灾害抑或兵荒马乱之年，饥寒交迫，待在家里只能等死，不如到东北开荒种地，求一条生路，就像米双远大爷爷一家。但也有因爱恨情仇而亡命关东者，既有躲避仇家者，也有杀人越货亡命天涯的绑匪。

在双远的家乡，泰安城东乡附近的山口镇，传说就有个胡屠户，为解“夺妻之恨”，挥刀手刃仇人，然后一路夜行晓宿，逃到了东北哈尔滨，成为一个另类的闯关东者。

话说这山口镇是泰安城东三十里的一个重镇，西望泰安城，北扼去往济南府的山崖隘口，东连泰安——莱芜大道。自古以来，这里就是商贾云集、物流畅通、享誉方圆几十里的经济贸易中心。每到农历逢一逢六的日子，山口赶大集，南来北往，熙熙攘攘，好不热闹。热闹的集市也是个江湖。有江湖就有痞子流氓，也有英雄好汉。自古以来，江湖的起起落落，失衡、平衡、再失衡、再平衡——就那么循环往复地延续下来了。

山口镇上有俩恶霸，人称“武家二狼”，是一对父子。父亲武虎，人称老狼；儿子武豹，人称小狼。两人会些拳脚，自清末兵荒马乱直到民国初期军阀混战、社会动荡，这武家祖辈就打家劫舍，四处作恶。虽说四邻八舍也知道他们家的勾当，可那个年代谁敢告发？告发了又如何？正因为如此，更助长了武家的恶行。这武家祖上就给人看门护院，天生膀大腰圆，加上会些拳脚，一般人七八个不是对手。那武老狼，身长足有一米八五，在山东大汉群里也是冒尖的；其子小狼比他爹又高出半个头来。这爷俩整日里在街上横行霸道。每到初一、初六大集，从东头到西头挨着摊位收保护费。

这爷俩横行惯了，谁的保护费也敢收。如果外乡人来赶集，人生地不熟，被武家二狼收了保护费，只能有苦往肚子里咽；可那年冬天的一个大集上，他武家二狼竟然把山口镇第一大姓——王家的人也欺负了，连着强收了王姓几十户人家的保护费。这还了得？欺人太甚！当天晚上，王家男人们都聚集到王姓族长家里。族长都是德高望重的老人，平日里受人尊重，一遇到大事自然组织本族合力应对。听了众人诉说，简直把族长的肺都气炸了。“这还了得？还有没有王法？”冷静下来一想：“王法管个屁用，北京金銮殿里的小皇帝都被冯玉祥赶出去了。”看来只有自力更生，洒到王家头上的血，只有王家人自己清洗。

第二天一大早，天空开始飘下雪花，冬日里太阳本来就起床晚，今日加上云彩遮挡，本该天亮的时候，仍然显得有些黑暗。此时，王家的男人们已经从四面八方向着武家的院子围拢来。

昨晚族长发了话，王家十五岁以上的男人全部出动，一定要教训一下“武家二狼”，否则，几百年的老户王家怎么立足？难道要被这“二狼”欺负吗？突然有人发一声喊：“姓武的，有种的出来，今天要新账旧账一起算！”人群的怒吼声震天价响，雪花还没落地就被震飞了。紧接着有人开始砸门，场面非常火爆。眼看人们就要把武家的黑漆大门推开了，只听“吱”的一声，大门大开。紧接着两条黑影飞了出来，众人被这突然的变故吓了一跳，人群呈扇子形散开。同时，后边的大门关上了，并上了门闩。

大家仔细一看，出来的正是“二狼”。老狼在前，小狼在后，爷俩背对着背。每个人都端着一杆土炮，肩上斜挂着一把砍刀。众人徐徐往后退，老狼和小狼反而成了进攻方，顺着门前街道向东走，不过三十米，人群停住了。只见前面大约有二三十个青壮男人，手持刀钩斧叉，一字排开，分明要决一死战，绝不能再容武家二狼再前进半步。其实，王家人意图非常明确，是要把这父子二人逼入左手的大湾里。街道北侧正是村里雨季时用来蓄水的大坑——泰安人把它叫作“湾”。因为夏日里雨季时，雨水急，一时排不出村去，为防止雨水倒灌到农户院子里，每个村都会有这么一个“湾”用来蓄水，干旱时也可取水灌溉庄稼。不过，到了这冬日，大湾已经干涸，空荡荡的，方圆足有二百来米，这恰好能盛下王家几百口子前来围攻二狼的男人们。王家人已经布置好了战场，就是要把这恶霸父子引进这包围圈。说起来王家族长考虑还是周到：一是不想伤及武家妇女老小，毕竟作恶的是老狼和小狼；二是不能要他们性命，性命关天，死了人谁也不好交代，特别是总指挥——族长更是难辞其咎，今天的目的是要彻底教训这父子恶霸，最多打个半死，万不可以死人。所以，他设计了这么个阵势。想不到的是，这父子二人都端着土炮出来了。所谓土炮其实就是大号的土枪，一般是作为大户人家看家护院所用。因为这家伙装药多，威力大，筒子里能装进小半斤火药，然后再装一茶碗铁砂子，这一枪打出去，火光一片。据说这是打家劫舍土匪们的克星。武家二狼之所以有这样的土炮，并不是因为自己是大户看家护院所用，而是因为知道自己作恶多端，早晚有一天会得到报应，所以准备了这两杆“狠家伙”，果然今天就派上了用场。此时，爷俩背靠背向大湾里面退，干涸的湾坑在数九寒天下冻得和铁板一样结实。人们在这铁板上慢慢缩小包围圈。天空云彩越聚越多，似乎赶来不知为谁助阵。太阳是出不来了，聚集的云彩越来越厚，开始飘下雪花，人们的喊叫声震天价响，飘落的雪花还没落地，就被震碎了。但任性的雪花越来越多，包围圈越来越小。终于有一支铁锹拨弄到老狼的枪杆上，此时的老狼本已冻僵的手不自主地扣动了扳机，只见火光一片，“轰”的一声，把天空炸开个大口子。幸亏这铁锹是由下往上击打，所以枪筒子向上抬起时，火药和铁砂子喷薄而出，大部分火力射向天空。火花、雪花和铁砂子搅在一块——呈喇叭形喷出。

人们此时也分不清楚敌我了，只顾四散逃命。

这一战，非但没有打下二狼的嚣张气焰，反而使二狼一战成名。王家几个受伤的人也吃了哑巴亏，偷偷养伤，不敢吱声。自此，武家二狼更加的蛮横嚣张。偌大的山口镇激战之后平静了半个月，见王家没有报复，武家二狼又出动了，而且这次胆子更大了，往日里一般是父子二人一齐出动收保护费，现在变为单独行动。老狼向西，小狼向东，沿途打骂而来。先说这老狼向西横行而来，走过一个小巷，突然听到“吱”的一声，扭头一看有人开门外出，仔细一瞧，是个小媳妇。这一瞧，让老狼魂出了窍。原来这小媳妇生得杏眼柳眉，面若蟠桃，明显是一个江南女子。这女子正是街上杀猪匠胡一刀的媳妇儿。坊间早就传说，胡一刀媳妇是个南方美人儿，今日一见，果然就夺走了老狼的灵魂。

据说这小媳妇是苏州大户人家，自幼孱弱多病，家人就赶着马车来请泰山老奶奶赐福保佑，因在泰安住店时染上了伤寒，奄奄一息。时间长了，花尽了盘缠，家人无奈，只好求助店家收留。胡一刀的爹是店家几十年的老伙计，始终帮忙照料。店主就安排胡一刀的爹把小姑娘带回家中，做最后的努力。姑娘命不该绝，胡一刀他爹找到乡间老中医，开了一个方子，用的是后石坞的野灵芝。连续服用三个月后，奇迹出现了，姑娘竟然能下床了。又过了一个月，竟然康复了，被老家人遗弃了的小姑娘，自然就成了年方十六岁的胡一刀的媳妇儿。

胡一刀原名胡四江，自幼顽皮，长得又结实，读了两年私塾，不是那块料，他爹想让他到店里端水倒茶打打杂，可他就是稳不住，每日里跑到杀猪匠那儿帮忙拽猪腿。他爹没办法，干脆让他学习杀猪。出徒后他自立门户，来到这山口街摆了一个杀猪摊，后台杀猪，前摊卖肉。由于技术精湛，杀一口猪游刃有余。这刀玩熟了，一刀砍下去，说四两绝对是两个二两。卖肉从来不用秤，秤放在那儿只是个摆设。有些好事的，买上半斤肉回家称称，结果分毫不差。时间长了，名声远扬，人送外号“胡一刀”。

不过，胡家在山口街新来乍到，是独门独户，平日里为人也小心谨慎，生怕多事。今儿个武老狼见了胡一刀的媳妇儿，已是掉了魂，加上从来没把这单门独户的胡一刀放在眼里，所以紧赶几步，直接追了过去。吓得胡一刀媳妇儿扭头往家跑，并随手拉门闩，由于紧张，门闩拉了三次没关上，老狼已经赶到，一脚把门踹开了。这时胡家几个孩子吓得哇哇大哭，大儿子五岁懂事了，悄悄溜到东厢房饭屋里躲了起来。这老狼兽性大发，根本不管大人哭孩子叫，直接把胡一刀媳妇抱到炕上强暴了。趁着老狼进了北屋，胡一刀大儿子悄悄溜出大门给他爹报信去了。再说这老狼，发泄完兽性后，真是色胆包天，挥舞着一根文明棍，直奔胡一刀的猪肉摊去了。这小子想的是什么呢？因为他自己的老婆春天得伤寒死了，他要强娶胡一刀的老婆，这正是所谓“上帝要叫他灭亡，就先让他疯狂”。等这恶棍赶到猪肉摊时，只见胡一刀的五岁的儿子正在向他爹哭诉家中发生的灾难，可孩子太小，说也说不清楚，只是说老狼砸门进家，欺负娘。胡一刀手握杀猪刀，正在那儿气得哆嗦。老狼隔着一丈多远，就提起那根文明棍指着胡一刀，大喊："你老婆归我了，今后免了你的保护费。"谁都知道，老狼那根文明棍是特制的，里面是一根很长的军刺，外面是铁皮筒包着，铁皮染上黑漆，既可以当棍用，也可以脱掉铁皮当刀用。胡一刀当然知道这个秘密。关键是，文明棍足有四尺多长，而杀猪刀只有一尺多。不过今儿个胡一刀立定了拼一死活的决心。对着老狼喊道："姓武的，你糟蹋了我老婆，今儿个不是你死就是我活。"眼看老狼来到肉案前，胡一刀继续说道："有种你今天把我捅了，你不捅死我，我就捅死你。"说罢，把杀猪刀拍到了案板上。老狼一眼看见寒光闪闪的杀猪刀，愣了一下之后，从文明棍里拔出了军刺，竟然口中呀呀怪叫着冲胡一刀刺将过来。胡一刀丝毫没有迟疑。夺妻之仇不报，还有何面目活在这个世上？

只见胡一刀拿起案板上的大刀，隔开武老狼刺到胸前的军刺，紧接着迅速从案板底下抽出另一把杀猪刀，正对老恶棍的心脏刺去，待到进入身体后，顺手转了一圈，一刀把个血红的心脏挖了出来，有人看见那颗挖出的心脏在地上跳了起来，竟然比案板还高。

此时，刚刚四散逃开的人群围了过来。有人大喊一声"杀得好！"这引起了众人的共鸣，大家拿起身边的铁器木器敲了起来。突然一个叫"老神仙"的王家老头凑到胡一刀耳边小声说道："快跑，向东北去，我们拖住今天不报案。"胡一刀醒过神来，领着儿子跑回家，只把随身的衣服、几块银圆和一包袱煎饼带上。一家人出门假装向西，然后向北朝济南方向遁出人们的视野，躲了一天一夜后，来到济南站，一路坐火车去了哈尔滨。

话分两头，武家小狼和他爹分开后，一路向东。今日正好有家驴肉馆开业，店家人称"牛二啰唆"，牛家是小姓，所以牛二啰唆平日里为人小心谨慎，八面玲珑。今日新开驴肉馆，图个吉利，一律半价销售。正在张罗客人的牛二啰唆，打眼一望，那不是武小狼吗？紧赶几步，弯腰打躬把小狼迎了进来，生怕这个恶霸在这儿吓走了客人。把他引进里边的包间里，切上驴肉，备上泰山老白干，又吩咐厨子不断上菜。结果这家伙被好酒好肉伺候着，从上午一直喝到下午，酩酊大醉。待这武二狼醒来，已是日薄西山。临走时，他还不忘提了三斤驴肉。回到家不见老狼回来吃饭，也不在意，因为这老狼经常欺男霸女，喝完不花钱的霸王酒，很晚才回家。不过，冬日里天黑得早，夜深了，老狼还没回来，这次小狼坐不住了，挎上腰刀，提个灯笼，沿街寻来，当走到胡屠户的肉摊前，绊了一跤，低头一看，躺着一个死人，拿灯一照，正是他爹武老狼。武小狼几乎晕倒。没想到父子俩横行霸道这么多年，他那恶霸老爹竟然落到这个下场。此时的小狼也惊出一身冷汗。他心里明白，平日里父子作恶太多，今儿个老子死了，仇家肯定会继续追杀，自己的小命也难保。本来这小子打算把他爹的尸体背回家，但转念一想，夜长梦多，既然他们敢把老子宰了，也决不会放过儿子。所以，这小子管不了许多了，生怕黑夜里有双眼睛盯着他，干脆自己偷偷溜回家，连夜就带了点敲诈勒索得来的银圆，领着老婆孩子跑了。往哪儿跑？他心里拿定了主意，记得他爹当年当土匪时，在泰山后石坞东边有一个废弃的狼洞，洞旁边有个山泉。他们就曾住在这个洞里。在小狼八岁时老狼带他来过一次，也许是想到了今天，被人追杀时可来此逃命。果然，小狼就带着家人逃窜到这深山大沟里躲避仇杀。

再说，这偌大一个山口镇，在中国历史上，官家也从未委派吃官粮的官员，都是乡绅治理，由有些名望的乡绅任保长，官家补贴一点费用。山口镇李保长是有名的老好人。当日老狼被捅死后，即刻有好事之人跑来报信。但李保长深知二狼对山口镇的祸害，首先是打心眼里拍手称快，终于除了一害；其次镇上出了命案，作为保长应该第一时间骑上马到泰安城里县衙报案。可仔细一想，胡一刀是为民除了害，怎么也得设法保护他逃走。所以，三十六计，走为上计。自己悄悄叮嘱好老婆，偷偷溜走到了十里外的黄前妹妹家走亲戚去了。直到第二天大晌午才回来，下午才去城里报案，为胡屠户逃走留出了足够的时间。事实上，当李保长迈进县衙大门时，胡屠户一家也检票上了济南至哈尔滨的火车。这就是“得道多助，失道寡助。”

据说，后来胡屠户在哈尔滨仍然靠杀猪生活，因为从不少斤短两，为人仗义，不出几年，肉铺就发展成了偌大一个肉联厂。

胡屠户算一个闯关东的英雄。当然，也有“杀人越货，躲避命债”的土匪到东北亡命天涯，不过这些背负人命的亡命之徒，似乎都并不那么幸运，即便逃到天涯海角，也最终落个欠账还钱、以命抵命的下场。

双远的四姥爷有个杀父仇人，被四姥爷追踪到佳木斯干掉了。几十年后，这个替父报仇杀了绑匪的远亲，甚至影响到了双远被推荐上高中！当年盖无法把米双远从高中推荐名单上拿下来，理由就是双远四姥爷的关系——因为双远大舅的四叔，是省里的大“走资派”。

大舅的四叔，也就是双远的四姥爷。

大舅家住泰安城有名的“皇家胡同”。皇家历代行医，到了大舅的爷爷皇善赋，因为小时候私塾功底好，脑子好使，背熟了《本草纲目》《黄帝内经》，加之泰山是中药的宝藏地，什么泰山灵芝、何首乌，见识过各种灵丹妙药的他在当地获得了“皇一仙”的名号。很快，皇一仙的名气越来越大，靠着妙手回春的医术，不仅泰安当地人来求医治命，北过济南、南到江浙的病人也慕名而来。虽说，对于穷苦人家，皇一仙仅收医药成本费或直接免费，但也不乏大户人家，治好了病，重金相谢。所以，皇一仙四十岁上也买了地，置办了家业（双远记得小时候去姥姥家，进的门楼是两重大院）。那时候正值军阀混战时期，整个九州大地民不聊生、土匪横行，特别是泰安城坐落在泰山脚下，泰山山脉绵延数百里，正是土匪藏身的好去处。整个泰山山脉藏了几十股土匪，其中有名的“火药帮”最狠，最没人性，一旦他们抢不到足够的财富，就会用火药把人家的房子炸掉。因此，大户人家万一被他们“绑了票”，就会全力准备赎金，哪怕倾家荡产，也要尽量满足这些恶魔的要求。

那年冬天，人称“皇一仙”的皇善赋正骑着毛驴行走在山道上。这头毛驴是病人家属牵来的，病人家说是媳妇儿难产，自己三代单传，前边四个孩子都是闺女，就盼着能生个带把的。他爹痨病躺在床上快一年了，也在盼着孙子的到来，死也瞑目了。皇一仙家里人对于去老山里行医有些个担心，谁都知道好几帮土匪窝就在山里。但架不住来者一脸憨厚相，说着说着还跪下了。救死扶伤，行医施善，本就是皇家的家训，如今不能见死不救。皇善赋换上大襟棉袄，提了药箱，骑上毛驴，跟着山里人就上了路。那个年代进山可不像现在有宽阔的大马路，能骑马跑汽车。那时只能沿着山间小道慢慢行走，一旦遇到对面来辆独轮车，还要停下来避让。一路过了白马石、水牛埠、黄山头，临近中午才算是进了山。又过了一个时辰，从艾洼向北过了李家泉，再往前走，路途就有些危险了。这皇善赋虽说一辈子行走江湖，见多识广，可从来都是治病救人，也从未与人结怨，凡事总是往好处想，凡人都认为是善良的，没料到，这天的遭遇彻底把他那颗善良的心击碎了。

又过了个山头，不见行人，也不见住户，突然在一块大岩石后露出一座破庙。这不对啊。皇善赋自言自语，这不是住家啊，这不是黄巢兵败被杀的“狼虎谷”吗？然后转头问：“到你们家还有多远啊？”“这就是我家啊。”那个憨厚的老山民回答。“你家怎么在庙里？”“到了你就明白了。”老山民说话的口气变得有些生硬。此时，皇善赋才感觉有些不对头，只能任凭发落。不一会，到了破庙前，老山民大喊一声：“掌柜的，客人到了。”只见破庙门“吱”一声打开了，三个身穿皮袄的人打着揖鱼贯而出。皇善赋赶紧下驴打揖相迎。“受惊了，皇神医，在下就是人称‘一撮毛’的孙大头，今儿个带兄弟们向您赔礼了。”说完话，向前深弯腰。皇善赋赶紧还礼，顺便问了一句：“病人在哪？救人要紧。”孙大头并不正面回答，只是伸手一指并说出一个“请”字。皇善赋随身跟进，只见庙堂正方是一座黄巢雕塑，这儿正是当地山民为纪念黄巢自发修建的黄巢庙。

话分两头，皇家人知道，老爷子到山里看病问诊，当晚一定是回不来的。所以，一家人并未感到什么异样。第二天前晌，皇家大门铁环轻轻响了三下。在米双远的记忆里，舅舅家的院子有两重，因为院子以泰山地势而建，因此，坐北朝南的院落第一重院在最南边，也就是最低层。大门开在东南角，平日里大门是敞开的，因为中医世家，每天都有病人或家人前来问诊开药方。大凡客人来时或是站在门口轻轻喊几声，或是拿起门环轻轻敲三下。由于大人们都在后院，前院住着小孩子们。这日双远大舅的四叔也就是双远的四姥爷正好中学放假，在家看书呢，听到门环的声响，放下书本，径直去迎接访客。只见访客戴一大皮帽子，显得脸庞小了很多，上边的帽檐往下拉，所以眉眼不是很清楚。来客见到有人来，迅速从怀中抽出一封信，只说了一句：“这是皇先生送来的”，然后扭头迅速向西走到胡同口，扭身一转弯，消失了。小四姥爷正在纳闷呢，迷惑间迅速回身快走几步抬腿迈向后院。进得堂屋，老母亲正在东偏房泰山老奶奶像下祷告呢。等母亲祷告完了，四姥爷双手呈上信并轻声说道："说是我父亲捎来的信。"母亲有些惊讶，这么多年来，除了那年去济南为同仁堂药店坐诊两个月，往家里写过信，平日里就在泰安城及周边给人看病，哪里还用得着写信呢？母亲拿着信由里屋出来，因眼神不好，屋里又有点暗，就把信递回小四姥爷。小四姥爷紧赶几步，迅速拿过信来，只一扫就差点跳起来。只见上面几个大字："速筹白银五百两！"

"娘，不好了，我爹被绑架了！"小四姥爷急急对母亲说道。听说这话，母亲几乎瘫坐在椅子上。虽说是大户人家出身，可哪儿经历过这种场面？"快到财源街铺上把你大哥叫回来。"母亲吩咐。小四姥爷一刻也没有迟疑，不到半个时辰，大哥皇兴岳赶回家来，一到娘坐的椅子前，"扑通"一声跪倒了。"都是儿的错，怎么就没拦住爹不让他去呢？"再看信的落款，只有三天时间准备。另外土匪的条件是，不能报官，报官撕票，到时钱没送到也撕票。皇兴岳知道，火药帮这伙土匪，心狠手毒是出了名的，在泰山一带"撕票"最多，早已是血债累累。今天碰到，没有别的选择，为了保住父亲的命只能抓紧筹集赎银。其实在那兵荒马乱的年代，家里虽说历代行医，可哪里拿得出那么多银子？最后一家人商量，老母亲拍板，把城东五十亩地契也转让了，方才凑够五百两银子，赎回了老父亲。一家人抱着幻想，只要皇善赋能够平安回家，就是不幸中之万幸了。

但皇家的噩运才刚刚开始。

不到两年，火药帮再次把目标锁定了皇家，因为上次得手忒容易了。这次他们把皇善赋扣押在泰城南关一个内线的地窖里，又是冬天，又是勒索赎银五百两。这一次，皇家无论如何也力不能及了。为了凑足赎银，小四姥爷和大哥把几辈人在酒窖存的泰山老白干都挑到岱庙市场卖了，最后把老太太的嫁妆也押在当铺，七拼八凑也就凑了二百两银子。一个月黑风高的夜晚，大哥颤抖着双手把银子交给了接头人，可第二天早上等来的却是——皇善赋横尸南关大街街头！

马上要过年了，对于皇家来说，这是最寒冷最悲惨的一个年。

还没出正月十五，这天晚上，小四姥爷突然把大哥叫到母亲的屋里，当着大哥的面，十六岁的中学生突然跪下了，给娘磕了三个响头，然后哭泣着说："我要走了，听我一个同学说，有人看见火药帮年前在济南爬上了去哈尔滨的火车，我要为父报仇！不杀了他们我决不回家！我今天就去哈尔滨。”

这一席话，让母亲的泪水哗哗流了下来，站在一边的大哥也惊得说不出话来。家里的顶梁柱刚刚走了，母亲怎舍得最心疼的小儿子离开呢？可儿子铁了心，“父仇不报，还算男儿吗？”哥哥也劝不住。随后，小四姥爷背上母亲新摊的一包袱煎饼，并随身带着大哥送的那支新式自来水笔就上路了，一路上靠给人写字换顿饭吃，借宿一晚。两个月后，来到冰城哈尔滨，小四姥爷凭着写得一手好字并打得一手好算盘，很快在一家药铺当了伙计。有了吃住，小四姥爷开始实施自己的复仇计划。

小四姥爷很快和山东同乡会的人混熟了，慢慢打听新来哈尔滨的有关山东人的消息。一晃两个月，一点音信也没有。小四姥爷急得晚上睡不着，就开始细细琢磨，自己的同学说确实有人看到几个土匪上了火车，而且买的是来哈尔滨的票。那为什么一点消息也没有呢？可能我的方法不对，一来这帮小子怕见山东人，自然不会和山东同乡会联系；二来这帮土匪能干啥呢？对了，他们肯定抢了不少的金银细软，开当铺才容易变现。对，先把全城的当铺查个遍。

小四姥爷一身东北打扮，并很快学会了东北话，而那帮土匪本来也不认识他，他们做梦也不会想到，小四姥爷能追到这疙瘩来。

功夫不负有心人，又过了三个月，小四姥爷终于找到了线索。就在中央大街附近的一个小巷里，最近出现了一家当铺，平日里柜台上是一个东北小伙子，一口的东北腔。掌柜的坐在里屋，一般不出来，只有当伙计决定不了买卖时，掌柜的才出来。

这日，小四姥爷挑着一挑子冰糖葫芦，就在当铺门前守着，等候那掌柜的露面。等了一个上午再加一个下午，眼看当铺快要打烊了，终于有人拿了个大约是什么宝贝要抵押，估计柜台上的伙计做不了主，把掌柜的请了出来。小四姥爷这时也进了当铺，借口讨碗热水，定睛注意那掌柜的。只听那掌柜一张嘴一口地道的泰安方言；再一看相貌，正是土匪头子三当家的。之所以小四姥爷能够下结论，就因自打第一次父亲被绑票后，小四姥爷就立志报仇，暗中调查这拨土匪的底细，几年下来，把几个土匪头子的外貌嗜好摸得一清二楚，只差当面辨认了。土匪三把手“大癞疤”也决定不了人家宝物的价格，最后约定三天后再来谈。

三天后的傍晚，东北的落日要早一些，踏着夕阳的最后一缕光辉，小四姥爷随着那位宝物的主人迈进了当铺。伙计迎了上来，直接把来客迎进了里屋。小四姥爷冒充客人的随从，也跟进了里屋。当铺掌柜和宝物主人都以为小四姥爷是对方的人，也都没留意他。

小四姥爷慢慢微闭眼睛适应一下屋里的黑暗，然后睁开眼睛盯准了眼前的掌柜的。不错，是他，是绑架伤害父亲的土匪头子二把手“独眼龙”。此时，他有些失望，因为大头领“一撮毛”没有出现，不过他并未显山露水，说时迟那时快，出外倒茶的伙计忽听里屋“啪”的一声，赶紧闯进去看个究竟。此时小四姥爷手中的枪口几乎插进了独眼龙的胸口，仍然冒着青烟。其实，小四姥爷早有准备，为避免枪声太响，枪管包了一圈豹子皮，这也方便掩人耳目。小四姥爷生怕这家伙不死，又对着天灵盖补了一枪。此时，宝物的主人揣起宝物夺路而逃，转瞬不知去向。而当铺的伙计却被眼前突发变故吓得瘫倒在地口不能言。小四姥爷来到伙计身边，左手轻轻一搭肩膀，右手握枪顶住了他的胸口，轻声道：“他是土匪，以命偿命，不干你的事。不许报官，否则，拿命来！”

很快，小四姥爷消失在黄昏中的哈尔滨街头上。小四姥爷怎么能搞到枪？原来他当伙计的中药铺是抗联的据点，老板作为城里的眼线专门搜集日本鬼子动向。待小四姥爷来找活时，老板就发现这个年轻人不仅灵活有文化，也一定藏有什么秘密。很快老板就喜欢上了这个爱国青年，并探知了其为报父仇来东北的详情，表示愿帮他报仇，同时也希望他加入抗联。小四姥爷没有片刻的犹豫，家仇国恨，没有理由不参加。因为小四姥爷有文化，组织就把哈尔滨据点唯一的电报机交与他保管，为此配了一支手枪保护电报机。

抗联的地下组织分布在哈尔滨火车站、码头和邮局等各交通通讯的关节点上。独眼龙被打死后，土匪并没有报案，因为他们生怕暴露了行踪。不过，小四姥爷三日后再去打探发现，当铺关门了。这也在预料之中，小四姥爷迅速动用了新的联络点，很快得到了消息，土匪头子一撮毛和三把手大癞疤等坐火车去了牡丹江，而且已经投靠了日本人。土匪们也许以为，有日本人撑腰，寻仇的人就奈何不了他们了。但是，这次土匪们又失算了，因为那儿也是抗联的大本营，抗联组织的目的，就是清除汉奸，打击侵略者。小四姥爷报仇心切，马上向上级请求调往牡丹江。组织上很看重这个高中生知识分子，决定培养他，因此同意调入牡丹江情报站。更为可喜的是，最近从日本人手里缴获了一台照相机，也归小四姥爷保管。很快，小四姥爷已经熟悉了牡丹江的情报系统，也通过系统调查得知，牡丹江新来了一伙山东人，不过他们既没有开店，也没有到山里入伙土匪，而是在城郊赁了几间房子住了下来，以便为日本鬼子效劳。这伙人因为血债太多，理不清头绪，始终弄不清楚是谁在追杀他们，怎么也不会想到这竟然是皇家四少爷所为。时间一长，这伙土匪嗜赌好嫖的本性使然，先是派出一个小喽啰到赌场侦探，因这赌场和窑子是开在一块的，没过多久，这土匪头子就迷上了窑子里的名角儿——黑牡丹。不过他们还是警惕性高，老大和老三从来都是分开出动。这天老大出动，老三守窝。小四姥爷早已通过线人买通了老鸨和黑牡丹，待一撮毛进到房间时黑牡丹并不在屋，早已守候的小四姥爷直接手刃了杀父仇人，并拍了一张照片寄回泰安，以告知母亲、哥哥和家人：父仇已报，自己安全。紧接着，小四姥爷又提枪到土匪居处，把土匪头三把手也干掉了。

随着小日本的投降，小四姥爷成为东北野战军的一员，后随大军入关一路南下，作为早期参加革命的知识分子，不断得到提拔。“文化大革命”开始后，作为大“走资派”，四姥爷很快打倒。而当米双远农中毕业希望能上高中时，他大舅的四叔是省里大“走资派”这个政治背景，就成了盖无法坚决取消米双远“推荐上高中”资格的借口。

火车飞奔向下一站——山海关。米双远在车上思潮翻滚，浮想联翩了一番之后，想到了眼下的自己。是的，作为米家人，他米双远又一次闯关东来了！

也就是今晚，正月初九——不对，应该是正月初十凌晨两点，山海关站到了。双远利用停站时间走出车门，吮吸着大兴安岭刮来的、富含氧离子的、略带湿润的空气，心中汹涌澎湃。这一次，东北这块宝地，一定会为自己带来好运。

又过了五个半小时，奉天南站到了。出站后，初升太阳的光芒在厚厚的积雪反射下照得人睁不开眼睛。车站外的场景又一次刺激了米双远的神经：一排大客车一字排开，细细一看，原来是迎接77级新生的汽车。车身挂着鲜红的条幅，一行醒目的大字展现眼前："东北工学院欢迎您！"

眼看着大学新生们兴高采烈登上汽车，双远暗暗下定决心：等着我，今年秋天我就是这车上的一员！

第二十一章

父亲早已经告诉了双远到家的路线。双远很快登上有轨电车，又换一次公共汽车，下车后向前走五十米右侧有一个大牌子——奉天市天体研究院，还有一个门牌——皇后区松花江街一段四里 30 号。进门走十米，到家了。

其实，父亲的“家”就在天体研究院的院内。这是一间十几平方米的房间，除了一张大床，还有一张吃饭的小桌，再就是靠窗的书桌，书桌上边有一个玻璃窗。透过窗子是一个篮球场，所谓篮球场，是借四周房子中间的一块空地而建，是研究人员和职工们唯一的锻炼场所。每到中午，总有人在这不太标准的球场打篮球。这扇窗子对双远很重要，这是他今后三个多月——准确说是九十七天，眺望外部天空的唯一通道。父亲告诉双远，这张桌子就是接下来向高考冲刺的阵地。只有晚上，他才去李叔宿舍休息。因为李叔的老婆孩子都在北京，单位分给了他一间几乎只能放一张床的宿舍。

双远进门时，正是单位下班时间。不久，他就听到一个小孩子“哇啦哇啦”的喊叫声，随即急促的敲门声，是“妈”接弟弟从幼儿园回来了。是的，双远把这个女人叫作“妈”，称自己的生母为“娘”。

“妈”是“娘”的仇人，实际上也算是双远的仇人，因为她夺走了双远的父亲。

但是，双远似乎从来也没有对这个女人恨起来过。原因有三：一是父亲和娘是娃娃亲，好像从来就没什么感情；二是父亲工作后才认识这个女人，而在此之前父亲就一直向娘提出离婚；三是“妈”曾多次给自己写信，而且用了“您”的称谓，隐隐约约表示了对自己的歉意。当然了，更重要的是前几年在农村感到生活无望，双远来奉天寻找出路，虽说无果，可“妈”也表示了同情。

妈接小弟回家了，父亲还炒了两个菜，算是接风。吃完饭，父子的谈话很快就进入了正题。父亲向双远宣布：“这三尺书桌，就是你的阵地。你就在这张小书桌上，向高考发起冲刺！”接下来，妈也过来向他宣布了数学复习计划。原来，妈就在此地的一所大学里教授数学，她已经拿到了1978年高考数学复习提纲。进一步说，对于在中学里只学到数学一元二次方程的双远来说，由妈亲自给补习数学，这是最好的安排了。当然了，理工科出身的父亲可以指导物理，而剩下的其他科目，就要靠自学。

一家人正在讨论制订复习方案，突然有敲门声。

父亲打开门，双远眼前一亮，啊，是个姑娘。只听姑娘清脆地问候：“文姨好，我来看您了。”只见妈喜上眉梢，答道：“好，好，陈丽你开学了？”“是的，今儿上午刚去报到，分了宿舍。弄好了就赶紧过来看您和叔叔了。”“好的，你先坐下，我来介绍一下。”然后妈扭过头来指着双远对陈丽说：“这是我儿子，今天刚到，准备参加今年的高考。对了，你介绍一下复习经验。”这时双远已经明白这位是刚入学的大学生，自己先羞红了脸，微微低下头来。陈丽并不见外，对着双远客气地说道：“我本来数学一窍不通，结果却考了那么高分。这可都是文姨的功劳呢！”双远明白了，这位姑娘是由妈辅导考上的大学，怪不得妈这么自信。陈丽寒暄一阵后，说是今晚要回学校开会，就告辞走了。送走客人后，妈开了个玩笑，对着双远问道：“陈丽漂亮不？你要好好复习，考个好大学，让她给你做媳妇。”双远羞红了脸并微微低下头。其实，刚才双远就没敢正眼看人家一下。双远暗想，自己是个失败者，77级落榜了；而且自己身为一个农民，从来也还没想过娶个城里媳妇；最重要的是，自己前途未卜，好不容易能有机会复习，哪里还敢胡思乱想？接着，妈不无自豪地介绍说：“这姑娘是陈副市长的大女儿，托人找到我帮她复习数学。看来我教学方法得当啊，她几乎数学从一窍不通开始，竟然及格了。虽说只考了个建筑学院，但也增加了我的信心。如果她再聪明点，应该能考上辽大。这也就是我为什么同意你来奉天复习的原因。”接着父亲进一步对双远做出了要求：“集中精力复习，家务不用做；根据考试大纲，制订复习计划；除数学由妈辅导外，其余自学；门外就是研究院的工作场所，除上厕所外，不得外出；晚上与李叔同住，一般不与他人搭讪。”

接下来的日子里，父亲和妈不断带回家复习资料，有“辽大”的有“东工”的。很快，双远进入了状态，妈带回的测试题，先让双远做，错了的，接着讲解。当做完第三份模拟试卷时，妈有了信心。这晚吃饭时，妈向父亲夸道：“我看双远比陈丽聪明多了。只要用功，肯定能考上。如果发挥得好，能上重点大学。”父亲平静地答道：“现在还没资格骄傲，先按大纲学完再说吧。”

无论如何，父亲和妈的话对双远是一个非常大的鼓舞。

这天晚上，双远做了一个梦，梦见自己躺在自家那棵麦黄杏树上，对着一颗金光灿灿的、果汁充盈欲滴的杏子张开了口。眼看杏子就要到口，突然一阵风刮来，树枝开始摇晃，双远惊醒了。

后来双远回想起来觉得很可笑：紧张的复习对他并不算什么难关，遇到的第一个难关竟然是——戒烟。

一个农民，一个一天挣两三毛钱工分的年轻农民怎么就学会了抽烟？说来这与计划生育小分队有关。当年在小分队的成员中，彭医生是不抽烟的，而那个宝山大队的章副书记，也是小分队副队长，却是个真正的“烟鬼”。在烟鬼的熏陶下，米双远也着了道。起初“着道”最根本的原因是这烟不花钱。小分队工作的方式有两种，一是办学习班，二是走访入户。无论哪种方式，计划生育对象都会拿出烟来招待工作队员们。尽管农民穷，再穷也要拿出烟来，那是一个家庭的脸面。久而久之，双远也自然而然地接受了这种礼遇，随后也就上了瘾，每天至少一盒烟。当时中等的“菊花牌”要一毛九一盒，贵的如“泉城牌”要两毛四，那可是一个男劳力一天的工分钱啊。农民能见到的最贵的烟是“大前门”，三毛九一盒，最便宜的“向阳牌”九分钱一盒，如果是白皮简装，就要八分钱。

现在，双远到奉天来复习备战高考，自然没有带烟来。前几天还能忍受，最痛苦的是两个星期之后。吃过早饭，父亲和妈上班去了，弟弟去了托儿所。这个时候，本是静下心来投身到“文山题海”中去的最佳时间，可一道题没解完，烟瘾就上来了，简直让人抓耳挠腮，坐卧不宁，站起来溜达一圈，坐下，又站起来。其实家中的烟就摆在那儿，一盒火柴紧挨着。双远忍不住了，打开烟盒，抽出一支，放在嘴里轻轻含住，右手拿起火柴盒，左手捏住，用右手拉开，取出一根火柴，当左手与右手分开时，右手的火柴头向下，此时一旦划下，火柴就会点燃。双远知道，这是个危险的信号。在此时的双远看来，点燃香烟，简直等于点燃毒品！

高中毕业五年来，自己日日盼，夜夜盼，就盼着能有一个公平竞争上大学的机会。现在，机会终于来了，而且父亲又给提供了这么理想的一个空间。自己本已加入了社会劳动大军，本已能挑起家庭责任的重担，可今天，不挣一分工分，没有一分钱收入，二十岁的草包肚子，每顿吃饭顶父亲、妈和弟弟三个人的饭量，怎么还好意思去抽烟，哪来的钱去买烟!?

但是，烟瘾像明堂河的洪流，轰隆咆哮而来，能把几吨的巨石掀翻。犯烟瘾，这是一种精神折磨，是对意志的考验。突然，四个字闪现在脑海——“刮骨疗毒”。对，关二爷为了去毒能忍受刀刮骨头，难道自己连个烟瘾都戒不了吗？孟子云，“天将降大任于是人也，必先苦其心志……”这不是刚刚背诵的古文吗？双远心里默数着，1，2，3……终于在九十九次拿起火柴之后咬着牙放了回去。

最终——双远闯过了那道“戒烟关”。

双远努力让自己适应这种半囚禁式的复习生活。每一天从早到晚，双远都盼望着那个“放风”的时间段，这是幸福的时刻，是喘气的时刻，是愉悦的时刻，是放松的时刻。这个“放风”时间就在午饭之后，研究院员工几乎每日十二点半开始打篮球。双远课桌上边的窗子正好正对篮球场的中间位置，透过玻璃观看比赛，一览无余。甚至可以说，这是边裁的最佳位置。多少年后，双远还是要感谢那些业余篮球队的队员们，是他们把双远紧绷的神经放松下来，是他们每日准时的出击培养了双远的作息规律。这大大提高了米双远的学习效率。

双远自作主张把自己的名字“双远”做了新的诠释。本来，爷爷给他起名的含义是“德昭馨香，文以致远”，而双远自打向老“右派”胃觉学习“泰山十八跌”后，重新将自己名字解读为“文武双远”。文，能博古通今，上知九天，下揽海洋，无所不晓，无所不知；武，能出神入化，以一当十。加之天生小脑发达，身段灵活，无论是篮球、乒乓球，还是单双杠，双远都能信手拈来。特别是篮球场边上那根挂在铁杆上、长达十几米的爬绳，是双远的最爱。后来他又喜欢上了篮球，只可惜偌大一个米家庄大队，竟然没有一个篮球场。而当下，双远免费看篮球比赛，而且几乎是最佳位置，真的好幸福啊。

天气渐渐热起来了，初夏的奉天还是舒适的。这儿没有蚊子，没有跳蚤，更没有臭虫、虱子。这些小动物在米家庄可都是家里床上的常客。奉天人不怕冷，奉天的姑娘们更喜欢美。小姑娘的最爱就是裙子。是的，隔壁老柳家的小女儿小栗子穿的是条白色带黑花的短裙。小栗子就住在隔壁，或者说就隔着一堵墙。双远父亲的房子是一个单元四家之一，每家都是一间。正对面，也就是走廊南边是王胖家，王胖还小，只有三岁。王胖家西边隔壁也有一家。小栗子就和妈妈两个人生活，据说父亲失踪了，妈妈老柳是老革命，说是儿童团出身，为了革命，结婚晚，四十岁才生了小栗子，算是中年得子，拿孩子很娇贵，也希望孩子成才。小栗子刚刚十三岁，开始发育，进入疯长阶段，那两条腿白嫩细长。也许只有娘俩过日子，没有第三人化解，娘俩总是吵吵嚷嚷。隔着墙，双远经常听到老柳打得小栗子号啕大哭。稍微仔细听一下，就是妈妈嫌小栗子不争气，天天贪玩，学习不好，特别是数学成绩很差。因为是邻居，隔三岔五的小栗子会过来找双远的妈辅导数学题，妈也不好推辞。每次走后，妈就叹息说："这孩子真笨啊，这么简单的题还不会。可老柳也挺可怜的，怎么也得帮她吧。"每次小栗子来，双远都自顾自己的复习，应该说也没什么影响。不过，在老柳眼里，老米家儿子很用功又安分，肯定能考上大学，而自己的女儿这么不争气，考试不会还贪玩。其实这种想法从她打骂孩子中就能流露出来。比如，有一次双远就听见老柳一边打孩子一边数落："你这个不争气的东西，看看人家东屋里大哥哥，有多用功啊，一天到晚都不出门，就在屋里学习，肯定能上大学。"这无形中也给双远增加了压力。你看吧，邻居都对自己抱有这么大的期望，拿自己当作鞭策孩子的榜样。无论如何，自己要考上大学。否则，连邻居都对不起。

这天下班后半小时，有人来敲门，双远开门一看是小栗子。往常这个时候，妈已经回家了，就会放下手上的活计，为小栗子解答数学题。可不知怎的，今天还没回来。一看妈不在家，小栗子就回去了。过了一会，小栗子又来了，妈还是没回来。又过了五分钟，又有人敲门，又是小栗子，这次小栗子直接请大哥哥帮她解题。双远也没有想太多，一看是两道几何体，比较简单，很快给她讲完了第一道题，接着讲第二道。正在此时，门锁响了一下，是妈回来了。原来是为弟弟开家长会，回来晚了。妈看了下小栗子，说："哦，是小栗子啊，拿来我给你讲。""谢谢阿姨，哥哥给我讲过了，我都明白了。"说罢，小栗子走了。这天晚上，父亲也回来晚了，可能是单位开会。吃过晚饭后，双远回到李叔房间又看了会书，即上床休息了。

第二天吃过早饭，父亲并未像往常一样立刻上班去，而是点上了一支烟，待妈和弟弟走了后，突然拍了一下桌子，大声问道："说吧，昨天晚上怎么回事？"双远一下子愣住了。"哦，哦，没干什么啊？"双远垂下头，低声地答道。"你看看你，还有那么多题不会，还逞能，给人家辅导。知道自己的处境吗？今年再考不上，还有明年吗？这么远把你接过来，为的啥？全研究院的人都知道你来这儿复习，考不上怎么交代？"双远静静地听着。

父亲上班走后，双远委屈地哭了一场。是啊，来奉天是干什么？肯定不是来辅导别人家小孩做作业。如果今年再考不上，还有机会再复习吗？这个机会是多么的不容易啊，父亲为此甚至都动用了"苦肉计"。虽说这"苦肉计"并没有真的伤害到父亲，可对于农村人来说，这"被撞伤"的诅咒也是大忌啊。一边哭着，双远一边又想到了自己的亲娘。自己离开那么长时间，家里自留地谁来管？要知道，浇水施肥，推土垫栏等，这都是力气活，现在全都压到了娘一个人的肩头。前几天又接到大海哥代写的一封家信。娘在信中让双远安心复习，还告诉他，家里好些重活都是大海哥帮着打理，每隔三五天大海哥都会来家中坐坐，正好双远家就在大海哥上班的必经之路上，所以他下班后都要到双远家坐坐，问问双远娘有什么重活需要做。还有，小眼子和米传胜等本家几个侄子时不时也会来坐坐，先是问候大爷爷（就是双远父亲）的伤势恢复得怎样了，又提出帮家里干些重活。这就是千百年来泰安人你帮我助的文化传承，这也融入人们的日常生活习惯中，世世代代传承了下来。

对于这传胜侄子，双远每每想起来，还是会忍俊不禁，捧腹笑一阵。因为身为小队会计的他是个结巴，有一次他和作为保管员的双远盘账，因为时间晚了，两人算是加班，就买了瓶酒，炒几个花生米吃加班夜宵。酒过三盅，传胜有些醉了，涨红了脸说道："大，大……大叔，你，你……你信吧，城里人是不是晚上办事特别多？你想想，人家吃完了晚饭，又不用拾掇自留地，家里还有电灯，还不就办事。你看人家多好啊，天天晚上都能办事，哪像咱这些农民啊，娘的，白天累个半死，晚上还要伺候自留地，还哪有心思和老婆办事呢？"双远听得一头雾水，不知道他说的办事是啥意思。因为双远还是个童子，从来也没这种感受。再说了，天天围着那些庄稼棵子转，哪有心情想这些事呢？

最令双远感动的是四大爷家玉亮哥，他是四大爷的大儿子。因为兄弟姊妹七个中他是老大，从小就担负起家庭的重担。家里因为人口多负担重，日子过得穷，经常周转不开，可玉亮哥人穷志不短。有一次，他来双远家向生产队借钱，因为双远时任生产队的现金保管。可能是双远急着要去为爷爷请医生，慌乱中多给了他五元钱。结果第二天，他把多给的五元钱又送回来了。要知道，在当时的农村，五元钱那可是一笔巨款呢。虽然他长期在外地干泥瓦匠，可是一有空回村，就总是到双远家里来帮着干些家务活。记得小时候他大，也就是四大爷也常来双远家串门子，有时候赶上来了客人，就留下来和爷爷一块喝点酒。有一次喝多了，很晚了也不走，絮絮叨叨，说道："我这一辈子，养了五男二女，谁敢小看我?!"待他走后，爷爷和双远叹息："虎生一子把路拦，老鼠蛤蟆枉生一窝坨。"不过，从那次退款事件以后，爷爷对这个堂孙米玉亮，也就高看了一眼。

双远被父亲训哭后又过了两天，也是早饭后，父亲还没去上班，坐下来点了一根烟，平静地对双远说："后天周日，咱们去看个电影吧。你来了三个多月，也没出过门，电影院就在北陵公园旁，看完电影一起逛逛公园。另外，山东那边也该收麦子了，你是队长，这么长时间不回去怕是不妥。我已经给你买好了星期一的车票，到时候我去送你。"双远连忙"嗯"了一声。

父亲走后，双远陷入了怅怅的深思。

双远估计，都是那双长腿惹的祸。不知不觉间，小栗子白皙的长腿又浮现脑际，那是一双少女的腿，在白底黑碎花的裙子和红凉鞋的衬托下，显得又细又长。其实，小栗子第一次上门的时候，双远也就瞄了一眼。而真正盯着那双腿琢磨的是妈。双远记得，妈盯着那双腿看了足有两分钟，直到小栗子叫了三声阿姨，妈才抬起头来。小栗子羞红了脸。凭良心讲，对于前途未卜且从未近过女色的童子双远来说，根本不可能去专注小栗子的腿。但是，妈却不能不这么想："双远一个大小伙子，在一个情窦初开的少女面前，能不动心吗?"即便是双远老实有定力，那万一小姑娘动了情怎么办?真的出现这种情况，那残局谁来收拾?那不但要影响双远考大学，而且在研究院这个封闭的小社会里，名声可怎么保住?一个青涩少女的一双长腿，因为穿了裙子，展现在世人面前，本应是美好的。可当这双腿在米双远面前出现了，恰恰又被妈看见了，就引发了许多的猜想和恐惧的预测，其结果是：这双秀腿把米双远踢进了山海关，踢回了山东泰山。

妈和双远父亲商量之后一致决定，趁着还没出什么事，赶紧让双远回去。再说，经他们俩认真仔细地一番评估下来，都认为双远这一次要考上大学应该没什么问题了。因为自1950年后的历年高考数学试卷，双远模拟都能得90分以上，物理试卷也相当好，只有化学稍微差一点。再加把劲重点攻克一下，估计问题也不大。

周日，一家人一起去看了电影《冰山上的来客》。算上这个周日，双远来奉天已是整整九十七天。这三个多月来，今儿是唯一的一次走出父亲单位的大门，唯一的一次"放风"，也算是一次精神大餐。在公园里，双远看到有几个年轻人叼着烟，拿着气枪在树林下追逐打鸟。父亲告诉双远，这些是下乡插队的知青，虽然回城了，但没有正式工作，整日里飞鸡走狗地浪费时间。双远听到这儿，心里不禁"咯噔"了一下。是啊，如果这次自己再考不上大学，今后的日子又能比这些吊儿郎当的小青年好到哪儿去呢?

这天晚上，妈破天荒地炒了四个菜，父亲让双远把李叔也叫来了，打开那瓶双远带来的泰山老白干，也算是答谢李叔留宿双远的人情。

晚饭后，双远问父亲和妈，怎么填写高考志愿?妈看来很有主意："考农学院!第一志愿是农学院，第二志愿也是农学院，第三志愿还是农学院。你当过农业科技队队长，有优势，农学院最容易录取。”双远很认真地点了点头。其实，双远心里很明白妈的用意，她就是怕双远再次落榜，那可怎么办呢？而城里孩子一般不会去考农学院，相对来说竞争就没那么激烈，双远考上的把握就比较大了。

第二天，父亲只身送双远到火车站。临检票时，父亲对双远说，第一志愿可以报考一个重点大学。双远由此觉得，可能父亲对他这几个月的复习还是很满意的。

火车徐徐开动，很快驶离了车站。双远透过车窗远远望着送站的人群，极力寻找父亲的身影，不知不觉地，他的双眼都湿润了，眼前是一座模糊的城市。

“哐当当——哐当当——哐当当——”列车仍然以固定的频率歌唱着，双远可能是太累了，在机械而单调的车声伴随下，绷紧了三个多月的神经渐渐松弛了下来……很快，他进入了梦乡。

朦朦胧胧之中，只听爷爷悄声在他耳边说：“咱们家这棵麦黄杏，是孔老夫子家杏树的重、重、重……孙子，那熟透了的杏子比蜜还甜，小孩子吃了长心眼……”米双远赶紧爬到杏树上，对着那颗阳光下泛出一身红润的金煌煌的果实张开了那馋涎欲滴的小口……

双远家的杏园就在大门外，进入夏日，爷爷总喜欢坐在大门楼里，眼望着杏树上的累累果实，品着那壶好不容易兑换回来的老干烘茶。当然了，每逢此时，双远就在爷爷身边仔细伺候着那个泥巴炉子，不停地给茶壶里边续上开水。杏树后边的台子地里，青纱帐不停地送来清风，顺便把杏树、桃树、李子树上的果香也带进了门楼里来。

杏园里的三棵大杏树每年都会收获几百斤杏子。那个年代，米家庄人仍然传承着“李下不整冠”的美德。虽说杏树长在院子外边，周边也没设置篱笆，可乡亲们几乎没有谁去偷摘杏子，除非淘气的孩子们馋极了，偶尔偷食几颗。当然了，米大老爷绝不会慢待大家。双远记得，每当杏子第一茬成熟时，爷爷就会让双远挨家挨户送去几个尝尝鲜，尽管每家就几个杏子，可毕竟米家庄也有几十户人家呢。要等到最后一茬杏子收获时，每家得到的杏子才能再多几个。

平日里过日子每天都离不开油盐酱醋，光靠卖几个鸡蛋贴补也只能是杯水车薪。所以，每当杏子熟了时，米大老爷就摘几十斤杏子，挑起担子到泰安城里去卖。每次卖了杏子回来，爷爷总是给孙子带点好吃的回来，除了几根油条，孙子最喜欢的就是“高温肉”。在小双远的眼里，这是世界上最好吃的美食了。所谓“高温肉”，就是那时候人们养的肥猪得病死了又舍不得埋掉，就用几百度的高温去消毒煮熟，然后在市场上卖给客户。因为相对于八九毛一斤的正常猪肉，高温肉只卖五毛一斤，所以很受大家喜欢。可能是煮肉时的温度足够高吧，好像没听说有谁吃出毛病来。

每年杏树果实累累的时候，小双远都觉得自己有义务看守这丰收的成果。于是，放暑假后每天一有空，他就拿个小板凳坐在杏树下，一边看书一边给杏树当卫兵。结果就有那么一回，双远遇到了“偷杏贼”。长大后回想起来，这也只能算是小孩子恶作剧。那天，双远像平常一样坐在杏树下看小人书，刚坐下，四大爷家二小子“小皮球”就过来凑热闹。双远对他许诺，待最后一批杏子收获时，送给他十个最大个的杏子。小皮球因为从在娘胎里就缺营养，生下来后因为家里穷，每天晚上只能喝玉米糊糊充饥，个子就长得小。每天的玉米糊糊里边也没几颗粮食，所以他就使劲喝，就那么个小不点能一口气喝满六大碗。农村的碗特别大，这六碗足有四公斤。夏日里他光着上身，中间肚子鼓得滚圆滚圆，像极了一个皮球，“小皮球”的外号就是这么来的。这天中午，双远回家吃饭，把小人书留给了小皮球，郑重其事地嘱咐他帮着看一会儿杏子，完了奖赏他三个杏子。可小双远进家刚刚坐下拿起煎饼，就听见外边“哗啦哗啦”像是风吹树叶的声音，双远寻思，今儿个没有风啊。迅速跑出大门一看，小皮球正拿石头拼命地往树上砸杏呢。双远气不打一处来，心想，你这个坏蛋，说好了给你奖励，怎么不守信用呢？小皮球看到双远出了门，吓得拼命往家跑，拐进家门也不敢和爹娘说，所以，躲在了栅门后边，双远追进大门突然不见了“偷杏贼”，低头一看，这小子正在栅门后吓得“筛糠”呢。二话不说，上去就踢了三脚，让这“小皮球”长长记性。

……梦中的双远正对着那颗金煌煌的果实张开了口，突然有个温柔的女声在耳边响起：“旅客同志们请注意，山海关车站到了。”

双远惊醒了，火车已进山海关。

第二十二章

作为农业科技队队长，米双远回到米家庄的第一个任务是领导队员们把试验田里的优良品种小麦抢收回来。

其实，双远回到米家庄第二天一早，就到大队部向憨书记汇报情况。从憨书记及几个大队领导的眼神里，双远就明白了，他们早已心知肚明双远奉天之行的目的。毕竟，整个泰安城东乡里，大部分高中毕业生也都在抓紧时间复习准备高考。憨书记是一个实诚人，直接对他说道："你抓紧组织社员把麦子收进仓库，然后就可以请假安心复习准备考大学了。"双远闻言，激动得有点说不出话来。也许，憨书记认为米双远确实是最有可能考上大学的。憨书记这简短的一句话，既是双远最渴望听到的，也是最能给他信心的。

二十亩小麦很快就收完了。接下来是更重要的一环——打麦。所谓打麦，就是把收割后的小麦运到打麦场，先晾晒，然后用碌碡碾压脱粒，晒干后入库，进入科技队的仓库，这才算麦收完成。从拔麦子到入库，任何一个环节都不能出差错。否则，就将前功尽弃，半年的劳作就会变成竹篮打水一场空。

"打麦"这个环节，当然一定少不了"打麦场"。米家庄大队八个生产队都有自己固定的打麦场。打麦场一般靠近村边，除了用作小麦和玉米的脱粒、晾晒外，打麦场平日里也堆积了柴火垛，甚至还临时种点蔬菜。

成立没几年的科技队，二十亩试验田本来就都是各生产队划拨出来的，哪儿还有什么打麦场？在麦收这个关键时刻，各生产队肯定不会向他们出借打麦场。因为这是虎口夺粮，与老天争食。特别是麦收季节会突然出现阴雨天气，必须抢在天晴时把小麦脱粒晾晒好运进仓里。

鉴于此，科技队必须另辟蹊径，选一个新的打麦场。

双远想来思去之后，又绕着米家庄做了一番细细的考察，发现只有平坟后新造出的“盖家林”空地是闲着的，因为它不属于任何一个生产队而属于大队，只要憨书记同意了，科技队就可使用。

说起这盖家林空地，真还就是盖无法的功劳。想当年，农村掀起了平坟运动，盖、干、常、米、柒等五大姓都有祖坟祖林，谁都不愿意也不敢开这个头，唯有此时的盖无法因为急于向组织表现自己的忠诚，就带头扒了盖家的祖坟。

在那场轰轰烈烈的扒坟运动中，米双远自始至终全程都参加了，几乎没有请假。毕竟，相对于上山修水库来说，扒坟能够少受一些罪。双远一直刻骨铭心地记得，在山上修水库时，两只手背都让西北风吹开了一道道裂纹，里面的鲜血渗出来，染红了那双大海哥送的白手套。

扒坟这活，最大的好处是，待破开坟头，清理坟坑时，社员们跳到坟坑里作业可以避风。因为在那数九寒天，刀子般锐利的寒风吹来，农民的破旧棉衣根本抵挡不住。大部分人棉袄里边就是肉皮，根本就没什么贴身内衣，那风就像长了眼一样，顺着脖领子、袖口、裤腿等所有的衣服和皮肤之间的缝隙钻进来，冰冷的空气层直接覆盖在你的全身，一直把你吹得透心凉。而在坟坑里，那真是别有洞天，再大再强的风也很难钻到地下，所以死人的住所成了活人的避风港。当把坟坑遗骨清理出来后，接着的工序就是拆除里边的砖石等建筑材料，这些材料用来修盖大队里的公共设施。由于清出了遗骨，大家就没什么忌讳了，歇工的时候，胆子大的后生们，就坐在坟坑里打扑克。

多少年之后，米双远觉着，在坟坑里打扑克，那是一种享受，是真正的“革命乐观主义”。

今天，科技队的打麦场就被双远选在了这片坟坑上。双远带领科技队的社员们，就是在这片坟坑上打场。

很快，近两万斤的麦捆子运到场里。在这荒郊野坡，晚上必须安排社员“看场”。由于科技队是干部家属聚集的地方，大部分是老弱和女社员，显然不适合夜间值班看场。于是，看场这任务自然就落在了回村不久的复员军人小根和队长双远本人肩上了。米双远很清楚，收麦入库责任重大，一丝一毫也不能马虎。再说了，憨书记能批准自己去奉天照顾父亲，又准许小麦入库后复习，应是给了他很大的方便。无论如何，自己都要把这任务完成好。所以，米双远决定和小根一起轮班看场。

俗话说，人生有三大喜：他乡遇故知、金榜题名时和洞房花烛夜。对于男人来说，洞房花烛夜更希望欢愉夜长，而复员军人小根恰恰就刚刚进了洞房。二十五六的年纪正是荷尔蒙飙升的时刻，哪舍得新婚媳妇热炕头。可队长的安排又不能不听。虽说硬着头皮晚上来值班，可不到一个时辰，就熬不住了，借口媳妇胆子小或感冒了要照顾等，跑回了家。于是，米双远就只能一个人坚守在这乱坟岗子上待到天亮。

这天晚上，米双远朦朦胧胧才待入睡，一阵轻轻的笑声把他惊醒了。他猛然惊醒，这荒郊野外，哪儿来的笑声？他顺手抓起一把铁叉，蹑手蹑脚出了窝棚。一轮弯月挂在空中。米双远的眼睛慢慢适应了周边的亮度，扫视一圈，并未看到一个身影。突然，“呜，呜呜呜，啊——啊啊——啊，哈哈哈——”又一次怪叫声敲击着米双远的耳膜。米双远循声找了过去。哦，原来是它啊！没错，是猫头鹰。深夜里，它站守在那棵盖家林残剩的柏树上，双眼紧盯着地面的老鼠，这是它的美餐。俗话说：“不怕夜猫子叫，就怕夜猫子笑。”乡亲们认为，谁要听到猫头鹰笑，家里就要死人了。但米双远就不信这个邪，他想起了几年前读过的《三国演义》中的故事。书中说，刘备骑的的卢马是一匹“凶马”，说是谁骑谁死。之前的马主人张武就骑着它死于赵云枪下。但此马却越过檀溪救了刘备一命。何凶之有？所以，米双远再次听到夜猫子笑声时不仅不怕，还暗自庆幸，因为猫头鹰笑的信息传出去之后，小偷也不敢来了。

打麦场不仅来了猫头鹰，还迎来了遍地鬼火。这一夜，迷迷糊糊中的双远又被猫头鹰的笑声吵醒了。这晚是典型的月黑头加阴天，双远被吵醒了后，起来提上家伙，准备沿场院巡视一圈，因为几万斤小麦已经脱粒堆在那，必须时时小心。他刚刚迈出窝棚，就见一缕火光在场院里闪烁。米双远绷紧了神经，心中暗道“不好”。他蹑手蹑脚向火花靠近。忽然，大风突起，这火花跳跃起来，一个、两个，竟然变成了三个。双远握紧了钢叉，加快了脚步，而火花随风飘摇，并急急随着风的方向奔走。双远的眼睛已适应了黑暗，仔细望去，似乎那火花有人掌控。对了，那一定是鬼火，一定是村民们传说的小鬼们擎着鬼火在逃跑。此时此刻，双远并没有紧张，因为，这地底下的白骨双远挖坟时都见识过了，有的年代近些，脑袋和四肢胸骨都还存在，有的年岁已久，加之坟坑漏水后的冲击，脑壳滚到了腿骨上。更有甚者，一个坟墓有腿有胳膊，却不见了脑袋。这坟已经平了三年了，量这些白骨也掀不起什么妖风了。双远还诙谐地暗笑，就算真有小鬼，这里的小鬼也是“盖家”的鬼，生前他不姓米，双远也无须格外敬重。既然小鬼们举着火花来了，咱米双远也不用客气——打跑他就是。风越刮越大，“鬼火”跳得更凶了，米双远握紧了钢叉，紧跑几步，对着一束火花猛烈地插了下去。鬼火不动了，但还在闪烁。双远紧握钢叉的双手不敢放松，生怕那鬼火逃跑了。他慢慢弯下身子，看看是谁在举着鬼火乱跑。就这么一瞧，米双远差点笑出声来：“原来是棺材板上的铁钉子作怪啊！”是的，这是一块腐烂的棺材板，上边的铁钉腐蚀后发出的磷火在闪烁。虚惊一场，双远借势把棺木挑向远方，让那颗钉子继续发光。哈哈，它将和猫头鹰一起成为科技队的护场员。

这个秋天，大部分夜晚都是米双远独自守着这几万斤小麦。其实，这已经不是第一次了。上个秋天，双远独自守护的是满场院的玉米和高粱。对于每人一年口粮不到三百斤的社员来说，这些粮食简直就是金山呢！可在“金山”面前，米双远从来就没动过一丝一毫的歪心眼。小时候，爷爷早就教会他“桃下不整冠，瓜田不纳履”，“君子爱财，取之有道”的理念早已深入他的骨髓。即便在饿死的边缘上，米家人也没去偷，而是靠着米大老爷自己的江湖经验，从地老鼠的仓库里夺粮，还有靠关外的侄子们接济。所有能想到的法子都用了，就是没有想到“偷”。说到底，就是米家的家训发挥了作用。时至今日，米双远又在接受考验。要知道，每天晚上小根走后，自己就独自面对着一座金山，随便装一麻袋运走，就足够半年的口粮了。如果推走一小车，则可以换辆大金鹿牌自行车，那可是米双远梦寐以求的奢侈品啊！然而，爷爷打小对他的教育早就让他的思维形成了定式，从来不会越过“奸盗邪淫”的界限。这是思维中的一堵墙，是绝对不能越过的。

其实，在那个年代，“小偷小摸”还是经常发生的，总有人认为，生产队里的东西不拿白不拿，不偷白不偷，该占集体的便宜一定要占。

就说生产队里“刨花生”吧，队里规定，谁也不可往家拿集体的花生。然而，就有人把裤腿脚绑住，裤子里边装满了花生，有人甚至把花生藏到乳罩里，结果却被妇女队长给翻出来了。更可笑的是，总有人管不住嘴。当一大镢头刨下去，看到那白花花的胖花生实在诱人，就忍不住伸手摘下，捏开，把那鲜嫩的果子仁剥出来投到自己嘴里。一颗，两颗，三颗……无数颗。然后，接下来就会发生普遍的“传染病”——拉肚子。大部分人回到家第一件大事——上茅房。在茅房里一蹲就是半天。更有甚者，没等收工，就撑不住了，请假去上茅房。要知道，生花生吃多了马上拉肚子，这是报应啊。

双远西邻家的二大娘，是出了名的爱占便宜的“小气鬼”。平日里，每次煮了饺子砸完了蒜，二大娘就让孩子端个碗到双远家来了，有时借点醋，有时借点酱油，有时甚至醋和酱油一起借。但在米双远的记忆里，这醋和酱油从来就没有归还过。当然了，一点酱油醋确实算不了什么大事。真正让双远惊掉下巴的是：二大娘竟然教唆自己的外孙偷玉米。无论从哪个角度讲，这缺德之事都是不能容忍的。记得那天收工时间早了些，双远快回到家时，突然看到二大娘的外甥小牛子挎着一个篮子摇摇晃晃从玉米地里出来了，篮子顶上装着草，看来这孩子很勤快，才五六岁就知道拔草卖钱。

双远紧走了几步，说道：“小牛子，来，舅舅帮你拿回家。”

“不用了，小舅舅，我自己拿得动。”小牛子一边回答一边加快了脚步。突然，“咯噔”一声，小牛子被路上的一块碎石绊倒了。小牛子“哇”的一声大哭起来：“不是我愿意的，是姥娘让我偷的。”双远紧走几步低头一看，吓了一大跳。草底下藏着七八个棒槌子，这些玉米磕出的玉米粒也足有三四斤沉。真是难为孩子了，跌跌撞撞也真不容易。双远赶紧扭头向四周扫视了一圈，见没人看见，赶紧把草盖上，帮孩子提到家门口，特别嘱咐道："今后千万别偷了，让别人看见是要进公安局的。"

家教的不同使人的行为竟然有天壤之别。

米双远——这个被几万斤粮食包围的队长，没有成为蛀虫，连一闪念都没想过拿一粒集体的粮食回家。

第二十三章

夏收、夏种胜利完成。

距离高考不到半月的时间了，憨书记果然履行诺言，给米双远放了假准备考试，当然，米家庄所有报名参加高考的中学毕业生也都请了假。

一放假，米双远就急忙赶到自己的母校——九十中。

学校大礼堂正在讲解政治复习提纲。

我的天哪！双远被眼前的景象惊呆了。本来设计五百人开会的大厅，眼下足足装了上千人。最前边的人坐小板凳，中间坐的是高凳子，再后边的人直接就都站到了板凳上。

站在讲台上的徐老师声嘶力竭，学生们挥汗如雨。三伏天，外边没有一丝风，一千多人都进了“蒸笼”。可是，没有一个人退缩，没有一个人喊热。虽说天花板下那几台电扇疯狂地转动着，可它们无非就是来回输送着热流。高考的热忱点燃了泰安城东这些农民儿女的希望之火。这是一个人人平等的机会。在这样一个火热的时代，很多人认为，如果你不去高考，就等于你放弃了抓住光明的机遇。

每个人都怀揣着希望，这是十年黑暗后新生的光明。

九十中组织了摸底考试，将近两千考生参加了测验。主要科目就三门：数理化。三天后，成绩出来了，米双远高居“榜眼”——第二名。不过这次测验也给米双远提了个醒：化学成绩不到七十分。关键原因是，没学过有机化学。

那不是老同学左光明吗？米双远刚刚看完榜，回头看见不远处一个熟悉的身影走来，手里拿着一本教案，头上还是当学生时梳成的马尾辫。

双远睁大了眼睛，紧走了几步迎上去："啊呀，是左老师啊。"双远的招呼使来者微微一惊，然后努力睁开眼睛。因为是迎着太阳，费了很大劲，来者才辨认出，这是九十中六营四排的老同学米双远。虽说不是同班，可彼此都认识，因为两人都是学校的明星。当年每次考试米双远总是第一，而左光明却是"千年老二"，有时两人甚至只差三分。虽说这么多年没见面，但两人对彼此的生活状况都很了解，因为彼此家里所在的村子只隔了一条河。

左光明因为家里出身好，刚毕业就进了公社农业科技站当技术员，后来又被调回了九十中当化学代课老师。现在，她也在做着冲刺高考的准备。

两人彼此寒暄几句后，米双远跟着进了左光明的办公室。

下课休息的时间就十分钟，米双远谈到自己的化学一科是个短板，因为当年在校时就学了那么一点，特别是有机化学一点都没学过。听闻此言，左光明马上拿出另一本备课用的有机化学教案送给了米双远。双远自是感激不尽。因为大家都在积极备考，没有过多的时间闲聊，双远也把自己数学和物理复习总结的要点，简单告诉了左光明。

双远回家后抓紧时间抱着左光明送的那本有机化学教案猛攻。毕竟，相对于数学的函数、物理的电磁场来说，有机化学并不算太难。大概花了三天时间，双远已掌握了有机化学的基本原理，并把从奉天带回来的测试题做了一遍，竟然没有难题，都解答出来了。

仅剩两个星期了，双远开始冲刺。这一年考试大纲已经明确，理科生高考科目：数学、物理、化学、语文、政治；文科生高考科目：数学、历史、地理、语文、政治。英语作为参考科目，不计入总分。这是国家对往届生最大的照顾，因为绝大部分 1966 年以后上学的中学生基本没学多少英语，而米双远就读的九十中，干脆就只学了二十六个英文字母。

双远自幼迷恋数字，八岁那一年，生产队年终决算分粮，队长过磅，会计打算盘算账，双远口算，一场粮食分完，双远算的分毫不差，竟然比算盘快多了。自然地，米双远高考报考的就是理科。经过在奉天九十七天的训练，双远已经掌握了科学有效的复习方法。每天和五门课都要见面，一大早，肯定是背政治；接下来数学、语文；下午，物理、化学；晚上灵活安排，哪门课相对落后就补哪门。三天一轮调整复习时间表。

多年以后，双远依然不能忘记家乡那座桥——大骨头桥。这桥就在双远家屋后东边的下崖子，横跨明堂河上，由泰莱大路通往大骨头村一座极其普通的桥。夏日的明堂河很美——纯净的美。清晨，东方天空中，太阳催生的鱼肚白悄悄布满时，米双远已经来到大骨头桥下。由于这些日子没有下过像样的一场雨，所以河水仅能漫过脚背而远未够到膝盖。

米双远在桥洞子里移来一块大石头，偎依在西边内墙壁上，然后脱了鞋，光着脚丫子下到桥洞下，就坐在那块大石上，双脚浸泡在潺潺流水中。此时此刻的米双远，似乎已经闻到了胜利的味道。沁人心脾的泰山甘泉似乎能够提神，增强记忆力，双远感觉效率大大提高。因为除了化学的有机化学部分把握不算非常大之外，数理化部分可以说胜券在握。而语文对于米双远来说，虽说汉语的基础知识包括语法基础，在学校几乎没有学到什么。但是，求知探索的精神，促使米双远只要能借到的书，无论是小说、历史都看了个遍。同时，作为计划生育小分队的副队长，米家庄大队团支部的宣传委员，每日里书写各种文字材料，无疑也大大提高了文字水平。那么，剩余的这十多天只需刻苦背诵政治科目的内容，就能补上短板，考试大纲规定的理科生五门课就应该能够过关。

报名是顺利的，米家庄几乎所有高中毕业生都报了名，不过绝大部分报考的是“中专”——中等专业学校。因为对于农民来说，只要考上中专，就实现了鲤鱼跳龙门，就能转成城镇户口，改变农民身份。

这一天终于来到了，1978 年 7 月 7 日，国家改革开放后第二场高考，继第一场高考不到七个月后，又一次拉开序幕。

高考成了“高烤”，炽热的温度把考场变成了烤箱。教育部门为广大考生努力创造良好的考试条件，考场的风扇费力地转动着。最让人感动的是，公安干警挥汗如雨在考场四周拉起了警戒线。所有人都在维护这祖上传承下来的神圣的仪式。她比古代的皇帝“封禅”更加神圣，因为这是关系举国上下城市乡村家家户户老百姓的大事。

第一天考下来，双远心中就亮起了希望之光，因为他感觉很轻松顺畅就写完了答卷。当然，双远绝没有像当初在九十中那样只花一半的时间就交卷。无论怎么说，这是千载难逢的决定命运的机会，也是最后的机会，所以尽管米双远早早做完了试卷，却非常认真仔细地从头到尾检查了两遍，这是必须的。

第一天晚上，天上太阳的余晖一直延续着，双远迟迟不能入睡，他寄宿在玉亭哥儿子大江的宿舍里。大江是顶替玉亭哥来到岱宗中学校办工厂上班的。因为米双远分配的考场就在岱宗中学，为了能够更好地备战高考，这几天大江就把宿舍腾了出来。

那个年代，具有国家职工身份的人退休后，可以让家中一个子女接班，谁接了班谁就变成了“公家人”。这，也是农村孩子跳出农门的另一条出路。因此，很多家在农村的国有职工，为了能让孩子接上班，往往就提前退了休。不过，玉亭哥确实是到了退休年纪才让大江接班的。

米双远热得翻来覆去睡不着，就默默背诵公式，准备迎接明日的物理考试。一遍又一遍，不知过了多久，突然听到后窗下有夜班工人经过并唠嗑，其中一位问道：“几点了，天还那么热?”“刚过三点，说不定一会就有风了，就会凉快了。”另一位答道。凌晨三点了，双远还是未能入睡……

终于，苦战两天半后1978年的高考结束了。

中午大江炒了两个菜，还拿出一瓶泰山老白干。这叔侄爷俩年龄相仿，关系一直很好，完全放松了的双远频频举杯，感谢大江为他解决了住宿问题。吃完午饭，双远没急着回家，就在院子当间那张吃饭的小桌上，给父亲写信，汇报考试情况，以免挂念。信是开门见山，直接为自己各门课“估分”：语文75分，政治65分，物理90分，化学70分，数学75分。“呀，你考上了。”双远抬头一看，是大江的一个同事，中午饭后过来串门，看到了双远信中的内容。双远抬起头来，自己先是羞红了脸。尴尬地回答：“随便猜猜，不一定准。”

写完信，告别了大江，双远回了家。因为下午下了点雨，雨后正是明堂河鱼儿活跃的工夫。双远心情非常好，激动得难以自已，顺手拿起钓鱼竿，戴了个草帽，就穿过下崖子直奔明堂河去了。没走多远，遇到了高二抹碴子的孙子高全金。“双远肯定考上了，要不咋就这么滋呢?”高全金离得很远就大声说道。双远听到这话，心里确实是喜滋滋的。这一次，跟去年腊月二十四三大爷来报喜那次不同。这次双远真的感觉发挥不错，应该是考上了。

人逢喜事精神爽。双远第一次发现，雨后的明堂河是如此的美。岸边的每一片树叶，每一棵野草，都挂满了水珠，在夕阳的照耀下反射出七彩的光雾。即使那低飞的蜻蜓，舞姿也显妖娆。双远已经不在乎鱼儿是否咬钩，也不在乎是否空竿而回。因为，在米双远此刻的眼前，世界就是一幅大自然的油画。那水，那草，甚至平日里嗡嗡飞着在眼前乱窜的苍蝇都格外的美。

父亲的回信很快到了。信中说：“应该考得还不错吧，不过你的语文肯定是估高了，就凭你平日写信的错别字，也不可能考到 70 分，语文能及格就很好了。”父亲的话很快得到了验证。不过，喜出望外的是：化学，91 分！

七月底的一天，双远下坡刚回到家，突然听到大门口急促的自行车铃声，随即志实哥推门提着自行车跨过门槛进了家，兴奋地喊道：“双远，咱考上了！”原来志实哥这次从畜牧学校教务处抽调到地区招生办帮忙，负责分数统计。今天下午专门查了双远的考分：370 分！志实哥兴奋不已，简直比自己考上了还要高兴。一下班，就飞也似的骑车直接赶到双远家报喜来了。

招生办的人估计，最低录取分数线不会超过 300 分。

话不用多说，娘把藏在坛子里准备换盐和火柴的鸡蛋拿了出来；双远随即把自留地的韭菜割了一把子；家中还有半斤花生米，那是换油时故意留出来的；他又拿出大江送的一瓶泰山老白干，哥俩就在天井里开怀畅饮。370 分的高分，除了北大、清华、复旦和中科大，应该可以上国内任何一所大学。

米双远考上大学了。

这消息迅速弥漫开来，连每日里来大队部送信的邮递员小王都知道了。次日下午五点左右，米双远到大队部来汇报工作，同时看一下有没有叔叔的来信。不一会儿，小王晃着自行车来了，很远看到米双远就下了自行车，大声喊：“恭喜，恭喜，米队长是大学生了!”双远还没来得及回话，就听一个低沉的声音从背后传出来：“别高兴得太早了!”双远扭头一看，原来是盖无法转悠着回到大队部了。此时，他的脸色很不好看，对于米双远考上大学，盖无法感到像被打了脸。因为他发的狂言“让米双远一辈子也出不了米家庄”即将失效。米家人有才分——这对于盖无法来说，是一个令他无可奈何也无法改变的现实。

恢复高考，不论你来自城乡、出身贵贱，只要你愿意，都能站在同一条起跑线上竞争。恢复高考是邓小平的英明决定，是新一届党中央的英明决策，高瞻远瞩，深得民心，其历史意义之深远，怎样估计都不为过!

下午，在米双远出工的路上，一片祥云从泰山南天门飘来，那片云越来越厚，移动越来越快，很快，一阵疾风暴雨劈头浇来。双远只好打道回府，进得屋门，已经变成了落汤鸡，换好衣服，刚刚捧起《东周列国志》，又一次阅读“结草报恩”的故事，才到精彩处，就听得屋顶响起一片“咕咕咕咕”的叫声。

双远放下书，走出屋门，抬头往房顶一瞄，真是大喜过望，原来是自家的鸽子回来了。自打今年初九双远离家到奉天复习后，家里大门楼的鸽子窝让野猫闯入，鸽子们从此离家而去，算来已是四个多月了，今日，鸽子们突然结队回归，这个吉兆，让双远异常的兴奋。

此时，雨过天晴，家中大槐树上的露珠在阳光映射下发出五彩缤纷的光束。

突然，鸽子起飞了，一只、两只、三只……共有八只鸽子在双远家上空盘旋翻飞，它们分成上下两个梯队，像仙女般飞舞。家中的小狗不甘寂寞，对着天空汪汪地叫着，似乎是在为鸽子的舞姿拍手叫好。欢乐的队伍不断加大，只听“呱呱呱”“鹅鹅鹅”的声音加入进来，原来是娘新养的两只鸭子和两只鹅不甘寂寞，一前一后，张开翅膀旋转起来，在跳天鹅舞。

天上的鸽子、地上的鹅鸭、蹲在一旁的小狗，他们组成了一个乐队，放开歌喉，在米家院子里组织了动物狂欢演唱会。双远赶紧搬一个凳子，坐在窗前那一株月季花下，欣赏着生灵的歌唱。此时的米双远已是如醉如痴，沉迷在梦中。忽然，一个声音穿门而来：“米双远，快来拿录取通知书，你考上山东大学了!”

这不是梦境，是现实。

一个月后，米双远肩上背着两个包，穿过坐落在后米家庄的窑厂，一路和父老乡亲们不断打招呼。就要拐弯走向泰莱公路边的汽车站时，一个声音飘来："米双远，你这可是一步登天啊！"

是的，米双远顺着"天梯"从地平线攀爬上了星空。

1978 年入学的那六十七万 77 级、78 级莘莘学子是幸运的。他们从自 1966 年至 1978 年十三年间毕业的两千万中学生中，脱颖而出。

六十七万文曲星闪耀在中华神州的上空，形成了九州大地上一道最亮丽的风景线。

感谢中华民族的先贤们！他们勤劳、睿智、仁义，开创了从科举延伸到高考的"天梯"。

"天梯"将会世世代代渡送千千万万的中华儿女进入星空，他们将在浩瀚的宇宙畅游！